Inhalt

Einleitung

Der vorliegende Band «Trainingsgrundlagen» erscheint in einer Reihe mit dem Untertitel «Training – Technik – Taktik», ist aber insofern eine Ausnahme, weil er sich nicht – wie alle anderen Bände – auf eine bestimmte Sportart bezieht. Er stellt vielmehr die Grundlagen des sportlichen Trainings dar, die für alle Sportarten Gültigkeit beanspruchen. Dies hat einschneidende Folgen: Die «Trainingsgrundlagen» müssen notwendigerweise weitaus abstrakter gehalten werden als die speziellen Trainings- und Bewegungslehren in den anderen Bänden dieser Reihe. Es sollen hier nicht konkrete Handlungsanweisungen geliefert werden, die die Trainingspraxis unmittelbar betreffen. Ziel des vorliegenden Bandes ist es vielmehr, die Grundlagen des sportlichen Trainings so zu beschreiben, daß daraus für die verschiedensten Sportarten mittelbar Handlungsanweisungen abgeleitet werden können.

Sportliches Training spielt sich, sofern Leistung im weitesten Sinn das Trainingsziel bestimmt, in der Regel im Rahmen einzelner Sportarten oder -disziplinen ab. Die Handlungsanweisungen der «Trainingsgrundlagen» werden durch und über diese wirksam. Sie beschreiben und erklären und sollen helfen, ein Training systematisch zu planen, zu steuern, auszuwerten und notfalls zu korrigieren. Das setzt voraus, daß der Trainer, Sportlehrer oder Übungsleiter mit den wissenschaftlichen Grundlagen vertraut ist und die Gesetzmäßigkeiten kennt, die ein Training bestimmen. Wer hofft, in den «Trainingsgrundlagen» nachlesen zu können, wie man im einzelnen am besten trainiert, wird zunächst enttäuscht sein. Diesem Wunsch kann hier nicht entsprochen werden. Praktische Handlungsanweisungen zu liefern, ist Aufgabe der speziellen Trainingslehren. Sinn der «Trainingsgrundlagen» ist die Vermittlung jener Gesetzmäßigkeiten, die als Vorgabe vor jeder Trainingsplanung stehen.

Der Untertitel «Training – Technik – Taktik» ist also für die «Trainingsgrundlagen» in dieser Form nicht ganz zutreffend, weil er auf einzelne Sportarten ausgerichtet ist. Sicherlich beziehen sich auch die «Trainingsgrundlagen» auf die drei Bereiche; doch fehlt der Zusatz «Kondition», weil Kondition, Technik und Taktik die drei dominanten Ziele des Trainings sind.

Die Zusammenfassung der «Trainingsgrundlagen» in einem Band erfordert eine Auswahl derjenigen Felder, die für das Training besonders wichtig sind. Um den Inhalt der Hauptkapitel zu verstehen, ist es notwendig, vorher die Hauptbegriffe der trainingswissenschaftlichen Fachsprache abzuklären. Außerdem wird einleitend die Disziplin *Trainingslehre* vorgestellt, um klarzumachen, was die Trainingslehre eigentlich will und welche Funktion sie hat.

Mehrere Problembereiche werden nicht angesprochen (zum Beispiel sportpsychologisch ausgerichtete Fragen des Trainings), andere werden nur knapp vorgestellt. So kann etwa auf die gerade für den Sportunterricht bedeutsame ‹motorische Ontogenese› nicht ausführlich eingegangen werden. Man kann durchaus auch Argumente für eine andere Schwerpunktsetzung anführen. Die Auswahl der einzelnen Bereiche wurde deshalb getroffen nach ihrer Bedeutung für die Gestaltung des Trainings und für das Verständnis trainingswissenschaftlicher Gesetzmäßigkeiten.

Bei den «Trainingsgrundlagen» sollen in erster Linie der Sportstudent, Sportlehrer, Trainer und Übungsleiter angesprochen werden. Das Buch ist so aufgebaut, daß die einzelnen Felder nicht nur vorgestellt werden. Es folgen Erläuterungen und teilweise Verdeutlichungen an konkreten Beispielen aus der Trainingspraxis. Wenn sich der Trainer und Übungsleiter bemüht, die «Trainingsgrundlagen» aufmerksam zu studieren, sie also nicht nur als Programm versteht, können sie ihm helfen, die Trainingspraxis überlegter und ökonomischer zu gestalten.

Abschließend bedankt sich der Autor bei seinen Studenten, die in eifriger Diskussion mitgeholfen haben, diejenigen Problembereiche auszuwählen, die am bedeutendsten erscheinen. Der Autor bedankt sich besonders bei seiner Ehefrau, Frau Dr. H. Letzelter, die ihn umfassend beraten hat bei der Gestaltung einzelner Kapitel und bei der Gliederung sowie bei der Fertigstellung des Manuskripts behilflich war.

Mainz, im Frühjahr 1978 *Manfred Letzelter*

Sportliches Training
und Trainingslehre

Die Disziplin Trainingslehre und ihr Stellenwert im schulischen und außerschulischen Sport

Die Sportwissenschaft ist eine sogenannte Querschnittswissenschaft, die aus mehreren Einzelwissenschaften besteht. Eine dieser sportwissenschaftlichen Disziplinen ist die Trainingslehre (auch Trainingswissenschaft oder Trainingstheorie genannt). Ihr Gegenstand ist das ‹sportliche Training› bzw. der trainierende Mensch. (Unter ‹trainierend› wird hier auch ‹wettkämpfend› eingeordnet. Der Wettkampf ist aber nur ein Bereich der Trainingswirklichkeit.) Die Felder Training und Wettkampf stehen im Mittelpunkt der Trainingslehre. Ihr zentrales Problem besteht darin, die Bedingungen für das Erreichen vorgegebener Trainingsziele zu erforschen. Dabei ist es unwesentlich, ob diese Ziele frei gewählt oder vorgegeben sind und durch welches Anspruchsniveau sie sich auszeichnen.

Für die Trainingslehre als sportwissenschaftliche Disziplin gelten wie für jede andere Erfahrungswissenschaft festgesetzte Regeln. Ihr Ziel ist die Erstellung und beständige Überprüfung von Theorien wie einer ‹Theorie des 400-m-Laufs›, einer ‹Theorie des Fußballspiels› oder einer ‹Theorie des Ausdauertrainings›. Diese Theorien beziehen sich entweder auf einzelne sportliche Disziplinen oder auf allgemeine Problemfelder. Im ersten Fall kann man von *spezieller*, im zweiten von *allgemeiner Trainingslehre* sprechen. Beide stehen aber nicht nebeneinander; vielmehr ist die allgemeine Trainingslehre übergeordnet. Ihre Aussagen – auch theoretische Sätze genannt – sind verbindlich für alle Sportarten oder zumindest für umfangreiche Sportartengruppen; sie sind somit in den speziellen Trainingslehren enthalten. Das, worin sich die einzelnen speziellen Trainingslehren voneinander unterscheiden, ist der besondere Ast mit Aussagen, welche nur für eine Sportart Gültigkeit beanspruchen.

Die Aussagen der Trainingslehre sind als Beschreibungen, als Erklärungen und als Voraussagen möglich. Damit ist auch eine chronologische und nicht umkehrbare Reihenfolge bei der Gewinnung von Ergebnissen zum Problemfeld Training und Wettkampf gegeben. Sehr wichtig ist eine vierte Aufgabe, die allgemein als ‹technologische Verwendung trainingswissenschaftlicher Aussagen› bezeichnet werden kann. Es geht darum, aus den Ergebnissen der trainingswissenschaftlichen Forschung Handlungsanweisungen für die Praxis abzuleiten: Was muß getan werden, um die einzelnen Ziele des Trainings zu erreichen?

Aus der Gesamtheit aller Bedingungen für die Verwirklichung der Ziele müssen dann vor allem jene herausgestellt werden, die durch trainingsmethodische Handlungen beeinflußbar sind.

Die Trainingslehre ist eine ‹angewandte Wissenschaft›; technologische Fragestellungen stehen deshalb im Mittelpunkt. Voraussetzungen für begründete Handlungsanweisungen sind aber begründete Theorien, welche die Gesetzmäßigkeiten des sportlichen Trainings umfassen. Bei der technologischen Verwendung einer Theorie sind die Gesetzmäßigkeiten bekannt; gegeben sind auch die Ziele, die ‹gewünschten Konsequenzen›. Gesucht werden die Situationsbedingungen und die Instrumente, die zu diesen gewünschten Konsequenzen (Trainingszielen) führen. Im weitesten Sinne sind dies die *Trainingsmethodiken*.

Gesetzmäßigkeiten im Trainingsprozeß sind nicht mit solchen in den Naturwissenschaften identisch. Naturwissenschaftliche Gesetze gelten grundsätzlich; Gesetze im Trainingsprozeß gelten nur bedingt. Sie beziehen sich auf Gruppen, auf Klassen, nicht aber auf jeden Einzelfall. In der Wissenschaft werden sie deshalb als ‹statistische Gesetze› definiert – im Gegensatz zu den ‹deterministischen Gesetzen›.

In der Trainingslehre sind viele Aussagen erfahrungswissenschaftlich noch nicht oder nur eingeschränkt überprüft. Sie gründen auf den subjektiven Erfahrungen erfolgreicher Trainer und Athleten und werden dann meist verallgemeinert. In der Pädagogik nennt BREZINKA solche Aussagesysteme «Erziehungslehren». Analog müßte die Trainingslehre ebenfalls nur den vorwissenschaftlichen Bereich umfassen und stünde neben der Trainingswissenschaft. Die derzeitige Trainingspraxis ist in der Tat ebenso durch solche Trainingslehren geprägt wie durch trainingswissenschaftlich überprüfte theoretische Sätze. Die Praxis eilt stets der Theorie voraus, und so sind viele Fragen der Trainingswissenschaft noch unbeantwortet. Die Trainingspraxis wird aber mit diesen Fragen konfrontiert, und notwendigerweise muß sie Lösungs-vorschläge in Form von Hypothesen erarbeiten. Diese sind zugleich Ansatzpunkt der Trainingswissenschaft. Sofern nämlich diese Hypo-thesen der Trainingsmethodiker die Prüfung an der Erfahrung beste-hen, also als zutreffend nachgewiesen werden, gehen sie in die Trai-ningswissenschaft über als trainingswissenschaftliche Gesetze.

Auf dem derzeitigen Niveau reichen sie aber keineswegs aus, um alle Schritte eines Trainingsprozesses wissenschaftlich zu begründen. Des-halb wird eine Differenzierung in Trainingslehre und Trainingswissen-schaft bei der Darstellung der *Trainingsgrundlagen* nicht übernommen. Trainingslehre wird hier vielmehr als Summe der aus Theorie und Praxis resultierenden Informationen verstanden. Sie umschreiben im weitesten Sinne das Training. Ziele werden differenziert und erklärt, Anpassungsvorgänge dargestellt und begründet sowie Verfahren auf-gewiesen, wie Trainingsziele ökonomisch realisiert werden können. Die wissenschaftliche Bewährung der einzelnen Informationen ist un-terschiedlich. Ebenso unterschiedlich ist die Sicherheit hinsichtlich des Erfolgs entsprechender Trainingshandlungen.

Der Stellenwert der Trainingslehre ist umstritten, nicht im außerschuli-schen Sport, wohl aber im *Schulsport*. Manche Pädagogen verneinen die Bedeutung der Trainingslehre völlig; andere sehen in ihr wiederum das ‹Kernstück der Sportwissenschaft›. Wenn man zugesteht, daß die meisten motorischen Lernziele im Sportunterricht nur durch Training verwirklicht werden können, darf auch der Sportunterricht nicht auf die Erkenntnisse der Trainingslehre verzichten. Bedeutsam wird dies bei der Bestimmung der Teilziele, der Inhalte, der Methoden und Mittel, also aller *didaktischer* Elemente. So verstanden sind die meisten Frage-stellungen der Trainingslehre auch von hoher Bedeutung für das Sport-lehrerstudium. Die zur Zeit gültigen Studienordnungen setzen freilich die Position der Trainingslehre im Kanon der sportwissenschaftlichen Fächer nicht so hoch an. Das Fach Trainingslehre ist in der Regel nicht Gegenstand der Ausbildung und auch kein Prüfungsfach.

Die Ablehnung der Trainingslehre ergibt sich vor allem aus der fehlen-den Übereinstimmung hinsichtlich dessen, was eigentlich Training ist und was es leisten soll. Verbunden damit ist auch die zum Teil ideolo-gisch gefärbte Diskussion über den Leistungsbegriff. Sofern Training und Leistung im Sinne des Rekords verstanden werden, ist die Ableh-nung der Trainingslehre verständlich. Ziel des Sportunterrichts ist aber nicht die Maximalleistung. Wird Leistung offener definiert – etwa als Resultat einer allgemein verbesserten motorischen Leistungsfähigkeit, wie sie von Fitnesssportlern angestrebt wird – und wird Training an diesen Leistungsbegriff gekoppelt, dann kann auch Training und damit die Trainingslehre im Sportunterricht wirksam werden.

Der Trainingslehre geht es vorrangig um die «ökonomische Dimension» (BERNHARD 1972), weniger um die pädagogische. Letztere fällt in
den Zuständigkeitsbereich der Sportpädagogik. Die Trainingslehre
verwertet allerdings auch Erkenntnisse der Sportpädagogik und über-
nimmt als Integrationswissenschaft Ergebnisse aus anderen sportwissenschaftlichen Disziplinen, sofern diese Aussagekraft für das sportliche Training haben. Die ökonomische Dimension fragt: Wie komme
ich zur sportlichen Leistung?, oder besser: Wie steigere oder erhalte ich
meine motorische Leistungsfähigkeit, oder wie kann ich verhindern,
daß sie zum Beispiel im Alter allzu stark abfällt?
Unabhängig vom Zielniveau macht STIEHLER den Stellenwert der Trainingslehre deutlich: «Das höchste Niveau der physischen Vervollkommnung wird durch das sportliche Training erreicht. Deshalb trägt
das Leistungstraining zugleich Modellcharakter für die körperliche
Grundausbildung im Schulsport und für die Entwicklung der physischen Leistungsfähigkeit im Freizeit- und Erholungssport.» «Modellcharakter» darf allerdings nicht so interpretiert werden, daß Ergebnisse
aus dem Hochleistungssport ungeprüft auf den Kinder-, Jugend- und
Breitensport übertragen werden können. Das widerspräche einer
Grundkenntnis der Trainingslehre:
● Das Bedingungsgefüge sportlicher Leistungen ist inkonstant und
  verändert sich mit zunehmendem Leistungsniveau. Ebenso verändern sich Art und Ausprägung der Anpassung an Trainingsreize.
  Dies erfordert eine Veränderung der Trainingsziele, Trainingsinhalte und Trainingsmethoden.
Training wird hier als ‹sportliches Training› verstanden. Trainieren hat
eine doppelte Bedeutung und bezieht sich einerseits auf den Trainer (er
trainiert jemanden) und andererseits auf den Athleten (er trainiert sich
selbst). Die präzise Begriffsbestimmung wird erschwert durch den
Mangel an Übereinstimmung hinsichtlich der Zielgruppen. Einige Autoren befassen sich einseitig mit dem Hochleistungssport (NETT 1970,
HARRE 1973, DESCHKA 1961). Die zweite Schwierigkeit hat ihre Ursache in der unterschiedlichen Bestimmung der Trainingsziele. Die
Sportphysiologie zum Beispiel orientiert das Training lediglich am
Eigenschaftsbereich, also an der ‹konditionellen Leistungskomponen-
te›, während für den Bereich der Fertigkeiten, also für die ‹technische
Leistungskomponente›, Ziele definiert werden, die durch Üben er-
reicht werden sollen.
Hinsichtlich der Trainingsziele und der Zielgruppen des Trainings ist
sowohl eine enge als auch eine weite Definition von Training möglich.
Definitionen sind das Ergebnis von Übereinkünften, sie dienen der
Verständigung. In den Trainingsgrundlagen wird prinzipiell von einem
weiten Trainingsbegriff ausgegangen, sowohl bezüglich der Ziele als

auch der Zielgruppen. Das ermöglicht auch, die Trainingslehre als wichtigen Bestandteil in den Sportunterricht und in den außerschulischen Sport zu integrieren. Sie ist für alle Bereiche zuständig, in denen Trainingsprozesse ablaufen.

Die Trainingslehre durchläuft eine stürmische Entwicklung. Aus der Beschreibung des Trainingsverhaltens hochqualifizierter Athleten hat sich eine Disziplin der Sportwissenschaft entwickelt, die nach Gesetzmäßigkeiten sucht, um bei der Planung und Steuerung von Trainingsprozessen behilflich zu sein. Was als Planmäßigkeit und wissenschaftliche Ausgestaltung des Trainings bezeichnet wird, ist der Rückgriff auf solche Gesetzmäßigkeiten. Die Formulierung ‹wissenschaftliches Training› ist falsch. Richtig ist, daß das moderne sportliche Training im Gegensatz zur früheren Imitation des Trainingsverhaltens der Weltbesten heute wissenschaftliche Erkenntnisse berücksichtigt, wenn einzelne Verhaltensweisen im Training sich als zweckmäßig nachweisen lassen. Letztlich kommt der Sportler dann nicht mehr – wie im Anfangsstadium – durch Versuch und Irrtum, sondern durch systematische Anleitung zum Erfolg. Was allerdings als ‹Erfolg› zu werten ist, ist die Sache eines jeden einzelnen mit seinem eigenen Anspruchsniveau. Der absolute Rekord ist nur die eine Seite.

Der Trainingsbegriff und die Funktion des Trainings

Training spielt sich nicht nur im Sport ab; es bezieht sich auch nicht ausschließlich auf den Bereich der Motorik. Das bedeutet, daß Training nicht unbedingt an Bewegung gekoppelt ist. Trainingsprozesse laufen überall ab; teilweise sind sie woanders besser organisiert als im Sport.
Das nicht motorische Training ist dennoch auch für den Sport von Bedeutung. Trainingsarten wie *mentales Training, autogenes Training* oder *observatives Training* sind zu einem integrierten Bestandteil des Trainings von Hochleistungssportlern geworden. *Motorisches Training* wiederum kann sich auf die Arbeits-, Alltags- und Ausdrucksmotorik ebenso beziehen wie auf die Sportmotorik. Der Ballettänzer, der Astronaut, der Autofahrer und auch der Schachspieler trainieren.
Der Begriff Training ist also umfassend und zielt auf verschiedene Aspekte des menschlichen Lebens. Er bezieht unterschiedliche Verhaltensweisen ebenso ein wie unterschiedliche Zielstellungen. Letztere lassen sich als Grobziele dreigliedrig kennzeichnen:
1. Das sportliche Training bezweckt Veränderungen im physischen und psychischen sowie im sozialen Bereich.

2. Das sportliche Training zielt auf Stabilisierung im physischen, psychischen und sozialen Bereich.

3. Das sportliche Training erstrebt Verminderungen des Rückgangs im
Bereich physischer, psychischer und sozialer Qualifikationen.

Die hier vorgetragene Dreigliederung bedeutet eine erste Einschränkung gegenüber jenem weiten Trainingsbegriff, der zuvor beschrieben
wurde. Sofern eine Akzentuierung erlaubt ist, läßt sich für das sportliche Training eine weitere Einengung vornehmen, die gleichzeitig zu
einer Präzisierung führt. So kann Training bestimmt werden als

● Verfahren zur Optimierung oder Stabilisierung der konditionellen
Eigenschaften und koordinativen Fähigkeiten, der technischen und
taktischen Fertigkeiten sowie taktischen Fähigkeiten.

Mit dieser Definition wird unterstellt, daß physische und psychische
Merkmale sich gegenseitig bedingen. Unter Stabilisierung wird zugleich das Bemühen verstanden, den Rückgang in der Ausprägung der
aufgeführten Merkmalsgruppen möglichst gering zu halten.

Das sportliche Training ist einerseits ein biologischer, andererseits ein
pädagogischer Prozeß. Der *biologische* Ansatz wird in allen Begriffsbe-
stimmungen von Training deutlich, die der Medizin entstammen. Die
biologische Anpassung ist primär und steht im Vordergrund. Im Training werden Reize gesetzt, die zu biologischen Anpassungen des Organismus führen, zu funktionellen und morphologischen Veränderungen
(HOLLMANN 1976). Hinzu kommen biochemische Veränderungen. Aus
dieser Sicht wird Training zur «Summe aller Maßnahmen für die Steigerung der körperlichen Leistungsfähigkeit».

Der *pädagogische* Ansatz schließt den biologischen nicht aus, sieht aber
nicht nur die biologische Funktion, sondern bezeichnet Training als
einen «komplexen körperlichen und geistigen Prozeß, der von Kondition, Technik, Taktik, Motivation und ihrer Beziehung zu sportlicher
Begabung, intellektuellen Fähigkeiten und psychischen Eigenschaften
bestimmt wird» (KIRSCH 1972). Danach ist Training mehr als nur ein
Anpassungsvorgang im Sinne des Reiz-Reaktionsschemas, das lediglich Anpassungen von Herz und Kreislauf, Muskulatur und Nervensystem hervorruft.

Als pädagogischer Prozeß bedarf das sportliche Training der *Planung.*
Diese Planung ist vielschichtig und durch Systematik gekennzeichnet.
Durch die beständige Zunahme der Leistungsfähigkeit ist dies besonders wichtig im Bereich des Leistungssports. Systematische Planung
bedeutet dabei vor allem Berücksichtigung der Trainingsprinzipien und
-gesetze, Kenntnis des Bedingungsgefüges sportlicher Leistungen auf
verschiedenen Leistungsebenen und Festlegung detaillierter Trainingsziele einschließlich der Inhalte und Methoden.

HARRE und NETT, zwei Wegbereiter der Trainingslehre, orientieren das sportliche Training einseitig an der «individuellen Höchstleistung». Daraus folgt: Training dient der Leistungsmaximierung. Wenn Training dies bewerkstelligen will, muß die Struktur der sportlichen Leistung bekannt sein. Daraus wird die Bedeutung jener Merkmale abgeleitet, deren Ausprägung primär die Leistungsunterschiede bewirkt. Dies gilt auch dann, wenn man den Trainingsbegriff von der einseitigen Bindung an den Hochleistungssport löst und Training grundsätzlich dort für ‹zuständig› erklärt, wo eine Verbesserung der Handlungsfähigkeit im Sport angestrebt wird, auch wenn nicht der absolute oder der individuelle Rekord Ziel des Trainings ist.

Im Sinne des Breitensports läßt sich das Ziel des Trainings verlagern auf den Bereich der Gesundheit im weitesten Sinne. Gesundheit versteht sich hier als allgemeines psycho-physisches Wohlbefinden und berührt nicht nur den konditionellen Bereich, sondern auch den der Fertigkeiten und deren Summe, die Bewegungserfahrung. Trainieren im Fitnesssport bedeutet körperliche Aktivität auch zur Vorbeugung gegen Bewegungsmangelkrankheiten. MELLEROWICZ und MELLER betonen in erster Linie die Rolle des Trainings «für Erhaltung und Wiederherstellung von Leistungsfähigkeit und Gesundheit». Sie bestimmen Training als wirksames Verfahren der vorbeugenden (präventiven) und wiederherstellenden (rehabilitiven) Medizin.

Die Lernziele, die durch Training verwirklicht werden, sind sowohl motorisch als auch kognitiv und affektiv. Die *motorischen* Lernziele dominieren: Bewegungsfertigkeiten (Techniken) und konditionelle Eigenschaften sind der überragende Hauptbestandteil des sportlichen Trainings. *Kognitive* Fähigkeiten, zum Beispiel als Wissen um Gesetzmäßigkeiten beim Ablauf sportlicher Techniken und Taktiken oder biologischer Anpassungen, und *affektive* Fähigkeiten in Form des sozialen Lernens im Training oder der Ausbildung von Willensqualitäten kommen als zweites und drittes Lernziel hinzu.

Training zielt auf umfassende Leistungsfähigkeit ab. Diese gilt es zu steigern, zu erhalten oder nicht zu stark abfallen zu lassen. Da im sportlichen Training die körperliche Tätigkeit als Mittel der Zielverwirklichung herausragt, ist sie zum interessantesten Gegenstand der Trainingslehre geworden. Die körperliche Tätigkeit ist identisch mit den Trainingsinhalten. Das sind jene Verhaltensweisen des Sportlers, welche man gemeinhin als Trainingsübungen bezeichnet. Demnach besteht

• Training aus systematisch gesteuerten sportlichen Verhaltensweisen in Form der Realisierung von Trainingsinhalten, welche nach den Gesetzen der Trainingslehre angeordnet werden und abhängig sind von den Trainingszielen.

Grundbegriffe der Trainingslehre

Zur Terminologie

In der Alltagssprache sind viele Begriffe unklar, ungenau und mehrdeutig. Die Sprache der Trainingslehre als einer wissenschaftlichen Disziplin muß dagegen knapp, klar und eindeutig sein. Den Forderungen nach eindeutigen und unmißverständlichen Formulierungen kommt die Trainingslehre aber nur teilweise nach. Das resultiert nicht zuletzt aus ihrer Praxisnähe und aus ihren vorwissenschaftlichen Bestandteilen. Der terminologische Mangel führt zu vielen Problemen, welche das Gespräch zwischen den Praktikern (Trainingsmethodikern) und den Trainingswissenschaftlern unnötig erschweren oder gar verhindern.

Die Gründe liegen einerseits in der mangelnden trainingswissenschaftlichen Ausbildung der Praktiker, andererseits in der Praxisferne der Trainingswissenschaftler. Der Graben zwischen beiden Seiten wird immer größer, was letztlich zur Verschleierung des Ausgangspunktes führt: Die Quelle der Trainingslehre entspringt aus den Bedürfnissen der Trainingspraxis. Die Kluft führt zugleich zur Beseitigung der Zielsetzung, welche in der Nutzbarmachung wissenschaftlicher Erkenntnisse für die Praxis besteht. Wissenschaftsfeindlichkeit der Trainingspraktiker ist die Folge.

Wie vielfältig die Terminologie der Trainingslehre und wie unsystematisch sie geordnet ist, verdeutlicht die Zusammenstellung von Begriffen, die für den Bereich der ‹konditionellen Eigenschaften› verwendet werden oder für die Systematisierung der Ausdauer. Das Problem gipfelt darin, daß mehrere Begriffe für dieselbe Eigenschaft benutzt oder identische Begriffe für verschiedene Merkmale angesetzt werden.

Terminologische Fragen sind Sache der Übereinkunft. Definitionsvorschläge der wichtigsten Grundbegriffe liegen in ausreichendem Maße vor. Da sie bisher nicht zu einer abschließenden Klärung beigetragen haben, werden sie im folgenden so definiert, wie sie in den *Trainingsgrundlagen* gebraucht werden. Als Ordnungsaspekt dienen sowohl die pädagogische (didaktische) als auch die biologische Ausrichtung des Trainingsprozesses.

Didaktisch orientierte Grundbegriffe

Der erste Systematisierungsansatz zur Gliederung von Fachbegriffen ist durch die Anlehnung an die Sportdidaktik gekennzeichnet. Diese geht von einer Verflechtung der Lernziele, Lerninhalte und Lernmethoden mit pädagogischen Grundsätzen aus, welche dem Sportunterricht die Leitlinien geben (GRÖSSING 1975). Im Trainingsprozeß nehmen die *Trainingsziele* die Position der Lernziele ein. Die Lerninhalte werden als *Trainingsinhalte* formuliert. Den Lernmethoden entsprechen die *Trainingsmethoden*, den Lernmitteln die *Trainingsmittel*. Die pädagogischen Grundsätze werden durch die trainingswissenschaftlichen zwar nicht ersetzt, aber doch spezifisch ergänzt. Es sind die ‹Prinzipien des sportlichen Trainings›, die Trainingsmaxime.
Die Sportdidaktik geht von einer Wechselwirkung aller didaktischer Elemente aus (Implikationszusammenhang). In der Trainingslehre liegt der Fall anders: Die Vorrangstellung der Trainingsziele ist unbestritten. Nach ihnen haben sich die Trainingsinhalte, -methoden und -mittel auszurichten.

Trainingsziele

Unterricht wird als «planvolle Organisation schulischen Lernens» (DIETRICH 1973) definiert; er ist eine «planvolle, absichtliche und zielgerichtete Veranstaltung von Lernprozessen». Auch das Training ist ein planvoller Vorgang, und die Planung ist zielgebunden. Die Bestimmung der Trainingsziele als Fein- und Feinstziele ist der erste Schritt aller trainingsdidaktischen Überlegungen. Inhaltliche, methodische und organisatorische Fragen und Planungsabsichten sind sekundär; denn sie sind von der Bestimmung der Trainingsziele abhängig. Die Trainingsziele als Grobziele stehen von vornherein fest. Sie sind im Sportunterricht durch die Lehrpläne vorgegeben und werden im außerschulischen Sport frei gewählt. Die Festlegung der Grobziele ist unproblematisch, die Fixierung der Fein- und Feinstziele wird dagegen nur dann ökonomisch, wenn trainingswissenschaftliche Informationen verwendet werden.

Die Bestimmung der Grobziele ist Sache der Gesellschaft, die Ansprüche an den Schüler stellt, sofern es sich um den Sportunterricht handelt. Sie ist Sache des Sportlers im Freizeit- und Leistungssport und richtet sich nach dem jeweiligen Anspruchsniveau. Die Festsetzung der Fein- und Feinstziele ist Aufgabe des Trainers, der in Zusammenarbeit mit dem Sportler das Training plant. Sie ist die Sache des Sportlers allein, sofern dieser selbst sein Training planen und steuern kann. Das wiederum hängt von den speziellen intellektuellen Fähigkeiten, Kenntnissen und Fertigkeiten des einzelnen Sportlers ab. Vom Feinzielkatalog an beginnt die ‹fachimmanente› Trainingszielbestimmung durch die Verbindung von trainingswissenschaftlichen Gesetzmäßigkeiten und Handlungsanweisungen mit der individuellen Beurteilung; denn jedes Training ist ein individueller Vorgang.

Wie für die Lernziele gilt auch für die Trainingsziele, daß sie Verhaltensweisen, Eigenschaften, Fähigkeiten und Fertigkeiten sowie Dispositionen darstellen, welche im Training unter Anleitung geplant, erworben, verändert oder verfestigt werden.

Die aus der Sportdidaktik bekannte Differenzierung der Lernziele in psychomotorische, kognitive und affektive ist schon angesprochen worden. Sofern es um motorische Lernziele geht, hat MATWEJEW (1972) den Begriff des «sportlichen Trainings» gewählt. Sofern die beiden anderen Lernziele im Vordergrund stehen, spricht er von «sportlicher Ausbildung». Diese Gliederung wird hier nicht übernommen. Vielmehr wird Training weiter ausgelegt und auf alle drei Kategorien der Trainingsziele bezogen.

Motorische Lernziele sind die konditionellen Eigenschaften wie Kraft, Schnelligkeit und Ausdauer bzw. deren Unterformen. Es sind die Fertigkeiten (Techniken) und deren Teilelemente, wie sie im motorischen Lernen stufenweise angestrebt werden.

Kognitive Lernziele beziehen vorwiegend die sportliche Taktik mit ein und sind deshalb in ihrem relativen Gewicht recht unterschiedlich und disziplinabhängig. Die Realisierung kognitiver Lernziele muß aber auch im Lernprozeß bei motorischen Fertigkeiten beachtet werden, weil Kenntnisse ebenfalls zur Ökonomisierung des Lernprozesses beitragen.

Affektive Lernziele werden vor allem im Wettkampf angestrebt, zum Beispiel in den Sportspielen oder in den Kampfsportarten. Sie sind aber auch im Training vorhanden und äußern sich etwa im Kampf des Sportlers mit sich selbst, in Disziplin und Selbstüberwindung. Da die Verbesserung der Willenseigenschaften zu den affektiven Lernzielen gehört, wird der Zusammenhang von konditionellen Eigenschaften und psychischen Fähigkeiten offensichtlich: Die psychischen Fähigkeiten wirken durch die konditionellen Eigenschaften hindurch und begrenzen diese.

Eine zweite Möglichkeit der Gliederung der Lernziele ist an den sogenannten *Leistungskomponenten* orientiert. Kondition, Technik und Taktik sind die ‹Grundpfeiler› der sportlichen Leistung. Unterschiede in der Wettkampfleistung sind ausschließlich durch solche in diesen drei Leistungskomponenten bedingt. Wegen der unterschiedlichen Bedeutung der drei Leistungskomponenten ist ihre Placierung hinsichtlich Umfang und Intensität im Trainingsprozeß das Ergebnis einer fachspezifischen Kenntnis des Bedingungsgefüges der sportlichen Leistung bzw. Leistungsfähigkeit einerseits und der beständigen Trainingskontrolle zur individuellen Beurteilung andererseits.

Eine dritte Gliederung der Trainingsziele, welche von einigen Autoren vorgeschlagen wird, ist die nach *Grobzielen*. Sie ist wenig hilfreich, besonders wenn die gröbste Differenzierung Pate steht, die eigentlich möglich ist, nämlich die nach Wettkampfqualifikation (Leistungssport), motorischer Fitness (Breitensport oder Freizeitsport) und Rehabilitation. Solche Grobziele sind für die Trainingsplanung ohne Aussagekraft, weil sie vorgegeben und nicht veränderlich sind. Insofern sind sie zwar bestimmend, aber eben nicht beeinflußbar. Diese Aussage gilt auch für Grobziele in Form sportlicher Disziplinen.

Trainingsinhalte

Von allen Grundbegriffen der Trainingslehre ist dieser am wenigsten problematisch. Er beschreibt die sportlichen Aktivitäten, mit deren Hilfe Lernziele angestrebt werden. Lerninhalte sind auf Lernziele ausgerichtet, Trainingsinhalte auf Trainingsziele. Trainingsinhalte sind grundsätzlich Bewegungsfertigkeiten einfacher oder komplexer Natur. Zu berücksichtigen ist, daß Bewegungsfertigkeiten sowohl Lerninhalt als auch Lernziel sein können. So ist der Strecksprung ein Trainingsziel des Sportunterrichts im Grundschulalter und ein Trainingsinhalt zur Verbesserung der Sprungkraft. Darüber hinaus ist er ein Kontrollverfahren.

Trainingsinhalte (synonym: Trainingsübungen) sind sehr vielfältig. Es gibt weit mehr Trainingsinhalte als sportliche Disziplinen. Exemplarisch soll der Begriff *Trainingsinhalt* an einer Aufzählung verdeutlicht werden. Zur Verbesserung des Teilziels ‹dynamische Maximalkraft› sind die Trainingsinhalte Bankdrücken, Tiefkniebeuge, Reißen oder Stoßen mit der Scheibenhantel geeignet. Das Trainingsziel ‹komplexe Sprungkraft› wird mit den Trainingsinhalten Strecksprung, Dreierhop,

Sechssprung, Hocksprung, Standweitsprung etc. angesteuert. Für das Trainingsziel ‹aerobe Ausdauer› steht der Lauf als langsamer und schneller Dauerlauf, Fahrtspiel und Tempowechsellauf, Intervallausdauerlauf und Intervalldauerlauf zur Verfügung.

Trainingsinhalte sind immer auf die Trainingsziele ausgerichtet, allerdings nicht als ‹Einbahnstraße›. Vielmehr können verschiedene Trainingsinhalte dasselbe Trainingsziel anvisieren. Umgekehrt kann ein und derselbe Trainingsinhalt zur Verbesserung unterschiedlicher Trainingsziele Verwendung finden. Trainingsinhalte sind austauschbar.

Trainingsinhalte sind als Verhaltensweisen der Trainierenden meßbar und beschreibbar. Ihre begründete Auswahl ist ein wesentlicher Schritt der Trainingsplanung. Dieser steht aber nicht am Anfang, sondern gehört in die mittel-, noch mehr in die kurzfristige Planung des Trainingsprozesses. Die Fixierung im Trainingsplan ist dabei durch mehrere Umstände gekennzeichnet, welche zu einer formalen Gliederung der Trainingsinhalte überleiten.

Der erste Gliederungsansatz ist zielorientiert und gründet auf der schon genannten Differenzierung der Trainingsziele in psychomotorische, kognitive und affektive. Dieser Gliederungsansatz geht aber ebensowenig auf die Struktur der Trainingsinhalte ein wie der Ansatz nach den drei Leistungskomponenten: Kondition, Technik und Taktik. Bei den Trainingsinhalten zur Verbesserung der taktischen Leistungskomponente muß zusätzlich bedacht werden, daß zu den motorischen Trainingsinhalten weitere hinzukommen, die sich vorrangig auf die intellektuellen Fähigkeiten und taktischen Kenntnisse beziehen.

Als sinnvollste Systematik der Trainingsinhalte erscheint die *strukturgerichtete* Untergliederung. Dazu eignet sich die Gliederung hervorragend, die SCHRÖDER (1969) zur Differenzierung der Trainingsinhalte des Krafttrainings vorgenommen hat. Ausgangspunkt ist dabei der (Nicht)Verwandtschaftsgrad von Trainingsinhalt und Zielfertigkeit. SCHRÖDER unterscheidet in

● allgemein entwickelnde Übungen,
● Spezialübungen und
● Wettkampfübung mit Zusatzbelastung.

Sofern diese Unterscheidung verallgemeinert auf Trainingsinhalte überhaupt übertragen wird, kann die Ergänzung «mit Zusatzbelastung» entfallen.

Allgemein entwickelnde Übungen sind mit der Zielübung (Wettkampfübung) nicht verwandt. Sie stimmen weder in der Dynamik (Kraft-Zeit-Verlauf) noch in der räumlichen Struktur (Weg-Zeit-Verlauf) mit der Wettkampfbewegung überein. Eine allgemein entwik-

kelnde Übung für den Sprinter ist die Tiefkniebeuge mit der Scheibenhantel, für den Schwimmer der Dauerlauf oder für den Fechter der
Sprint. Allgemein entwickelnde Trainingsinhalte sind auch alle gymna-
stischen Übungen mit und ohne Gerät, «die keine Elemente der Wettkampfbewegung enthalten» (HARRE).
Die allgemein entwickelnden Übungen werden vor allem im Sinne des
allgemeinen Konditions- und Fertigkeitstrainings eingesetzt zur Gewinnung einer konditionellen Basis oder einer umfangreichen Bewegungserfahrung. Deshalb herrschen sie im Grundlagentraining vor. Im
Sinne der Periodisierung finden sie in der allgemeinen Vorbereitungsperiode Verwendung. Ihr Einsatz in der Wettkampfperiode dient nur
noch der Stabilisierung des allgemeinen Konditionsniveaus.
HARRE weist darauf hin, daß der Einfluß der allgemein entwickelnden
Übungen auf Leistungssteigerungen noch nicht ausreichend nachgewiesen ist. Im Bereich des Krafttrainings ist augenblicklich eine Ten-
denzwende feststellbar, die die speziellen Trainingsinhalte mehr in den
Vordergrund stellt. Fraglos sind die allgemein entwickelnden Trainingsinhalte aber am besten geeignet zum Aufbau einer allgemeinen
sportlichen Leistungsfähigkeit, welche nicht disziplinbezogen von Allroundsportlern angestrebt wird. Dies gilt sowohl für den Schulsport als
auch für den Fitnesssport.
Die Vorteile der allgemein entwickelnden Übungen liegen ferner in der
Verbesserung der allgemeinen Koordination. Für eine spätere Spezialisierung schafft diese Verbesserung günstige Voraussetzungen. Der
Sportler lernt schneller, fehlerfreier, genauer. Deshalb ist eine vielseitige sportliche Ausbildung dort besonders wirksam, wo die koordinativen Anforderungen überdurchschnittlich umfangreich sind: im Gerätturnen, im Eiskunstlauf, in den Sportspielen. Diesem Ansatz liegt die
Überzeugung zugrunde, daß eine Übertragung der verbesserten allgemeinen Bewegungskoordination auf die spezielle möglich ist. Fraglich
bleibt, wie groß die Transformationsverluste sind.
Im konditionellen Bereich dienen die allgemein entwickelnden Trainingsinhalte dem ‹Basistraining›, der Entwicklung der konditionellen
Eigenschaften bis zu einem optimalen Niveau. Unklar ist, welches
Niveau jeweils das optimale ist. Diese Frage kann nur sportartspezifisch beantwortet werden. Sicher ist jedenfalls, daß in koordinativ
schwierigen Sportarten – etwa in den kompositorischen – der Anteil
der allgemein entwickelnden Übungen relativ geringer ist als in den
technisch weniger anspruchsvollen. Diese Aussage aber steht im Widerspruch zu der Annahme, daß die allgemeine Bewegungserfahrung
gerade in diesen Disziplinen wirksam ist.
Ein weiterer Aspekt muß hervorgehoben werden. Die allgemein entwickelnden Trainingsinhalte beziehen sich nicht nur auf die unmittel-

bare, sondern vorrangig auf die mittelbare Leistungssteigerung. Sie schaffen nämlich die Voraussetzungen, um überhaupt umfangreich und intensiv trainieren zu können.

Am Beispiel des Sprinttrainings kann dies verdeutlicht werden: Die Ausdauer ist für das Ergebnis im Wettkampf nicht von Bedeutung. Dennoch gehört der Dauerlauf zum Training der Sprinter. Die verbesserte Ausdauer ermöglicht eine höhere Belastungsfähigkeit, eine schnellere Wiederherstellung nach Belastungen und somit ein umfangreicheres Training mit kürzeren Pausen und höherer Intensität.

Mittelbar wirksame Trainingsinhalte werden zur Gewinnung einer optimalen konditionellen Leistungsfähigkeit eingesetzt. Unmittelbar wirksame Trainingsinhalte zielen auf die maximale Leistungsfähigkeit und auf spezielle Eigenschaften und Fähigkeiten.

HARRE bemerkt, daß die speziellen Übungen – zum Beispiel im Boxen, Gewichtheben, Ringen oder Gerätturnen – nicht ausreichen, um eine genügende konditionelle Basis zu erarbeiten. Deshalb muß auch in diesen Disziplinen mit anderen, also allgemein entwickelnden Trainingsinhalten gearbeitet werden, etwa zur Schulung der Ausdauer. Außerdem belasten die speziellen Trainingsinhalte vor allem die Muskeln die die Hauptarbeit leisten; andere bleiben dadurch in ihrer Entwicklung zurück. Aus diesem Grunde sind allgemein entwickelnde Übungen notwendig.

Sie fördern außerdem den Erholungsprozeß. So ist die beruhigende Wirkung eines langsamen Dauerlaufs nach anstrengenden Wettkämpfen bekannt. Die allgemein entwickelnden Trainingsinhalte haben, verallgemeinert ausgedrückt, auch eine Erholungsfunktion.

Spezialübungen enthalten Elemente der Wettkampfbewegung. Sie beziehen sich auf Muskelkontraktionen, die auch im Wettkampf bzw. bei einer sportlichen Tätigkeit die Hauptarbeit leisten. Wichtig ist aber, daß dabei die Dynamik der Wettkampfbewegung annähernd erreicht wird und zumindest Teilstrukturen hinsichtlich des Weg-Zeit-Verlaufs imitiert werden. Zu den speziellen Trainingsinhalten zählen folglich alle sogenannten Imitationsübungen, die vorrangig im Techniktraining Anwendung finden. Sie beziehen sich jeweils nur auf Teilausschnitte der Gesamtbewegung. Spezielle Trainingsinhalte des leichtathletischen Sprinters sind beispielsweise Sprungläufe. Hier sind Abstoßrichtung und Intensität des Abdrucks von Trainingsinhalt und Wettkampfübung miteinander verwandt. Für den Hochspringer ist die Imitationsübung ‹Absprung› ohne Lattenüberquerung ebenso eine Spezialübung wie für den Volleyballspieler der Strecksprung mit der Bleiweste. Der Absprung erfolgt jeweils mit maximaler Intensität und ist vertikal ausgerichtet wie im Wettkampf.

Die Zielsetzung der speziellen Trainingsinhalte ist unterschiedlich. Sie folgen im kurz- und langfristigen Trainingsprozeß entweder chronologisch den allgemein entwickelnden Übungen oder werden gleichzeitig zu diesen im Training eingebaut. Sie sind grundsätzlich auf Fertigkeiten bezogen. Je mehr Fertigkeiten in einer Disziplin vorkommen, desto größer ist der Umfang der speziellen Trainingsinhalte.

Spezialübungen beziehen sich immer auf solche Eigenschaften oder Fertigkeiten, die *leistungsrelevant* sind. Dies sind alle Merkmale, deren Einfluß auf die sportliche Leistung unmittelbar einleuchtet; sie sind ‹logisch leistungsbestimmend›. Es sind vor allem auch jene Komponenten, in denen sich die leistungsstärkeren Sportler vor den leistungsschwächeren auszeichnen. In der letzteren Bedeutung spricht man von empirisch-statistisch leistungsrelevanten Merkmalen (Eigenschaften, Fertigkeiten, Fähigkeiten). Diese Merkmalskategorie schließt dabei die erste immer mit ein, aber nicht umgekehrt.

Ziel des speziellen Trainings sind in erster Linie die sportartspezifischen Erscheinungsweisen der konditionellen Grundeigenschaften wie Sprintkraft, Sprungkraft, zyklische Schnelligkeit oder Laufschnelligkeitsausdauer etc. Hinzu kommt die Anlehnung an die Wettkampfbewegung und damit an die Technik der Bewegungsausführung.

Sportartspezifische Übungen sind auf ein Einzelziel des Trainings gerichtet und ermöglichen eine präzisere Belastung. Im Sinne der Verbesserung der Bewegungskoordination kommt es – im Gegensatz zur Wirksamkeit allgemein entwickelnder Trainingsinhalte – zur Schulung der «speziellen Bewegungskoordination» und damit allgemein zu geringeren Transformationsverlusten.

Die Bestimmung effektiver spezieller Trainingsinhalte war bisher vorrangig Sache der Trainingsmethodiker. Eine wohlabgewogene und systematische Analyse der speziellen Trainingsinhalte ist aber nur teilweise erfolgt, so daß Spezialübungen meist nur auf relativ komplexe konditionelle Eigenschaften ausgerichtet wurden. Eine begründetere und planvollere Berücksichtigung ist nur dann realistisch, wenn ausreichende kinematische und dynamische Untersuchungsergebnisse zur Leistungsdiagnostik vorliegen. Erst dann können die speziellen Trainingsinhalte ausgewählt werden.

Spezielle Trainingsinhalte betreffen vorrangig den Leistungssportler im Aufbau- und im Hochleistungstraining, und zwar in der speziellen Vorbereitungs- und in der Wettkampfperiode. Gerade in der Wettkampfperiode sind spezielle Trainingsinhalte sehr wichtig, vor allem im Sinne der Stabilisierung des speziellen konditionellen Niveaus.

Auch im Fitness- und im Schulsport haben spezielle Trainingsinhalte ihre Berechtigung. Hier beziehen sie sich nicht so sehr auf den Aufbau einer sportlichen Form im Sinne der Wettkampfleistung, sondern dienen einer umfangreichen konditionellen und technischen Ausbildung. Dadurch verlieren sie aber ihren Status als spezielle Trainingsinhalte: Was im Leistungssport ein spezieller Trainingsinhalt ist, wird im Schul- und Breitensport zur allgemein entwickelnden Übung. Ebenso sind spezielle Trainingsinhalte einer Sportart (Disziplin) in einer anderen zu den allgemein entwickelnden Übungen zu rechnen.

Eine *Wettkampfübung* ist die «nach den gültigen Wettkampfbestimmungen ausgeführte Bewegung der Disziplin» (HARRE). Sie stimmt im Weg-Zeit-Verlauf völlig und im Kraft-Zeit-Verlauf ganz oder annähernd mit dem Wettkampfverhalten überein. Im Gegensatz zur Spezialübung werden hier Gesamtbewegungen und nicht nur Teilbewegungen durchgeführt.

Die Abweichung von der Dynamik des Wettkampfverhaltens ist beispielsweise durch Zusatzlasten bedingt, die die Bewegungsgeschwindigkeit reduzieren. Solche Zusatzbelastungen sind etwa schwerere Kugeln für den Kugelstoßer, Bergaufsprints für den Kurzstreckenläufer oder erhöhte Bremswiderstände für Ruderer und Kanuten oder die Verwendung von paddels im Schwimmen. Der ehemalige Olympiasieger und Weltrekordler im Hochsprung Walerij Brumel hat die komplexe Wettkampfbewegung durch die Verwendung von Bleiwesten erschwert, um so seine spezifische Sprungkraft zu verbessern.

Die durch Zusatzbelastungen (höherer äußerer Widerstand, größerer Umfang) bedingte Veränderung muß aber eingegrenzt werden. Zu große Zusatzbelastungen beeinflussen nämlich nicht nur die Dynamik, sondern auch den Weg-Zeit-Verlauf der Wettkampfbewegung. So hat sich gezeigt, daß qualifizierte Kugelstoßer zwar mit um 1 kg bis 1,5 kg schwereren Kugeln die Wettkampfbewegung noch durchführen können; aber das Steinstoßen – das Gerät ist um 7,75 kg schwerer als die Wettkampfkugel – führt zu einer Verfälschung der Bewegungsausführung und so möglicherweise zu Fehlern in der Bewegungstechnik.

Um einen ausreichend großen Trainingsumfang zu erzielen, wird die Dynamik der Wettkampfbewegung vielfach nicht ganz erreicht. Das betrifft vor allem die Ausdauersportler. Da die Trainingsumfänge die Wettkampfumfänge in der Regel deutlich übertreffen, sind Verminderungen der Reizintensität und damit auch der Bewegungsgeschwindigkeit zwingend.

Der Einsatz der Wettkampfübung ist sportartbezogen unterschiedlich umfangreich. Besonders in der Wettkampfperiode ist sie in vielen Sportarten dominierend. In den Ausdauerdisziplinen wird sie dagegen auch in der Vorbereitungsperiode häufiger eingesetzt als andere Trainingsinhalte. So sind beim Langstreckenläufer Dauerläufe fast der einzige Trainingsinhalt während der gesamten Vorbereitungsperiode.

Auch der Langstreckenschwimmer trainiert vorwiegend im Wasser. Bei den Sportspielen wird eine ähnliche Tendenz festgestellt; Wettkampfübungen herrschen vor.

Es wäre unvollständig, würde man nur die Wettkampfübung und die Wettkampfübung mit Zusatzbelastung berücksichtigen. Hinzu kommt noch als Trainingsinhalt die *Wettkampfübung unter erleichterten Bedingungen*. Hiermit wird zum einen ein motorischer Lernprozeß initiiert, zum anderen das konditionelle Niveau verbessert. Die Erleichterung richtet sich dabei vorrangig auf die Bewegungsschnelligkeit. Wegen des geringeren äußeren Widerstands wird eine höhere Bewegungsgeschwindigkeit ermöglicht, aus der trainingsspezifische Anpassungen resultieren. Wettkampfübungen unter erleichterten Bedingungen sind beispielsweise der Kugelstoß mit einer leichteren Kugel, der Bergabsprint oder das Gewichtheben mit geringeren Lasten. In der Regel werden hiermit zwei Ziele gemeinsam angestrebt: eine erhöhte Bewegungsgeschwindigkeit und eine verbesserte Bewegungsausführung. Vielfach ermöglicht die verbesserte Bewegungstechnik dann noch eine erhöhte Bewegungsgeschwindigkeit.

Statt ‹Trainingsinhalt› werden vielfach auch Begriffe wie ‹Trainingsmittel› oder ‹Trainingsübung› benutzt. HOMMEL (1974) hat den Terminus ‹Trainingsform› vorgeschlagen und stellt einen Katalog solcher Trainingsformen vor. Sofern die sportdidaktische Anlehnung akzeptiert wird, ist aber die Übernahme des Begriffs ‹Trainingsinhalt› sinnvoller. Das hat zudem den Vorteil, daß Trainingsmittel im Sinne der Lernmittel für ein anderes didaktisches Element freigehalten werden kann. So wird auch der Begriff Trainingsform als zusätzliche Möglichkeit der Trainingsstrukturierung frei. Trainingsinhalte sind dabei nicht grundsätzlich an bestimmte Trainingsmittel gebunden.

Trainingsmittel

Trainingsmittel umfassen nach BERNHARD (1972) alle «Mittel und Maßnahmen, die den Ablauf des Trainingsprozesses organisatorisch, gerätemäßig, informativ und bewegungsmorphologisch unterstützen». Es sind partielle Maßnahmen, die in die Trainingsmethoden einbezogen werden. Sie lassen sich aufgliedern in

1. Trainingsmittel *organisatorischer* Art. Dazu zählen z. B. alle Aufstellungsformen.
2. Trainingsmittel *informativer* Art. Diese kann man wiederum aufteilen in ‹kinästhetisch-informativ›, ‹verbal-informativ› und ‹visuell-informativ›. Dazu zählen Bewegungsanweisungen, -vorschriften und -beschreibungen, ferner die Arbeit mit der Filmkamera, dem Videorecorder, Lehrbildreihen oder

Skizzen. Auch das Vormachen gehört zu den visuell-informativen Trainingsmitteln. ‹Kinästhetisch-informativ› sind Hilfestellungen zur Bewegungsverbesserung.
3. Trainingsmittel *gerätemäßiger* Art sind Hantel, Bleiweste, Sandsack, Spros-
senwand, Kasten, Hürden, Medizinball etc.

Ein vierter Gliederungsansatz bezieht sich auf die Trainingsinhalte und
ist nicht unter dem Begriff Trainingsmittel faßbar, sofern die Differenzierung in Trainingsinhalt und Trainingsmittel aufrechterhalten bleibt.
Es handelt sich um ‹Trainingsmittel bewegungsmorphologischer Art›
wie Kniehebeläufe, Sit-ups, Kniebeugen etc.
Zu den Trainingsmitteln gehören alle im Training benötigten Geräte,
und zwar Wettkampfgeräte und Hilfsgeräte. Sie sind immer auf Trainingsinhalte bezogen und ermöglichen erst deren Realisierung. Der
Trainingsinhalt ‹Jonglieren› im Fußballtraining setzt das Trainingsmittel Fußball als Gerät voraus. Der Trainingsinhalt ‹Tiefkniebeuge› ist
ohne die Scheibenhantel sinnlos, wenn eine Verbesserung der Maximalkraft angestrebt wird. Trainingsmittel gerätemäßiger Art helfen
also bei der Verwirklichung der Trainingsinhalte und müssen deshalb
bei der Festlegung der Trainingsmethoden einkalkuliert werden.
Die ‹informativen› Trainingsmittel wurden in den letzten Jahren stark
ausgeweitet, vor allem die ‹visuell-informativen›. Während im Schulsport und im Breitensport die Qualifikation des Lehrers oder Trainers
meist ausreicht, um durch Vormachen den Bewegungsablauf zu de-
monstrieren, ist dies im Leistungssport oft nicht mehr möglich. Deshalb
werden Geräte eingesetzt, von denen besonders der Videorecorder
Bedeutung erlangt hat. Dieses Hilfsmittel eignet sich auch zur Trainingskontrolle und kann den Trainer entlasten. Die Reproduktion der
Bewegung in Zeitlupe verhilft zu einer präziseren Beurteilung durch
den Trainer einerseits und erlaubt andererseits die eigene Überprüfung
durch den Sportler im Sinne der Schnellinformation.
Die Trainingsmittel organisatorischer Art sind im Hochleistungssport
weniger bedeutsam als im Schulsport oder im Fitnesstraining mit Groß-
gruppen. Sie ökonomisieren den Trainingsablauf und sind zudem aus
Sicherheitsgründen zu beachten.
Einige Autoren zählen auch hygienische und ernährungstechnische
Maßnahmen zu den Trainingsmitteln, also Massage, Ernährungsplan,
gesundheitliche Überwachung etc. Da diese Maßnahmen anpassungs-
verstärkend wirken, ist ihre Zuordnung zu den Trainingsmitteln durchaus vertretbar. Sie berührt vor allem auch den trainingswissenschaftlichen Grundsatz der optimalen Relation von Belastung und Erholung.

Trainingsmethoden

Als besonders wichtiger didaktisch ausgerichteter Begriff muß der der Trainingsmethode erklärt werden. Methode ist immer ein planmäßiges Verfahren und grundsätzlich zielorientiert. Die Ziele sind vorgegeben, die Methoden werden darauf ausgerichtet. Trainingsmethoden sind also ‹planmäßige Verfahren, die auf allgemeine oder spezielle Trainingsziele› ausgerichtet sind. Abgeleitet aus den drei großen Richtzielen, lassen sich demnach Trainingsmethoden im Bereich des Konditions-, Technik- oder Taktiktrainings ableiten.

Wird die in der Sportdidaktik akzeptierte Definition der Methode als ‹Anordnung der Inhalte und Organisation des Lernens im Sinne von Lernweg› auf den Trainingssektor übertragen, dann muß Trainingsmethode bestimmt werden als

● systematische Anordnung von Trainingsinhalten unter Berücksichtigung trainingswissenschaftlicher Gesetzmäßigkeiten, vor allem unter Berücksichtigung der Belastungsnormative und der Trainingsmittel.

Die Bestimmung der Trainingsmethode und deren Ausgestaltung im Trainingsprozeß bezieht sich also auf:

1. Trainingsinhalte,
2. Belastungsnormative,
3. Organisation,
4. Trainingsmittel,
5. Aktionsweisen,
6. Aufgliederung nach Lernphasen.

Von der weiten Fassung des Begriffes Trainingsmethode muß der enge Methodenbegriff abgesetzt werden, wie er sich im Bereich des Konditionstrainings durchgesetzt und als sinnvoll erwiesen hat. Er bezieht sich nämlich ausschließlich auf die Trainingsinhalte und die Belastungsnormative. Am besten ausdifferenziert werden diese Trainingsmethoden im engeren Sinne bei Scholich, der die Variationsmöglichkeiten des Kreistrainings danach strukturiert. Er unterscheidet in:

1. Dauermethode,
2. Methode der extensiven Intervallarbeit,
3. Methode der intensiven Intervallarbeit,
4. Wiederholungsmethode.

Als weitere wichtige Methode kann die

5. Wettkampf- oder Kontrollmethode

angegeben werden. Die Akzentuierung der Belastungsnormative ist einleuchtend, wenn man zum Beispiel die Realisierung dieser Trainingsmethoden im Kraft- oder Ausdauertraining betrachtet. Der Nachteil dieser Differenzierung mit hoher Praxisrelevanz liegt darin,

daß sie nur auf das Konditionstraining anwendbar ist und auch dabei
nur für das Training der Kraft und der Ausdauer. Ihre Betrachtung
erfolgt eigenschaftsspezifisch im Komplex des Kraft- und Ausdauertrainings.

Biologisch orientierte Grundbegriffe

Belastung und Anpassung

Sportliches Training kann als Reiz- und Reaktionsprozeß interpretiert
werden. Sportliche Aktivitäten lösen Anpassungserscheinungen des
Organismus aus. Reize sind die Ursachen, Anpassungen die Wirkun-
gen. Die Umsetzung von Trainingsinhalten nach einem geplanten,
dosierten Programm bewirkt Bewegungsreize, die zu morphologischen, funktionellen und biochemischen Anpassungen des Organismus
führen. Diese Bewegungsreize machen die *Belastung* aus; sie sind aber
auch nur dann Trainingsbelastungen, wenn sie die kritische Reizschwelle übersteigen. Zu geringe Reize hinsichtlich Umfang und Intensität sind unwirksam.
Zentrale Begriffe des Trainings sind Belastung und Anpassung als
Ursache-Wirkung-Komplex. KIRSCH definiert Trainingsbelastung als
«Gesamtumfang der durch äußere und innere Reize eintretenden Trainingswirkung». Als «äußere Trainingsbelastung» bestimmt er die Summe von Trainingsumfang und Trainingsintensität. Die «innere Trainingsbelastung» ist abhängig «von der individuellen allgemeinen und
derzeitigen Leistungs- und Belastungsfähigkeit des Sportlers, von kli-
matischen und witterungsbedingten Faktoren, dem Zustand der Trai-
nings- und Wettkampfanlagen, dem Gegner».
Die äußere Belastung provoziert eine innere Belastung, und diese ist
der Regelmechanismus zur Steuerung des Trainingsprozesses. Mit
Trainingsumfang und Trainingsintensität ist die äußere Belastung aber
nur unvollständig gekennzeichnet. Eine sinnvolle Eingrenzung muß
alle Belastungsnormative umspannen, also auch Reizdauer, Reizhäu-
figkeit und vor allem Reizdichte. Bei einem Dauerlauf über 10 km in 40
Minuten und bei 10 Intervalltempoläufen über 1 km in 4 Minuten mit 5
Minuten Pause sind Belastungsintensität und -umfang identisch; die
Gesamtbelastung des Sportlers ist aber sehr unterschiedlich.
Für die Festlegung der *Belastung* sind zwei Gesetzmäßigkeiten
bindend:
● Ein unterschwelliger Reiz führt nicht zur Anpassung, ein zu hoher
   Reiz führt zum Übertraining.

Insofern ist die Festlegung der äußeren Belastung als Dosierungsproblem der wesentliche Vorgang bei der Trainingsplanung. Zudem ist als dritte Gesetzmäßigkeit zu beachten, daß für spezifische Anpassungen spezifische Reize (Belastungen) notwendig sind.

Training führt zu einer Mobilisierung von Reservekräften. Die Möglichkeit der Vermehrung der Reservekräfte und damit zugleich der morphologischen, funktionellen und biochemischen Anpassung ist an zwei «Grundgesetze» gebunden, die nach ROUX von NÖCKER (1966) so zusammengefaßt wurden:

- «Durch ihr Funktionieren wird die Organisation der Gewebe besser für ihr zukünftiges Funktionieren geeignet.»
- «Die stärkere Funktion ändert die qualitative Beschaffenheit der Organe, indem sie die spezifische Leistungsfähigkeit derselben erhöht.»

Nach HARRE kann von «Trainingsbelastung» nur dann gesprochen werden, wenn die Bewegungsreize so dosiert sind, daß sie Trainingswirkungen haben, «d. h. zur Entwicklung, Festigung oder Erhaltung des Trainingszustandes beitragen». Darin zeigt sich dann die Anpassung, «die unter dem Einfluß äußerer Belastung sich vollziehende Umstellung physischer und psychischer Funktionssysteme auf ein höheres Leistungsniveau und die Einstellung auf spezifische äußere Bedingungen».

Die Anpassung als Trainingsreaktion spielt sich in mehreren ‹Dringlichkeitsstufen› ab und äußert sich doppelt:
1. als erhöhtes Leistungspotential und
2. als tiefere Ausschöpfung desselben.

Die Trainingswirkung führt also einerseits zu einer Vergrößerung der Leistungsreserven und besteht andererseits darin, daß Trainierte das erhöhte Leistungspotential besser ausschöpfen können. Sie dringen weiter in die ‹autonom geschützten Reserven› ein und setzen Energie auch dann noch frei, wenn Untrainierte erschöpft sind bzw. sich erschöpft fühlen. Das hängt u. a. mit der Erhöhung der Willenskraft zusammen. Dieser Prozeß wird in der folgenden *Abbildung 1* nach HETTINGER (1972) graphisch verdeutlicht. Der Trainierte kann nicht nur, wie der Untrainierte, rund 70 Prozent seines Leistungspotentials freisetzen, sondern bis zu 90 Prozent, weil er seine Mobilisationsschwelle anhebt. Es verbleiben ihm dann noch etwa 10 Prozent der gesamten ‹potentiellen Leistungskapazität›. Dieser Rest ist nur noch durch Stress (Lebensgefahr) oder Doping erschließbar. Die darin begründeten Gefahren sind allgemein bekannt.

Die Beziehung zwischen Belastung und Anpassung verläuft nicht linear. Während zu Beginn eines langfristigen Trainingsprozesses mit einer Erhöhung der Belastung auch unmittelbar eine umfangreiche Anpas-

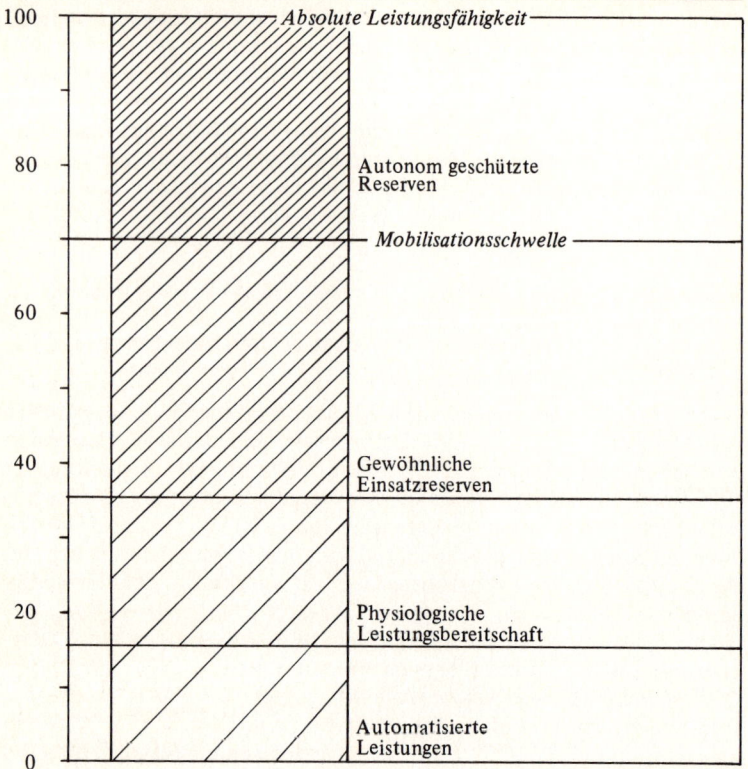

Abb. 1: Schema der Leistungsfähigkeit, unterteilt nach Leistungsbereichen (modifiziert nach GRAF und HETTINGER)

sung einhergeht, werden diese Anpassungsreaktionen mit zunehmender Leistungsfähigkeit immer geringer: Je höher die Qualifikation, desto geringer ist der Leistungszuwachs (Quantitätsgesetz des Trainings). Daraus läßt sich auch das ‹Prinzip der progressiven Belastung› ableiten.

Ein weiteres Trainingsprinzip muß in diesem Zusammenhang angedeutet werden: Eine optimale Anpassung ist nicht nur von der Belastung, sondern auch von Art und Umfang der Erholung abhängig. Deshalb müssen Fragen der Anpassung auch unter diesem Trainingsprinzip erörtert werden.

Anpassungserscheinungen hängen weiter von endogenen und exogenen Faktoren ab, also von Anlage und Umwelteinflüssen. HOLLMANN

(1976) stellt fest, «daß offenbar körperliches Training die körperliche Leistungsfähigkeit nicht über jene Grenzen hinaus verbessert, die durch den Genotyp festgelegt sind», und meint dann, daß man einen Langstreckenläufer nicht zum Sprinter umschulen könne.

HARRE geht davon aus, daß physische und psychische Anpassung ein einheitlicher Prozeß sind. Die «gesetzmäßigen Beziehungen» müssen beachtet werden:

1. Anpassungsvorgänge setzen ein qualifikationsabhängiges Belastungsminimum voraus. Je weiter man vom Belastungsoptimum entfernt ist, desto geringer ist die Trainingswirkung. Die optimale Belastungshöhe kann über- und unterschritten werden.

2. Der Anpassungsprozeß ist bedingt durch den optimalen Wechsel von Belastung und Erholung.

3. Nur am Beginn des Trainingsprozesses zeigen sich Anpassungsvorgänge in kurzer Zeit. Bei höher qualifizierten Sportlern dauert der «Umsetzungsprozeß Wochen und Monate». Es tritt das ein, was MATWEJEW als «verspätete Transformation» bezeichnet.

4. Der Anpassungsprozeß bewirkt nicht nur eine höhere sportliche Leistungsfähigkeit, sondern erweitert auch die physische und psychische Belastungsfähigkeit.

5. Trainingsunterbrechungen führen zu schneller Rückbildung der Anpassung. Dies geht um so rascher, je kurzfristiger die Anpassung erfolgt ist: Wie gewonnen, so zerronnen. Daraus resultiert das «Prinzip der Dauerhaftigkeit».

6. Die Anpassung ist grundsätzlich von der Art des Reizes abhängig. Belastungen mit Akzentuierung des Umfangs und geringer bis mittlerer Intensität entwickeln vor allem die Ausdauer, solche mit geringem oder mittlerem Umfang bei sehr hoher Intensität primär Kraft und Schnelligkeit. Während bei Anfängern in der Regel jede Belastung eine komplexe Wirkung hat, sind bei Fortgeschrittenen und bei Hochleistungssportlern jeweils separate Belastungen notwendig. Dies fällt unter das «Prinzip der zunehmenden Spezialisierung».

Die Belastbarkeit des Sportlers ist ferner abhängig vom Anspruchsniveau und damit von der Motivation. Sie ist zudem tageszeitlich verschieden in Abhängigkeit von der Leistungsbereitschaft. Allerdings ist einschränkend festzustellen, daß für die körperliche Leistungsfähigkeit im Leistungssport ähnliche Aussagen nicht gesichert sind; Bestleistungen wurden zu allen Tageszeiten erzielt. Außerdem kann durch trainingsmethodische Maßnahmen der Zeitpunkt der optimalen Leistungsbereitschaft manipuliert werden, indem die Trainingszeiten auf die der wichtigen Wettkämpfe ausgerichtet werden.

Belastungsnormative

Die Belastung durch Training ist der eigentliche Grund der Anpassung
und damit der Leistungssteigerung. Trainingsinhalte sind vorerst einmal zielneutral. Der Trainingsinhalt Laufen kann sowohl zur Verbesserung der Ausdauer als auch der Schnelligkeit oder der Gewandtheit
ausgewählt werden. Die Zielausrichtung erfolgt erst dadurch, daß über
das *Wie* entschieden wird: Wie schnell, wie lange, wie oft und mit
welchen Pausen soll der Sportler laufen?

Es geht also um die Belastungsgrößen, die die Belastungsstruktur ausmachen. Diese Belastungsgrößen als Regulatoren der äußeren Belastung werden *Belastungsnormative* genannt. Wird für das Beispiel
Laufen die Norm ‹maximale Laufgeschwindigkeit› formuliert, steht die
Schnelligkeit im Vordergrund. Wird dagegen die Norm ‹15 km› oder
‹30 Wiederholungen zu 200 m› festgesetzt, dient der Lauf der Verbesserung der Ausdauer.

Auf welche Weise die Trainingsinhalte realisiert werden sollen – darum
geht es, wenn Belastungsdosierung, Belastungshöhe und Belastungsart
festgelegt werden. Belastungsdosierung bedeutet folglich Festlegung
der Belastungsnormative. Dies sind:

● Reizintensität, Reizumfang, Reizdauer, Reizdichte, Reizhäufigkeit
   und Trainingshäufigkeit.

Trainingsintensität und Trainingsumfang sind vorrangige Belastungsgrößen, ihre Eingrenzung steht im Vordergrund. HARRE hebt mit Recht
hervor, daß die Ausprägungen der Belastungsnormative insgesamt erst
eine detaillierte Betrachtung darüber zulassen, wie groß die Gesamtbelastung ist und in welche Richtung sie zielt. Trainingsumfang und
Trainingsintensität allein ermöglichen nur eine Grobdiagnostik in der
mittel- und langfristigen Trainingsplanung, etwa in der Periodisierung
eines Jahrs. Zur Konstruktion der Mikrozyklen oder gar der einzelnen
Trainingseinheiten müssen differenziertere Verfahren herangezogen
werden. Alle Belastungsnormative zusammen machen die Gesamtbelastung aus. Ihre Präzisierung wird einerseits durch die Feinziele des
Trainings, andererseits durch die biologischen Gesetzmäßigkeiten der
Anpassung reglementiert, welche im Kapitel *Prinzipien des sportlichen
Trainings* zusammengefaßt sind.

Die einzelnen Belastungsnormative stehen nicht isoliert nebeneinander; sie bedingen sich gegenseitig und müssen deshalb auch immer in
ihrer Gesamtheit durchdacht werden. So verhalten sich Trainingsumfang und Trainingsintensität gegensinnig; denn sehr hohe Trainingsin-
tensitäten und hohe Trainingsumfänge schließen sich gegenseitig aus.
Der Sprinter läuft mit maximaler Intensität, aber nur kurze Strecken.
Der Langstreckler läuft sehr lange, aber in relativ geringem Tempo.

Die gegenseitige Abhängigkeit der Belastungsnormative ist für eine genaue Trainingsplanung von größter Bedeutung: Jede Veränderung eines Belastungsnormativs muß prinzipiell dahingehend überprüft werden, ob nicht gleichzeitig eine Kovariation anderer Belastungsgrößen notwendig wird. Die positive Veränderung einer einzigen Belastungsgröße reicht völlig aus, um die Gesamtbelastung zu erhöhen. Die Feinabstimmung der Belastungsdosierung gehört deshalb zu den trainingsmethodischen Kunstgriffen eines qualifizierten Trainers.

Reizintensität

Unter Reiz- oder Trainingsintensität (auch Reizhöhe, Reizstärke) versteht man die Ausprägung eines einzelnen Reizes oder einer Reizserie; sie ist mit dem Grad des Einsatzes identisch. So bedeutet ‹Lauf mit maximalem Einsatz› auch ‹maximale Reizintensität›. Ebenso ist die Reizintensität maximal, wenn beim Bankdrücken das höchstmögliche Gewicht angehoben wird. Das bedeutet zugleich, daß im Krafttraining mit der Scheibenhantel die Reizintensität durch den äußeren Widerstand gekennzeichnet ist. Beim Lauftraining ist es die Laufgeschwindigkeit, die die Reizintensität kennzeichnet, ebenso beim Schwimmen, Rudern, Kanu- oder Radfahren, beim Skilanglauf oder beim Eisschnellauf.

In sehr vielen Sportarten ist die Reizhöhe quantifizierbar. Sie kann in m/Sek. oder in Zeiteinheiten für die Laufstrecken angegeben werden, oder in kg, kp, m/kp oder m/kp/Sek. beim Maximalkraft- und beim Schnellkrafttraining. Wird die Intensität im Sprungkrafttraining gemessen, dann sind auch Meter oder Zentimeter Angaben für die Reizintensität. Teilweise kann sie nur durch beschreibende Angaben quantifiziert werden, wie «Sprünge mit der Bleiweste (10 kg) über 180 cm». Auch Bewegungsfrequenzen sind Indikatoren der Reizintensität, nach HARRE «im übertragenen Sinne» das Spiel- und Kampftempo in den Sportspielen und den Kampfsportarten. Dabei handelt es sich aber eher um qualitative als um quantitative Messungen.

Die Trainingsintensität ist auch als Reaktion des Organismus abschätzbar, so beim Intervall- oder Circuittraining. Manchmal wird nicht die äußere, sondern die innere Belastungsintensität gemessen und über diese mittelbar auf die äußere geschlossen, und zwar in Form von Pulsfrequenzmessungen. Vielfach ist dies günstiger und einfacher.

Präzise Angaben zur Trainingsintensität sind schwierig. MARTIN macht darauf aufmerksam, daß für die Trainingspraxis Rangskalen mit Prozentangaben aussagekräftig sind. Die folgende *Tabelle* beinhaltet zwei solcher «Rangskalen», eine von CARL für das Gewichtheben und die andere von MARTIN für das Ausdauertraining. Die zweite ist zugleich als

Kombination gefaßt mit Prozentwerten als Kriterium der äußeren und
mit Pulswerten als Gradmesser der inneren Belastungsintensität.

Krafttraining		Ausdauertraining
30– 50 %	gering	30– 50 % / 130–140 S/Min.
50– 70 %	leicht	50– 60 % / 140–150 S/Min.
70– 80 %	mittel	60– 75 % / 150–165 S/Min.
80– 90 %	submaximal	80– 90 % / 165–180 S/Min.
90–100 %	maximal	85–100 % / 180 S/Min.

Tab. 1: Rangskalen zur Abschätzung der Reizintensität im Kraft- und Ausdauertraining (nach CARL und MARTIN 1977)

Nach HETTINGER ist der Wirkungsbereich der Reizintensität vom Leistungsniveau abhängig. Während bei Anfängern Reizintensitäten von
30 Prozent im Maximalkrafttraining ausreichen, führen Reizintensitäten unter 70 Prozent bei Hochleistungssportlern nicht mehr zum Erfolg. Ebenso kann nach HOLLMANN davon ausgegangen werden, daß
beim Dauerlauf die Reizintensität ein Frequenzminimum von 130 S/
Min. erreichen muß. HARRE unterscheidet deshalb auch zwischen einem wirksamen und einem unwirksamen Intensitätsbereich. Dieser ist
qualifikationsabhängig, weil sich die Reizschwelle nach oben ver-
schiebt.
Für die Effektivität der Reizintensität sind Faustregeln bekannt. Wenn
die Reizintensität gering und nur knapp oberhalb der Reizschwelle
liegt, erfolgt der Trainingsgewinn langsam, aber gründlich. Er ist in
erster Linie durch den großen Umfang bedingt. Zugleich werden die
allgemeine und die spezielle Belastbarkeit verbessert. Hohe Reizintensitäten führen zu einem schnellen, aber auch labilen Leistungszuwachs.
Bei verletzungsbedingten Trainingsunterbrechungen kommt es zu einem schnellen Leistungsverlust.
Hohe Reizintensitäten sind im Krafttraining und im Schnelligkeitstraining nötig, mittlere und geringe im Ausdauertraining. Wenn Eigen-
schaftskombinationen wie Kraftausdauer oder Schnelligkeitsausdauer
Trainingsziele sind, liegen die Reizintensitäten bisweilen in der Mitte.

Reizdauer
Neben der Höhe eines Reizes ist für die Trainingsplanung auch die
Zeitspanne der Belastung von Bedeutung. Im Maximalkrafttraining
etwa ist neben der Spannung der Muskulatur auch die Kontraktions-
dauer ausschlaggebend.

Die Reizdauer kennzeichnet die Zeit, in der ein einzelner Trainingsinhalt als Bewegungsreiz auf den Organismus wirkt. Er kann sehr kurz sein wie beim Sprung; er kann aber auch sehr lang sein wie bei statischem Krafttraining.

Mit Reizdauer wird aber auch die Zeit definiert, in der mehrere Reize gesetzt werden, einmal in Serien, zum anderen in Dauerbelastungen. In einer Serie mit zehn Wiederholungen wirken zehn einzelne Bewegungsreize. Als Reizdauer wird hier nicht die Dauer eines jeden Einzelreizes bestimmt, sondern die der Serie. Beim Dauerlauf kommt es zu einer unzählbaren Summe von Einzelreizen; die Reizdauer wird aber in der Gesamtbelastung gesehen. In diesem Falle sind Reizdauer und Reizumfang identisch.

Die Reizdauer ist vom Trainingsinhalt und vom Trainingsziel abhängig. Aus dem Bereich des Ausdauertrainings ist bekannt, daß eine Reizdauer von mindestens 30 Minuten notwendig ist, um bei Trainierten ausreichende Anpassungen hervorzurufen. HETTINGER hat beim statischen Muskelkrafttraining mit Anfängern festgestellt, daß die Reizdauer mindestens ein Viertel der maximalen Haltezeit ausmachen muß, um Trainingsgewinne zu erzielen.

Umgekehrt sind auch Reizdauermaxima festgelegt: Die Reizdauer im Freiburger Intervalltraining sollte nicht über eine Minute hinausgehen, weil sonst die Anpassungen nicht während der Pausen erfolgen können. Auch im Schnelligkeitstraining lassen sich obere Grenzen für die Reizdauer bestimmen: Der Reiz darf nur so lang sein, wie die maximale Trainingsintensität aufrechterhalten werden kann. Beim Sprint bedeutet dies, daß die Sprintstrecken nicht über 60 bis 70 m hinausgehen dürfen; denn danach kommt es schon wieder zu einem Geschwindigkeitsabfall.

Ähnliches gilt für das Training der Koordination. Im ermüdeten Zustand ist Koordinationstraining nur bedingt sinnvoll. Die Reizdauer ist deshalb bei Trainingsinhalten zur Verbesserung der Bewegungsfrequenz nicht sehr groß; die Übungen müssen abgebrochen werden, wenn eine Frequenzminderung eintritt. Dies zu erkennen, ist teilweise sehr schwierig und erfordert vom Trainer ein geübtes Auge.

Reizdichte

Die Reizdichte kennzeichnet den zeitlichen Ablauf der Reize und reguliert den Wechsel von Belastung und Erholung. Ihre Funktion im Anpassungsprozeß ist zweifach: Zum einen soll in den Pausen lediglich die Ermüdung abgebaut werden; zum anderen werden dort die Anpassungsvorgänge selbst vollzogen. Im ersten Fall handelt es sich um vollständige Pausen, im zweiten um lohnende Pausen.

Beim Training nach der Wiederholungsmethode soll die Pause eine vollständige Regeneration des Organismus ermöglichen, damit die folgende Arbeit mit der gleichen Reizintensität durchgeführt werden kann. Beim Training nach der Intervallmethode – wie im Freiburger Intervalltraining – hat dagegen die Pause die Funktion, die entscheidende Anpassung zu vollziehen. Beim Training nach der Dauermethode entfallen die Pausen; die Belastung ist durchgängig.

Beim Maximalkraft-, Schnellkraft- und Schnelligkeitstraining sind vollständige oder fast vollständige Pausen zwingend, da Ermüdung zu einer Intensitätsminderung führt. Zur Verbesserung der Ausdauereigenschaften (einschließlich der Kraftausdauer) bietet sich dagegen die lohnende Pause an. Darunter wird verstanden «das erste Drittel der Zeit, die für die völlige Erholung benötigt wird». Die schematische Darstellung der ‹lohnenden Pause› nach SCHMOLINSKY (1973) verdeutlicht diesen Begriff.

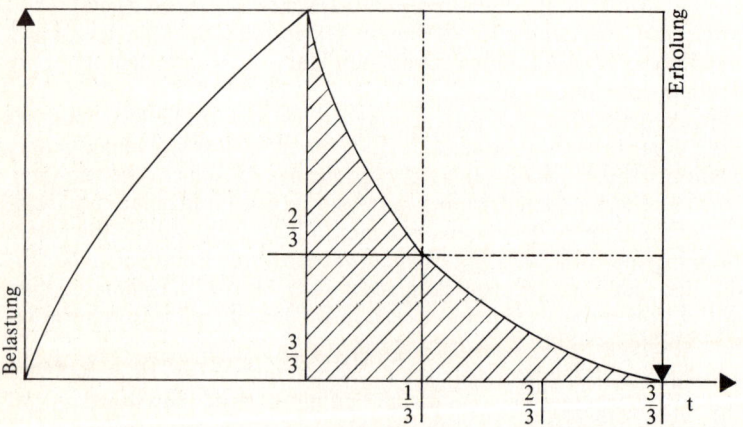

Abb. 2: Belastung und Erholung und der Begriff der «lohnenden Pause» sowie der «vollständigen Wiederherstellung» (nach SCHMOLINSKY)

Beim Intervalltraining dient die Pulsfrequenz als Indikator der Pausenbestimmung: Die «lohnende Pause» ist beendet, wenn der Puls auf etwa 120 bis 140 S/Min. abgesunken ist. Hier kann der neue Rciz gesetzt werden. Bei lohnenden Pausen kommt es dadurch zu einer Aufstockung der Ermüdung (Ermüdungskumulation).

Das zeitliche Verhältnis von Reizdauer und Pause ist zielgebunden unterschiedlich und abhängig von der Leistungsfähigkeit. Beim Kreistraining bieten sich je nach Ziel und Qualifikation die Relationen 2:1,

1 : 1 und 1 : 2 an. Wenn aber Maximalkraft oder Schnellkraft das Trainingsziel darstellen, ändert sich das Verhältnis ganz wesentlich zugunsten der Pausen. Die Reizdichte steht in strenger Abhängigkeit von Reizdauer und Reizintensität. Je höher die Reizintensität, desto länger muß die Pause sein. Das führt zum Beispiel dazu, daß im Training zur Verbesserung der Sprintschnelligkeit oder der Maximalkraft Pausen von drei bis fünf Minuten notwendig sind (VAN DEN EYDEN 1962). Kommt eine lange Reizdauer hinzu, sind also hohe Reizintensität und lange Reizdauer gekoppelt wie bei einem Tempolauf im Bereich der Wiederholungsmethode, dann müssen die Pausen noch länger ausgedehnt werden, im Schnelligkeitsausdauertraining bis zu 45 Minuten.

Reizhäufigkeit

Neben Dauer, Dichte und Intensität der Reize ist deren Anzahl für die Gestaltung einer Trainingseinheit wichtig. Bei kontinuierlicher Belastung (z. B. im Dauerlauf) beträgt die Anzahl eins, bei Belastungen mit Intervallcharakter ist die Reizhäufigkeit entweder durch die Anzahl der Wiederholungen und/oder durch die der Serien quantifiziert.

Werden im Krafttraining fünf Serien Bankdrücken mit je sechs Wiederholungen durchgeführt, dann beträgt die Reizhäufigkeit insgesamt 30. Im Intervalltraining zur Verbesserung der Laufausdauer ist ebenfalls die Anzahl der Wiederholungen Kriterium der Reizhäufigkeit, obwohl bei jedem einzelnen Lauf mehrere Einzelreize wirksam werden. Reizhäufigkeit steht in Abhängigkeit von der Reizintensität, der Reizdauer und der Reizdichte: Je höher die Intensität ist, desto weniger Wiederholungen sind möglich. Je länger die Dauer der Reize ist, desto geringer wird die Reizhäufigkeit. Und je schneller die Reize aufeinanderfolgen, desto schneller kommt die Ermüdung, die zum Abbruch des Trainings zwingt. Analog dazu ist die Reizhäufigkeit im Maximalkrafttraining und im reinen Schnelligkeitstraining gering, im Ausdauertraining dagegen groß.

Reizumfang

Der Reizumfang bezieht sich beim Training nach der Dauermethode wie beim Dauerlauf auf die zurückgelegte Trainingsstrecke – und wird deshalb in km oder m ausgedrückt. Er bezieht sich beim Training nach der Intervallmethode auf das Produkt aus Reizhäufigkeit und Reizdauer; er läßt sich dann ebenfalls in km oder auch in der Zeiteinheit (Min., Sek., Std.) ausdrücken. So wird der Umfang beim Training nach der extensiven Intervallmethode beispielsweise als Produkt von 30 Wiederholungen und der Reizdauer von 15 Sekunden (für 100 m) quantitativ erfaßt mit 450 Sekunden.

Beim Krafttraining überwiegt die Angabe in kg bzw. Tonnen. Hier ergibt sich der Umfang aus Produkt von Reizintensität und Reizhäufigkeit: Fünf Serien mit vier Wiederholungen à 100 kg Belastung durch die Scheibenhantel ergeben einen Reizumfang von zwei Tonnen. Dabei bezieht sich der Reizumfang auf eine durchschnittliche Intensität. Deshalb ist es besser, den Reizumfang nach Intensitätsbereichen aufzuschlüsseln. Erst danach wird eine sinnvolle Trainingsplanung möglich und damit auch die Beurteilung der Gesamtbelastung des Sportlers. Auf alle Fälle ist es falsch, den Begriff Gesamtbelastung ausschließlich auf den Trainingsumfang zu beziehen.

Der Reizumfang ist teilweise mit der Reizhäufigkeit identisch. Das setzt aber voraus, daß die Reizintensität gleich bleibt. Wird der Trainingsumfang wie im Sprungkrafttraining durch die Anzahl der Sprungübungen als Serienzahl multipliziert mit der Zahl der Wiederholungen pro Serie angegeben, so ist das zugleich die Reizhäufigkeit. Dagegen ist es nicht exakt, beim Krafttraining den Reizumfang durch die ‹Summe der Wiederholungen› festzulegen, wenn die äußeren Widerstände variiert werden. Bei identischen Wiederholungssummen können wesentliche Differenzen im Reizumfang vorliegen. Bei Klimmzügen, Liegestützen, auch beim Fertigkeitstraining kann jedoch nur die Häufigkeit den Trainingsumfang aufzeigen.

Wie für die Reizintensität gelten auch für den Reizumfang Mindestausprägungen. Andererseits besteht die Gefahr, den Reizumfang zu hoch anzusetzen. Allerdings ist eine Gefahr des Übertrainings eher durch eine zu hohe Reizintensität als durch einen zu hohen Reizumfang gegeben. Einigkeit besteht darüber, daß von allen Belastungsnormativen zuerst der Reizumfang erhöht werden soll. Dies ist wichtig sowohl für die Periodisierung als auch für eine Systematisierung des Trainings. Umfangzunahme bedeutet Verbesserung der Basis und damit Grundlagentraining, hauptsächlich um die Trainierbarkeit zu erhöhen; der Trainingsumfang ist Voraussetzung zur Intensitätssteigerung.

Trainingshäufigkeit

Die Trainingshäufigkeit wird in der Regel durch die Anzahl der wöchentlichen Trainingseinheiten bestimmt. In fast allen Sportarten ist das tägliche Training die Regel; zweimaliges Training am Tag ist im Spitzensport üblich. Es liegt nahe, eine Verbindung der Trainingseinheit mit dem Trainingsumfang und der Trainingsintensität herzustellen: Gleiche Trainingsumfänge können bei besserer Verteilung durch mehr Trainingseinheiten mit höherer Trainingsintensität geleistet werden. Die Trainingshäufigkeit ist abhängig von der Erholungsfähigkeit des Sportlers. Im Anfängerbereich kann deshalb noch nicht so oft trainiert werden wie mit Fortgeschrittenen oder gar mit Hochleistungssportlern. Durch eine verbesserte Erholungsfähigkeit wird es möglich, die Trainingshäufigkeit kontinuierlich zu erhöhen.

Training und Trainingsplanung

Systematisches Training ist geplantes Training und wird fixiert im *Trainingsplan*. Dieser kann kurz-, mittel- und langfristig ausgerichtet sein. Er gründet auf Informationen der Trainingslehre, welche die Gesetzmäßigkeiten erforscht, ergänzt durch Informationen über die subjektive Situation des trainierenden Athleten. Gesetzmäßigkeiten des Trainingsprozesses werden mit unterschiedlichem Abstraktionsgrad formuliert. Diejenigen, die die größte allgemeine Gültigkeit haben, werden als Prinzipien, Grundsätze oder Maximen des sportlichen Trainings klassifiziert. Es sind verallgemeinerte (generalisierte) Aussagen, die deshalb eine geringe Spezifik aufweisen (BALLREICH 1976).

Trainingsprinzipien

Von den Prinzipien des sportlichen Trainings werden hier diejenigen aufgeführt, die für die Trainingspraxis unmittelbar von Bedeutung sind und damit Einfluß nehmen auf die Trainingsplanung. Sie stehen nicht isoliert nebeneinander, sondern beeinflussen und ergänzen sich gegenseitig. Bei der Trainingsplanung ergibt sich daraus die Notwendigkeit, jedes einzelne Prinzip im Gesamtzusammenhang zu prüfen und praktisch umzusetzen.

Folgende Prinzipien werden in den «Trainingsgrundlagen» besprochen:

1. Das Prinzip der optimalen Relation von Belastung und Erholung und das Prinzip der Superkompensation
2. Das Prinzip der progressiven Belastung

3. Das Prinzip des langfristigen Trainingsaufbaus
4. Das Prinzip des periodischen Trainingsaufbaus
5. Das Prinzip der optimalen Relation von konditioneller, sporttechnischer, sporttaktischer und intellektueller Ausbildung, einschließlich der Schulung der Willenseigenschaften
6. Das Prinzip der optimalen Relation von allgemeiner und spezieller Ausbildung und der zunehmenden Spezialisierung
7. Das Prinzip der Variation der Trainingsbelastungen hinsichtlich der Trainingsinhalte, -methoden sowie der Belastungsnormative
8. Das Prinzip der Individualität
9. Das Prinzip der Entwicklungsgemäßheit
10. Das Prinzip der Dauerhaftigkeit

Mehrere der Prinzipien gehen auf die umfangreichen Arbeiten von MATWEJEW (1972) zurück. Bisher kaum diskutiert wurde ihre Anwendbarkeit im Breiten- oder Schulsport. Daß ihre Übertragung auf Schwierigkeiten stößt, zeigt das «Prinzip des periodischen Trainingsaufbaus» (4), das sich im Schulsport kaum realisieren läßt. Außerdem bestehen teilweise erhebliche Probleme, wenn Ergebnisse, die primär aus den Individualsportarten wie Leichtathletik, Schwimmen oder Gewichtheben gewonnen wurden, auf kollektive Sportarten wie die Sportspiele übertragen werden sollen.
Eine weitere Auflistung von Prinzipien soll nicht vorgenommen werden. Nicht genannte, wie das Prinzip der optimalen Relation von Intensität und Umfang oder das der ganzjährigen Belastung, werden im Zusammenhang mit den oben genannten Prinzipien besprochen. Andere, die für den Trainingsprozeß zwar wichtig, aber nicht als rein trainingswissenschaftliche Grundsätze anzusehen sind, bleiben unberücksichtigt. Es handelt sich dabei meist um pädagogische Prinzipien wie das der Faßlichkeit, der Bewußtheit, der Anschaulichkeit (HARRE).

Belastung und Erholung – Superkompensation

Training bedeutet Belastung, welche zu einem Abbau der Energiereserven und damit zu einem Rückgang der Leistungsfähigkeit führt. Dieser Rückgang kann nur aufgehalten und kompensiert werden, wenn der Organismus Zeit hat für den Wiederaufbau. Dazu muß er sich erholen können. Sinnvolle Trainingsplanung bezieht sich also nicht nur auf die Belastung, sondern auch auf die Erholung. Belastung und Erholung bilden eine Einheit.
Training bewirkt durch den «Verbrauch funktioneller und energetischer Potentiale» (HARRE) eine Ermüdung. Es kommt zu einer «reversiblen Herabsetzung der Funktionsfähigkeit infolge einer muskulären Tätigkeit» (HOLLMANN). Die Leistungsfähigkeit sinkt ab, oder eine

vorgegebene Leistung kann nur durch Einsatz zusätzlicher Leistungsreserven aufrechterhalten werden. Ermüdungen führen zu einer ver-
langsamten und unsicheren Motorik und somit zu einer Beeinträchti-
gung der Koordination. Hinzu kommt eine Verschlechterung der Reaktionsfähigkeit und der Willenskraft. Das Prinzip aller Ermüdung
besteht darin, daß die «intramuskulären Stoffwechselabbauvorgänge
die Restitution überwiegen», der Muskel verliert energiereiche Ver-
bindungen und häuft statt dessen Stoffwechselzwischen- und -endpro-
dukte an (HOLLMANN).

Die Größe der Ermüdung und damit die benötigte Zeit für die Erholung ist abhängig von der Gesamtbelastung des Trainings, vor allem von
den Trainingsinhalten sowie von Umfang und Intensität, vom Trainingszustand, von endogenen und exogenen Bedingungen. Für die
Wiederherstellung des Organismus sind also Erholungsintervalle notwendig. WOLKOW (1974) unterscheidet vier Arten von Wiederherstellung:

1. Laufende Wiederherstellung während des Trainingsablaufs;
2. Sofortwiederherstellung unmittelbar nach Übungsende;
3. nachwirkende Wiederherstellung, die innerhalb mehrerer Stunden nach
   Trainingsende vor sich geht;
4. Wiederherstellung nach chronischer Überanstrengung (Stresswiederherstel-
   lung).

Unter trainingspraktischem Aspekt hat das Stadium der Sofortwiederherstellung den größten Effekt für die Rationalisierung des Trainingsaufbaus innerhalb einer Trainingseinheit. Die nachwirkende Wiederherstellung ist zuständig für den Aufbau von Mikrozyklen, zum Beispiel von Wochentrainingsplänen. Dies berührt auch den *Wellencharakter* eines Mikrozyklus, den Wechsel von Trainingseinheiten mit
unterschiedlichen Zielsetzungen, Inhalten und Methoden. Letztlich
resultiert daraus die Forderung nach Entlastungstagen, -wochen oder
sogar -monaten, so daß auch die Makrozyklen betroffen sind.

Das Problem von Belastung und Erholung betrifft also jede einzelne
Trainingseinheit, aber auch deren Zusammenfassung zu Mikro- und
Makrozyklen. Für die einzelne Trainingseinheit hat NETT (1970) unter
Auswertung der Ergebnisse sowjetischer Autoren dieses Problem ver-
deutlicht: Bei intensiver (maximaler) kurzer Muskelarbeit wie im
Sprint dauert die Wiederherstellungszeit zwischen zwei und fünf Minu-
ten. Dagegen dauert der Wiederaufbau nach Tempoläufen mit hoher
Geschwindigkeit 15 Minuten bis zwei Stunden. Bei mehrstündiger
Muskelarbeit ist er bisweilen erst nach zwei bis drei Tagen vollendet.
Die Zeitspanne der Wiederherstellung hängt nämlich davon ab, welche
Energiequellen des Organismus angezapft werden. Dieses zeitlich un-
terschiedliche Regenerationsverfahren der jeweils beanspruchten Or-

gane erfordert es, daß bei der Analyse der Belastungsnachwirkungen und der folgenden Belastungsnormative die ‹regionale›, also organspezifische Besonderheit der Wiederherstellungsprozesse einkalkuliert wird. MATWEJEW nennt dies den «Heterochronismus der Wiederherstellung».

Die Erholung ist ein Übergangsprozeß und hat Wellencharakter. Um den Vorgang der Leistungsreduktion durch Belastung und die folgende Wiederherstellung zu verdeutlichen, werden in *Tabelle 2* beispielhaft Ergebnisse aufgeführt, die von WOLKOW zu verschiedenen Zeitpunkten der Wiederherstellung ermittelt worden sind und sich auf die maximale Sauerstoffaufnahme beziehen. Offensichtlich wird die Abhängigkeit der Wiederherstellung von der Anzahl der Trainingseinheiten.

Trainings-einheiten	Ausgangswert	Stunden nach dem Training			
		0–1	10	16	20
1	4,75	3,7	4,44	4,56	4,57
2	4,75	3,5	4,33	4,46	4,47
3	4,75	3,17	4,23	4,23	4,30

Tab. 2: Maximale Sauerstoffaufname bei Schwimmern in verschiedenen Abschnitten der Belastungsnachwirkungen und bei 1, 2 und 3 Trainingseinheiten in der Vorbereitungsperiode (Dim.: Liter) (nach WOLKOW)

Mit den Begriffen Energieverbrauch und Energiewiederherstellung allein kann der entscheidende Gesichtspunkt der optimalen Relation von Belastung und Erholung nicht erklärt werden. Eine Wiederherstellung bis zum Ausgangswert führt nämlich nicht zur Leistungssteigerung, sondern lediglich zur Leistungsstabilisierung. Der Abbau der energetischen Potentiale durch Bewegungsreize ist nicht nur Ursache für den Wiederaufbau bis zum Ausgangswert, sondern auch Ursache für eine Anreicherung auf ein erhöhtes Niveau. Vereinfacht ausgedrückt: Es wird in der Erholungsphase mehr Energie angebaut, als zuvor verbraucht worden ist. Darin besteht letztlich das Grundgesetz des Trainings. Ist kein Mehranbau mehr möglich, dann hat der Sportler sein Leistungsmaximum erreicht.

Ziel der Trainingsplanung ist also das Erreichen eines *Mehrausgleichs* (Super- oder Überkompensation). Darin besteht die entscheidende Trainingswirkung. Voraussetzung ist, daß der Wiederaufbau nicht zu früh durch vorzeitigen Neuverbrauch, also durch eine zu früh einsetzende neue Belastung, gestört wird.

Leistungsgewinn ist also identisch mit Mehrausgleich. NÖCKER (1971) hat dies so formuliert: «Jeder Bewegungsreiz bewirkt einen Abbau der Substanz, und dieser Abbau birgt den Reiz zum Neuaufbau. Dabei macht der Neuaufbau nicht halt bei dem Zustand, den das Gewebe vorher hatte, sondern es entwickelt sich über diesen Zustand hinaus.» Das Problem der Belastung und Erholung wurde besonders von sowjetischen Autoren unter dem Aspekt des Stoffwechsels überprüft. JAKOWLEW hat dieses Verhältnis und die daraus resultierende Superkompensation in der folgenden *Abbildung* dargestellt.

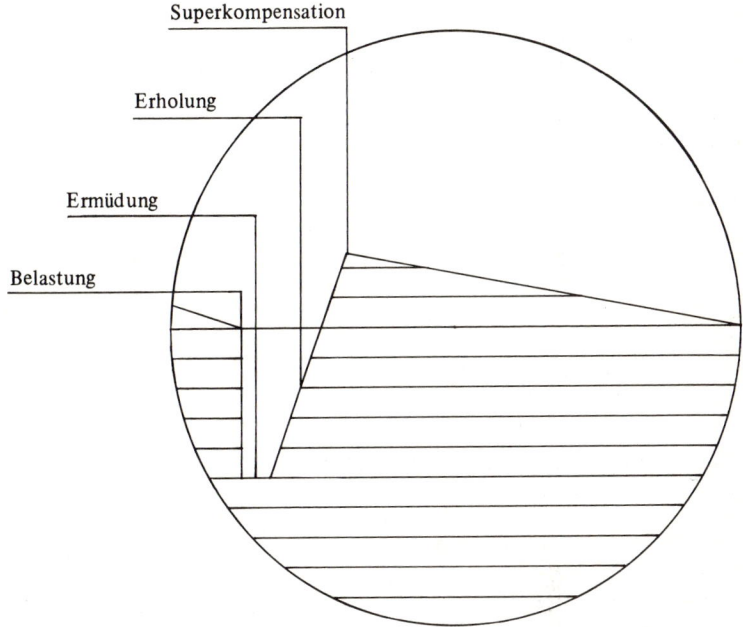

Abb. 3: Belastung und Erholung – Superkompensation
(in Anlehnung an JAKOWLEW)

Zu diesem Problem formuliert nun MATWEJEW drei Leitsätze:

1. Der Trainingsprozeß muß als ganzjährige und mehrjährige Spezialisierung aufgebaut werden.
2. Jede Trainingseinheit soll in den «Spuren» der vorangehenden verlaufen, das heißt an die positiven funktionellen und morphologischen Veränderungen im Organismus der vorangegangenen Einheit anschließen.
3. Die Kontinuität des Trainingsprozesses wird nicht nur durch die Belastung gewährleistet, sondern auch durch die Einhaltung von Erholungsintervallen.

Wird die Erholung zu stark akzentuiert, dann werden die Spuren der vorangehenden Trainingseinheit verwischt, und die Bedingungen für eine Leistungssteigerung entfallen. Wird dagegen die Belastung einseitig betont, reichen also die Pausen nicht aus, dann ist keine vollständige und schon gar keine ‹übervollständige› Wiederherstellung möglich.

Das auf JAKOWLEW zurückzuführende und mittlerweile schon klassische Schema der drei Varianten des Wechsels von Belastung und Erholung macht einerseits die Unwirksamkeit des Trainings bei zu großen, andererseits bei zu kleinen Erholungspausen deutlich.

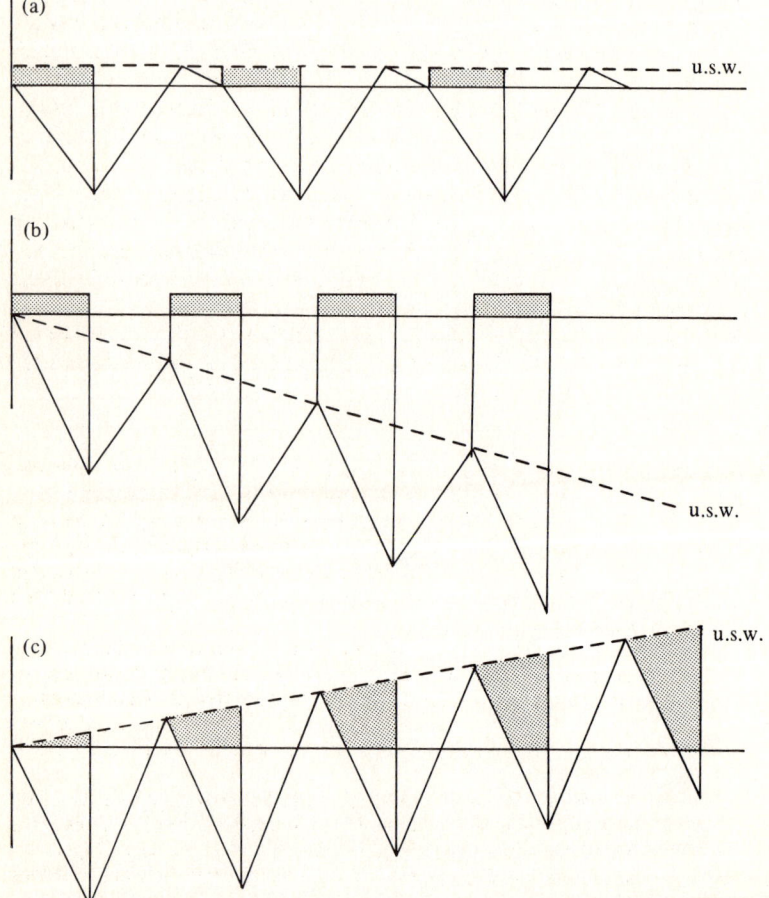

Hinsichtlich des optimalen Wechsels von Belastung und Erholung gibt
es konkurrierende Theorien. Nach WOLKOW dauert für manche Faktoren der Leistungsfähigkeit die Zeit der Wiederherstellung fünf bis
sieben Tage. So lange Erholungspausen sind im Trainingsprozeß nicht
durchführbar und auch nicht nötig, wie die Erfolge der Athleten belegen. So ist es auch nicht sinnvoll, jede neue Trainingsbelastung erst bei
völliger Wiederherstellung aller Leistungsfaktoren anzusetzen. Die
Befürchtung einer chronischen Erschöpfung ist unberechtigt; es
kommt nicht zwingend zum Übertraining. Es muß vielmehr noch während der «unbeendeten Wiederherstellungsprozesse» trainiert werden;
denn «die Erfahrung beweist, daß Sportler ihr Training auch unter den
Bedingungen der Nichtwiederherstellung einiger physiologischer Werte durchführen. Der Effekt mehrerer Trainingseinheiten summiert sich
dabei» (MATWEJEW). Diese zusätzliche Aufstockung der Ermüdung ist
«die normale Variante der Belastungsfolge im Hochleistungstraining»
(HARRE). Sie führt zu einer noch tieferen Ausschöpfung der Energiereserven und provoziert damit eine noch umfangreichere Anpassung.
Die Summierung der Trainingsbelastung betrifft die einzelnen Trainingseinheiten und wird im *Serienprinzip* deutlich. Sie bezieht sich aber
nicht nur auf die Trainingseinheiten, sondern berührt auch den Mikro-
und Makrozyklus. Wenn sich die Intensität des Energieverbrauchs
proportional zur Superkompensation verhält, dann ist eine Summierung mehrerer Trainingseinheiten zweckmäßig. An den Organismus
werden härtere Anforderungen gestellt und «damit ein integrierter

◄ *Abb. 4:* Veränderungen der sportlichen Leistungsfähigkeit bei unterschiedlichen Relationen von Belastung und Erholung (nach MATWEJEW)
   (a) Das Verhältnis ist zu stark auf die Erholung ausgerichtet, die neue
        Belastung erfolgt zu spät, der Trainingsgewinn als Superkompensa-
        tion geht wieder verloren. Die neue Trainingsbelastung erfolgt bei
        gleicher Leistungsfähigkeit wie zuvor. Dadurch wird diese lediglich
        stabilisiert.
   (b) Das Verhältnis ist zu stark auf die Belastung abgestellt. Die Wie-
        derherstellung kann nicht ausreichen, um das vorangehende Ni-
        veau wieder zu erreichen. Ein erhöhtes Niveau ist schon gar nicht
        realisierbar. Die neue Belastung erfolgt zu früh, was zu einer be-
        ständigen Verminderung der Leistungsfähigkeit und letztlich zum
        Übertraining führt.
   (c) Das Verhältnis von Belastung und Erholung ist optimal, die neue
        Belastung erfolgt auf dem Höhepunkt der Superkompensation.
        Daraus resultieren optimale Anpassungen und ein beständiger Lei-
        stungsanstieg. Das geht allerdings nur bei progressiv ansteigender
        Belastung.

Aufschwung seiner funktionellen Möglichkeiten der folgenden Erholung erzielt» (MATWEJEW). Voraussetzung für den Erfolg sind anschließende aktive Erholungsintervalle.

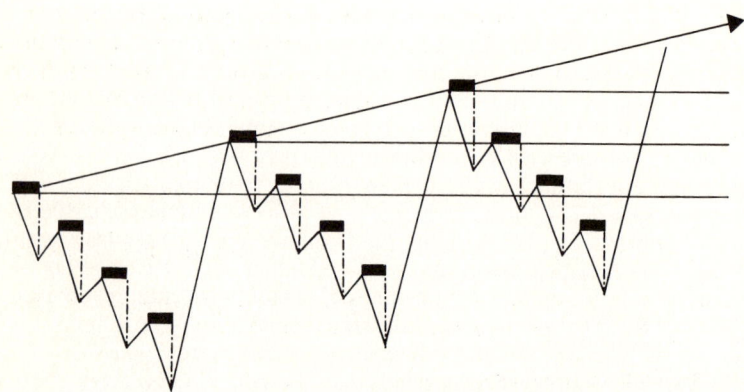

Abb. 5: Das «Serienprinzip» als Möglichkeit der Ermüdungsaufstockung: In der Phase der Erholung kommt es zu keiner vollständigen Erholung, so daß die Energiereserven immer weiter ausgeschöpft werden. In der folgenden «Serienpause» wird die Erholung weit ausgedehnt; es kommt zu einer Superkompensation auf erhöhtem Niveau (nach MATWEJEW).

Im Training wechseln ständig die Belastungen nach Inhalt, Intensität und Umfang. Dieser Wechsel ermöglicht, bedingt durch den Heterochronismus der Erholungsprozesse, das Training auf der Grundlage einer teilweise wiederhergestellten und erhöhten Leistungsfähigkeit durchzuführen. Es verbietet sich ein starres System im Wechsel von Belastung und Erholung. Erforderlich ist eine wellenförmige Belastung, bei der sich Höhen und Tiefen abwechseln.

Die Trainingslehre kann auch hier nur Grundregeln anbieten; die Feinabstimmung ist prinzipiell ein individueller Prozeß. Die weltbesten Sportler können zwei-, manchmal dreimal täglich trainieren und verstoßen dennoch nicht gegen das Prinzip der optimalen Relation von Belastung und Erholung.

Mittlerweile wurde auch festgestellt, daß die auf der Grundlage einer unvollständigen Wiederherstellung erfolgte Neubelastung zu einer weiteren Aktivierung des Umsatzes führen. Dies ist dann die Basis für gute Leistungen. WOLKOW geht davon aus, «daß eine hohe Leistungsfähigkeit in den späten Phasen der Wiederherstellung auch auf der Basis einer unvollständigen Erholung der vegetativen Funktionen erreicht

werden kann und sich der Zustand verminderter Leistungsfähigkeit in
den späten Phasen der Wiederherstellung mit einer erfolgreichen Erholung adaptiver Reaktionen vegetativer Funktionen verbinden
kann». Weil die Zeiträume der Wiederherstellung unterschiedlich sind,
zum Beispiel hinsichtlich der vegetativen Funktionen und der muskulären Leistungsfähigkeit, ist auch die Einschätzung des Bereitschafts-
grads zur Wiederholung von Belastungen erschwert. Darauf kommt es
aber im Training letztlich an. So ist es günstiger, statt von Wiederherstellung vom ‹Grad der Bereitschaft zur Wiederholung› zu sprechen.
Zusammengefaßt läßt sich formulieren:

1. Training führt zum Verbrauch von Energien und damit zur Leistungsminde-
   rung.
2. Die dadurch eingetretenen Ermüdungsprozesse provozieren Restitutionsprozesse (Wiederherstellungsprozesse).
3. Die Restitutionsprozesse bleiben aber nicht beim Ausgangsniveau zu Beginn
   der Belastung stehen, sondern gehen darüber hinaus.

Für die Praxis folgt daraus:

1. Ausreichende Ermüdungserscheinungen setzen ein ausreichend intensives
   und umfangreiches Training voraus.
2. Für die Wiederherstellung und die erwünschte Superkompensation ist ein
   optimaler Wechsel von Belastung und Erholung anzustreben.
3. Wegen der unterschiedlich schnellen Erholungsfähigkeit sind Variationen in
   den Trainingsinhalten und -methoden, vor allem in Umfang und Intensität,
   erforderlich.

Das Problem von Belastung und Erholung bezieht sich auf die einzelnen Trainingseinheiten und auf die zyklische Ausgestaltung mehrerer
Trainingseinheiten. Für den Bereich des Schul- und Fitnesssports geht
es nur um die einzelne Trainingseinheit; denn wegen der geringen
Anzahl der wöchentlichen Übungsstunden einerseits und der relativ
geringen Belastung pro Trainingseinheit andererseits sind die Erholungsintervalle ausreichend oder gar zu groß. Die neue Belastung trifft
den Organismus nicht (mehr) im ‹Hoch› der Reaktion, also am Ende
der Superkompensation, sondern zu einem Zeitpunkt, an dem der
Trainingsgewinn schon wieder nachgelassen hat. Innerhalb der einzelnen Trainingseinheiten kommen Verstöße gegen dieses Prinzip eher
durch eine zu umfangreiche Erholung vor.
Die Superkompensation läßt sich lediglich bei Trainingsanfängern
schnell erkennen. Bei Fortgeschrittenen dauert der Umsetzungsprozeß
sehr lange; denn «erst die Summierung nicht unmittelbar nachweisbarer Trainingseffekte» (HARRE) ermöglicht eine meist sprunghafte Leistungssteigerung. MATWEJEW spricht von «verspäteter Transformation». Diese gilt vor allem für die allgemein entwickelnden Übungen

und die daraus resultierende Verbesserung der allgemeinen Kondition: Diese macht sich erst in der folgenden «speziellen Vorbereitungsperiode» leistungssteigernd bemerkbar.

Die Mechanismen der Wiederherstellungsprozesse sind vielschichtig. Sie hängen ab von der Sportart, vom Charakter der Trainingsinhalte, von Umfang und Intensität der Belastung, von der Trainingsmethode, von dem Gesundheits- und Trainingszustand sowie von den allgemeinen Rahmenbedingungen. Für die Praxis ergibt sich daraus die Forderung, Verfahren der aktiven Einflußnahme auf den Verlauf der Wiederherstellung bereitzustellen, welche mit ‹natürlichen› und ‹unterstützenden› Faktoren die Regeneration beschleunigen.

GRAJEWSKAJA und JOFFE (1973) klassifizieren die üblichen Verfahren in:

1. pädagogische Wiederherstellungsmittel,
2. medizinisch-biologische Wiederherstellungsmittel,
3. psychologische (psychohygienische) Wiederherstellungsmittel.

Zu den *pädagogischen* Mitteln zählt die gesamte Individualisierung des Trainings durch optimalen Aufbau der Mikro- und Makrozyklen, die Wellenförmigkeit des Trainings, die Variabilität der Belastung, spezielle Wiederherstellungszyklen und zweckmäßiger Aufbau der gesamten Lebensweise. Hinzu kommen die Individualisierung des Aufwärmens und des Auslaufens, rationelle Reihenfolge der Trainingsinhalte und Entspannungsübungen für eine aktive Erholung.

Die *medizinisch-biologischen* Mittel betreffen die zweckmäßige Ernährung, pharmakologische Präparate (Vitamine etc.) sowie physiotherapeutische und balneologische Mittel. Sie dienen der Resistenzsteigerung gegenüber Training und Wettkampf, beseitigen lokale und allgemeine Ermüdung und füllen die Energiereserven schneller wieder auf.

Die *psychologischen* und *psychohygienischen* Mittel werden zur Senkung der psychonervösen Anspannung eingesetzt. Sie vermindern die zentrale und die psychische Ermüdung und damit die Trainingsunlust. Autogenes Training, Schlaftherapien, Übungen zur Muskelentspannung und die Beseitigung negativ wirkender psychogener Faktoren sind effektiv und beschleunigen die Wiederherstellung.

Progressive Belastung

Die Leistungssteigerung erfolgreicher Sportler geht mit einer beständigen Zunahme der Trainingsbelastungen einher. Je höher das sportliche Niveau, desto umfangreicher und intensiver muß trainiert werden. Leistungsanstieg und Trainingsanforderungen verhalten sich proportional. Verminderungen der Trainingsbelastung bewirken langfristig einen Leistungsrückgang. Werden die Trainingsanforderungen nicht mehr gesteigert oder können sie nicht mehr gesteigert werden, ist eine weitere Leistungsverbesserung kaum mehr möglich, sofern die Auswahl der Trainingsinhalte und -methoden angemessen war.

«Stagnation der Belastung bedeutet Stagnation der sportlichen Leistungsfähigkeit», und «Rekorde sind das Ergebnis von Sportlern, die ihre Trainingsbelastung im Vergleich zu früheren Rekordhaltern schneller steigerten und härter trainierten» (HARRE).

Die Gründe für die beständige Erhöhung der Trainingsbelastungen liegen auf der Hand. Mit fortschreitendem Trainingsprozeß verändert sich der Trainingszustand eines Sportlers. Bei konstanter äußerer Belastung resultiert daraus eine Verminderung der inneren Belastung und damit eine geringere Reaktion des Organismus. Letztlich erfolgt überhaupt keine Anpassung mehr, weil die Trainingsreize unter der Reizschwelle bleiben.

Entscheidend für die Reaktionen des Organismus ist die innere Belastung. Sie muß jeweils optimal sein und im Bereich der Grenzbelastungen liegen. Die These von der Maximalbelastung oder der «Belastung bis zur Erschöpfung» ist eines der physiologischen Hauptprinzipien des Trainings. Nach HOLLMANN muß zum Beispiel das Training der aeroben Ausdauer im Grenzbereich des aeroben/anaeroben Stoffwechsels liegen, um die aerobe Ausdauer optimal zu entwickeln.

Im Sinne der progressiven Belastung sollen die Trainingsanforderungen immer den aktuellen Möglichkeiten, also dem *momentanen Trainingszustand*, entsprechen. Der optimale Grad der Ermüdung provoziert die bestmögliche Anpassung. Es sind solche Belastungen zu wählen, die an der Grenze der Möglichkeiten der Sportler liegen, ohne jedoch diese Grenzen zu übersteigen.

Soll die innere Belastung konstant gehalten werden, muß man die äußere Belastung erhöhen. Diese ist der Steuerungsmechanismus der inneren Belastung. Eine angemessene Steuerung setzt beständige Leistungskontrollen voraus, welche sich nicht nur auf die komplexe Leistung beziehen, sondern auch auf die Faktoren, die diese ausmachen – also auf die Feinziele des Trainings. Wird durch Trainings- und Wettkampfkontrolle eine Verbesserung des Trainingszustands angezeigt, folgt nach einer Zeit der Stabilisierung die neue Belastungssteigerung.

Standardbedingungen reichen im Training nicht aus. Allerdings darf das Prinzip der progressiven Belastung nicht überinterpretiert werden. Kurzfristige Erhöhungen können auch bei Konstanz und sogar bei einer Reduktion der Gesamtbelastung verwirklicht werden, etwa durch rapide Intensitätssteigerung bei gleichzeitiger überproportionaler Umfangsabnahme oder durch Variationen der Belastung. Durch beide

Maßnahmen werden lediglich stabilisierende Standardsituationen vermieden.

Eine Dynamik der Trainingsbelastungen erreicht der Trainer vorrangig durch Regulierung der äußeren Belastung. Das gilt für eine Maximalbelastung im lang- und kurzfristigen Belastungsanstieg, also auf jeder neuen Stufe des Trainingsprozesses. Es scheint aber nicht ausreichend, lediglich den Anstieg der äußeren Belastung im Auge zu haben. Vielmehr ist auch eine Erhöhung der inneren (subjektiven) Belastung erforderlich. Der verbesserte Trainingszustand ermöglicht nicht nur die Steigerung der äußeren Belastung proportional zum Trainingszustand, sondern auch eine erhöhte innere Belastung. Die Trainierbarkeit steigt an, die Belastungsfähigkeit wird größer, und der Sportler lernt, seine Energiereserven besser auszuschöpfen.

Eine parallel mit dem Trainingszustand wachsende Belastungserhöhung ändert an der inneren Belastung nichts. Zwar werden neue Anpassungen provoziert; die Anforderungen liegen aber nicht im Grenzbereich. Vereinfacht ausgedrückt: Der Sportler hat mit fortschreitendem Trainingszustand die Aufgabe, sich auch im Training mehr zu verausgaben. Seine Belastungsgrenzen werden weiter ausgedehnt; auch im Training sollen die Reserven weiter ausgeschöpft werden.

Der Anstieg der sportlichen Leistungsfähigkeit erfolgt langfristig und nicht linear. So sind die Zuwachsraten bei Anfängern bedeutend größer als bei Fortgeschrittenen, bei diesen wiederum umfangreicher als bei Hochleistungssportlern. Graphisch läßt sich die Veränderung des Trainingszustands in einer Sättigungskurve darstellen mit steilem Leistungsanstieg am Anfang und immer geringer werdenden Verbesserungen bis zum Leistungsmaximum. Sofern Leistungs- und Belastungssteigerung sich völlig proportional verhalten, ist der Belastungsanstieg mit der gleichen Kurve zu verdeutlichen. Dagegen sprechen aber Erfahrungen aus der Trainingspraxis. Es muß vielmehr davon ausgegangen werden, daß der Anstieg der Belastung jeweils steiler erfolgen muß als der der Leistungsfähigkeit.

Bei den meisten Sportlern ist ein sprunghafter Leistungsanstieg charakteristisch. Konsequenterweise bemerkt HARRE, daß eine lineare und allmähliche Erhöhung der Trainingsbelastungen nicht so wirkungsvoll ist wie eine sprunghafte. Die Mehrbelastung muß den Organismus zu einer Gegenreaktion zwingen. Das aktuelle Leistungspotential wird überfordert, das psychophysische Gleichgewicht wird gestört, und neue Regulations- und Anpassungsprozesse werden ausgelöst. Die stufenmäßige Erhöhung der Belastung ergibt sich aus den Ergebnissen der Trainings- und Wettkampfkontrolle sowie aus der Auswertung der Trainingsbücher. So wird eine systematische Analyse des vorangegangenen Trainingsabschnittes möglich.

Zu einer neuen Belastungssteigerung kommt es, wenn der Organismus sich auf die erhöhten Anforderungen eingestellt hat; diese sind für ihn wieder zu Standardsituationen geworden.

Der Organismus benötigt einen Zeitraum der Festigung. So kommen die Veränderungen der Leistungsfähigkeit auch nicht gleichzeitig mit denen der Trainingsbelastungen. Leistungsverbesserung ist das Ergebnis einer erhöhten Trainingsbelastung. Sie zeigt sich aber erst später, in der Regel nach einer Phase der Festigung.

Das untergeordnete ‹Prinzip der stufenförmigen Belastung› steht nur auf den ersten Blick mit dem ‹erklärten Leistungs- und Belastungsanstieg› im Widerspruch. Dieser löst sich auf, wenn man berücksichtigt, daß die Kurve lediglich eine langfristige Entwicklung darstellt. Auch die stufenförmige Belastungssteigerung unterliegt diesem Grundprinzip: Mit zunehmender Qualifikation werden die Belastungssprünge immer geringer; der allgemeine Charakter bleibt langfristig erhalten.

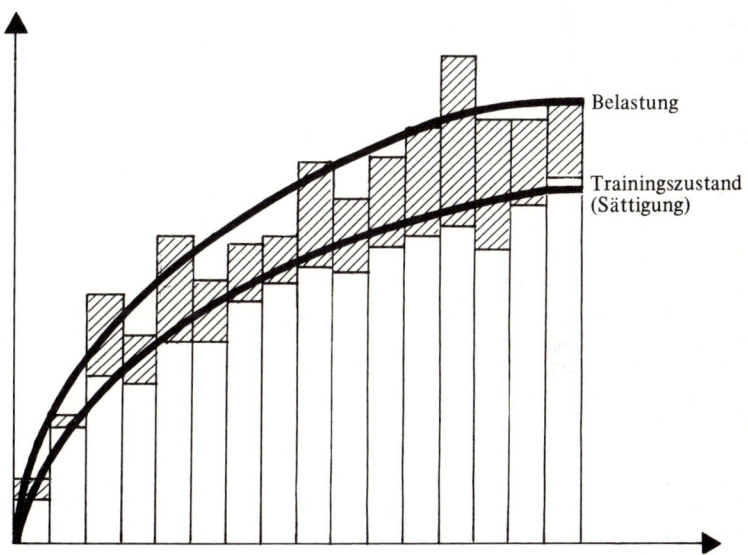

Abb. 6: Das «Prinzip der progressiven Belastung» und die «nichtlineare» Leistungssteigerung (Letzelter)

Im Trainingsprozeß variieren die Belastungen entsprechend dem ‹Prinzip der optimalen Relation von Belastung und Erholung›. Ihre Steigerung betrifft alle Leistungskomponenten, also Kondition, Technik und Taktik.

In der technisch-taktischen Ausbildung erfolgt der Belastungsanstieg in vielen Sportarten (Sportspiele, Gerätturnen, Kampfsportarten, Eiskunstlaufen, Wasserspringen etc.) primär durch eine Ausweitung der Fertigkeiten und Fähigkeiten sowie deren variabler Verfügbarkeit in unterschiedlichen Situationen.

Wenn im Wettkampf nur eine Fertigkeit realisiert wird – wie beim Lauf oder Sprung –, entfällt eine Belastungsregulierung im Bereich der technisch-taktischen Komponenten. Höhere Anforderungen können in diesen ‹einseitigen› Sportarten nur an die Bewegungskoordination gestellt werden.

Im konditionellen Bereich wird die Belastung erhöht durch umfangreichere Berücksichtigung anderer, insbesondere spezieller Trainingsinhalte, vor allem durch Veränderung der Belastungsnormative Umfang und Intensität. Als Faustregel gilt, daß sowohl Umfang als auch Intensität zunehmen, allerdings nicht gleichzeitig, sondern in periodischem Wechsel. Die Stabilität der Leistung und damit die Basis der Leistungssteigerung beruht auf der Akzentuierung des Umfangs, während ein schneller Leistungszuwachs (z. B. nach Verletzungen) durch eine schnelle Intensitätssteigerung realisiert wird.

Beim Training nach der *Intervallmethode* sind folgende Maßnahmen möglich:

1. Erhöhung der Trainingshäufigkeit bis zum täglichen Training bei Fortgeschrittenen und zum zweimaligen Training pro Tag bei Hochleistungssportlern.
2. Erhöhung des Trainingsumfangs durch Vergrößerung der Reizdauer.
3. Erhöhung des Trainingsumfangs durch Vermehrung der Reizhäufigkeit.
4. Erhöhung der Reizdichte, also Verkürzung der Pausen.
5. Erhöhung der Reizintensität.

Langfristiger Trainingsaufbau

In der Trainingspraxis ist schon lange bekannt, daß sportliche Höchstleistungen im allgemeinen das Ergebnis eines langfristigen Trainingsaufbaus sind. Man geht davon aus, daß Höchstleistungen nach etwa zehn bis zwölf Jahren der allgemeinen und speziellen Vorbereitung möglich werden. Diese Zeitspanne wird in verschiedene Etappen aufgegliedert, welche unterschiedliche didaktische Zielsetzungen haben. – Während THIESS (1964) für diese Abschnitte des langfristigen Trai-

ningsaufbaus den Begriff «Trainingsetappe» geprägt hat, spricht BERN-
HARD (1972) von «Trainingsstufen».

Wenn man einen Vorbereitungszeitraum von zehn bis zwölf Jahren
unterstellt, muß schon im Kindesalter mit dem Training begonnen
werden. Über den Zeitpunkt des Einsatzes eines systematischen Trainings besteht keine generelle Übereinstimmung. Allein das Alter der
erfolgreichsten Athleten zeigt aber, daß der Beginn des Trainingsprozesses unterschiedlich sein muß.

Aus der Wettkampfpraxis ist bekannt, daß Turnerinnen, Eiskunstläu-
ferinnen oder Schwimmerinnen schon mit 14 bis 16 Jahren teilweise
Weltklasseleistungen zeigen. Andererseits sind in den Sportspielen,
aber auch in den Kampfsportarten und in der Leichtathletik die Sportler mitunter deutlich älter. So verwundert es nicht, daß ZELLER (1975)
den Beginn des Eislauftrainings mit vier bis fünf Jahren ansetzt, während ein Leichtathletiktraining im allgemeinen mit zehn bis zwölf Jahren beginnt. Nach FILIN (1964) differiert auch die Dauer des Aufbaus,
bedingt durch Unterschiede im Einfluß der leistungsbestimmenden
Faktoren.

Der Beginn des Trainingsprozesses wird durch zwei Faktoren bestimmt: durch das Höchstleistungsalter und durch die Dauer der Herausbildung der sportlichen Höchstleistung. Unter *Höchstleistungsalter*
wird der Zeitraum verstanden, in dem der Sportler über die günstigsten
biologischen Voraussetzungen für die entsprechende Sportart verfügt.
LEMPART (1973) unterteilt diesen Zeitraum in drei Abschnitte: einmal
die «Zone der ersten Erfolge», zum anderen die «Zone der optimalen
Leistung» und schließlich die «Zone der Stabilisierung». Die Altersan-
gaben von Olympiateilnehmern des Jahres 1972 können Anhaltspunkte für Beginn und Höhepunkt eines Trainingsprozesses sein (siehe
Tabelle 3, Seite 56).

Das Training vom Anfänger bis zum Hochleistungssportler ist als einheitlicher Prozeß zu planen und hat sich nach den Gesetzmäßigkeiten
auszurichten, die für die Entwicklung der leistungsbestimmenden Faktoren gelten. Aus diesen Gesetzmäßigkeiten leiten HARRE die Gliederung in zwei, FILIN und BERNHARD in drei große Ausbildungsabschnitte
ab. In den speziellen Trainingslehren – so bei SCHMOLINSKY (Leichtathletik), FIEDLER (Volleyball) oder ZELLER (Eiskunstlauf) – geht man
überwiegend von drei Etappen aus. Diese Dreigliederung geht auf
THIESS zurück, der unterscheidet:

1. Grundlagentraining,
2. Aufbautraining,
3. Höchstleistungstraining.

Sportart	Alter der ersten Erfolge		Bereich der optimalen Leistung		Bereich der Stabilisierung	
	Männer	Frauen	Männer	Frauen	Männer	Frauen
Fechten	18–21	17–19	22–28	20–26	29–32	27–30
Gewichtheben	20–24		25–30		31–34	
Reiten	23–25	20–22	26–30	23–25	31–40	26–30
Turnen	19–21	15–18	22–27	19–24	28–32	25–30
Basketball	20–22	16–18	23–26	19–25	27–30	26–28
Rudern	17–20		21–25		26–28	
Kanu	18–20	16–18	21–25	19–24	26–28	25–30
Schwimmen	14–17	12–15	18–22	16–20	23–25	21–23
Leichtathletik						
100 m	19–21	17–19	22–24	20–22	25–26	23–25
800 m	23–24	20–21	25–26	22–25	27–28	26–27
Hochsprung	20–21	17–19	22–24	19–22	25–26	23–24
Kugelstoß	22–23	18–20	24–25	21–23	26–27	24–25
Hammerwurf	24–25		26–30		31–32	
Marathon	25–26		27–30		31–35	

Tab. 3: Altersbedingte Leistungsbereiche in verschiedenen Sportdisziplinen (nach LEMPART)

In der Zielstellung entsprechen diesen drei Etappen die Grundausbildung, die spezielle Ausbildung und die spezielle Vervollkommnung (nach FILIN). Als Grobziele werden definiert:

1. Beim Anfänger werden die Grundlagen der sportlichen Höchstleistung herausgebildet.
2. Der Fortgeschrittene wird für die Höchstleistungen in der gewählten Sportart weiter aufgebaut.
3. Im Hochleistungstraining bildet sich die optimale Höchstleistung unmittelbar heraus.

Die Festlegung der einzelnen Trainingsetappen ist abhängig von der Spezifik der Sportart, vom Höchstleistungsalter, vom Trainingszustand und von individuellen Besonderheiten.

Unterschiedlich sind nicht nur Beginn und Dauer des langfristigen Trainingsprozesses, sondern auch die Dauer der einzelnen Trainingsstufen. Die Faustregel ‹drei Stufen zu je vier Jahren›, die auf eine Gesamtdauer von zwölf Jahren ausgerichtet ist, läßt sich nicht durchgängig einhalten. So meint auch FILIN, daß die spezielle Aufbauphase in den Sportarten mit hohen technomotorischen Anteilen (kompositorische Sportarten wie Gerätturnen oder Eiskunstlauf) kürzer ist als in den Sportarten mit einem hohen Anteil an konditionellen Leistungskomponenten. Bei den Frauen wird meist ein um zwei Jahre niedrigeres Höchstleistungsalter angesetzt.

Es wird davon ausgegangen, daß die spezielle Ausbildung (Aufbautraining) sechs bis acht Jahre vor dem geplanten Höchstleistungsalter einsetzt. Das bedeutet: Nach drei bis vier Jahren Aufbautraining und einem ebenso langen Höchstleistungstraining ist der Zeitpunkt der Hochform erreicht.

Der Übergang von einer Trainingsstufe zur anderen ist an klare Leistungsziele gebunden, die bis zum Ende eines Abschnitts erreicht sein sollen. Solche Normen haben u. a. BERNHARD für die leichtathletischen Sprünge, TSCHIENE für die Würfe und KIRSCH für die Läufe definiert. Auch für andere Sportarten liegen ähnliche Normen vor.

THIESS hat mit Recht hervorgehoben, daß einmalige Kontrollen am Ende einer Trainingsstufe nicht ausreichen, sondern vielmehr jährliche Leistungskontrollen notwendig sind. Er bezieht diese auf verschiedene Aspekte und fordert:

Kontrolle in Form der Wettkampfresultate,
physische Grundleistungsprüfung,
Ergebnisse zum Ausprägungsgrad der sportlichen Fertigkeiten und zum Wettkampfverhalten,
anthropometrische Messungen und Gesundheitstests sowie
Ergebnisse zur Trainingseinstellung.

Vor einer unreflektierten Übernahme von Kontrollnormen muß abschließend gewarnt werden. Entscheidend ist, daß zum einen die Übergänge von einer zur anderen Stufe fließend und nicht abrupt sind, daß zum anderen in den drei Stufen unterschiedliche Schwerpunkte gesetzt werden.

Grundlagentraining

Die Bezeichnung Grundlagentraining drückt die didaktische Zielstellung dieser ersten Stufe aus: Es werden die Grundlagen gelegt hinsichtlich der konditionellen Eigenschaften, der technischen Fertigkeiten, der Kenntnisse, der taktischen Fähigkeiten und Gewohnheiten. Das Hauptziel besteht in einer breiten Basis des Eigenschafts- und Fertigkeitsniveaus als gute allgemeine Kondition und umfassende Bewegungserfahrung.

Im psychischen Bereich werden eine erhöhte Willenskraft und eine gefestigte Einstellung zu Training und Wettkampf angestrebt im Sinne eines Langzeitinteresses. FILIN macht mit Recht darauf aufmerksam, daß im Grundlagentraining keine spektakulären Leistungen auf der

Basis der Spezialisierung anzustreben sind, weil daraus eine spätere
Leistungsstagnation resultiert. Der Leistungsanstieg soll vielmehr lang-
jährig erfolgen und erst das Ergebnis einer verbesserten konditionellen
Basis und einer umfangreicheren Bewegungserfahrung sein.

Im Grundlagentraining dominieren die allgemein entwickelnden Trainingsinhalte. Sie werden aber ergänzt durch spezielle Übungen, welche
auf die leistungsrelevanten konditionellen Eigenschaften ausgerichtet
sind. Das Verhältnis von allgemeiner und spezieller Ausbildung ist
abhängig besonders von der Spezifik der Wettkampfbewegung(en). In
technisch komplizierten Sportarten überwiegt die spezielle, in den
mehr konditionell ausgerichteten die allgemeine Ausbildung. Angestrebt wird eine Viel- bzw. Allseitigkeit; jedoch ist dies nicht das einzige
Ziel. Das Grundlagentraining für die einzelnen Sportarten ist nämlich
keineswegs gleich; es ist vielmehr durch ein ganz spezifisches Mischungsverhältnis von allgemeiner und spezieller Ausbildung gekennzeichnet.

BERNHARD nennt drei übergeordnete Ziele:
1. allgemeine Konditionsschulung,
2. allgemeine Technik- und Taktikschulung,
3. allgemeine Schulung psychischer Fähigkeiten.

Die jeweiligen Anteile dieser drei Aufgaben sind aber unterschiedlich
und sportartgebunden: Bei den technischen Disziplinen und in den
Sportspielen überwiegt die Technikschulung. In einigen Leichtathletik-
disziplinen besteht eine annähernde Ausgeglichenheit. In den Maxi-
malkraft- und Dauerleistungsdisziplinen ist der Vorrang eines Konditionstrainings unbestritten. Als Basis für einen erfolgreichen Leistungs-
aufbau kommt in allen drei Sportartengruppen die psychische Leistungskomponente als wichtiges Trainingsziel hinzu.

Bezogen auf die Hauptaufgaben Konditionsschulung, Technik-, Tak-
tik- und Willensschulung kann festgehalten werden:

1. Im *konditionellen Bereich* geht es um eine breite konditionelle Basis, also um
   die Ausbildung der konditionellen Grundeigenschaften Kraft, Schnelligkeit
   und Ausdauer sowie der Beweglichkeit und Gewandtheit. Das bedeutet
   aber nicht, daß alle Eigenschaften gleichmäßig bedacht werden. Vielmehr
   werden die Eigenschaften bevorzugt, die später speziell leistungswirksam
   werden.

2. Die *Technik- und Taktikschulung* bezieht sich vor allem auf ‹sportliche
   Bewegungsgrundmuster› und das Sammeln allgemeiner und spezieller Bewegungserfahrung. Nach ZELLER sollen im Eiskunstlaufen die Bewegungsabläufe der einfachen Pflichtfiguren und die Grundelemente des Kürlaufens
   beherrscht und in Spielform geübt werden. FIEDLER fordert für das Volleyballspiel (es steht exemplarisch für die Sportspiele) das Erlernen der Grundfertigkeiten, also oberes und unteres Zuspiel, Aufgaben und die wichtigsten
   Angriffsschläge. THIESS meint, daß die elementaren Fertigkeiten schon bis

zur Feinform entwickelt sein müssen. Die taktische Ausbildung nimmt noch einen geringeren Raum ein und betrifft besonders taktische Grundsätze; die taktischen Fähigkeiten beschränken sich lediglich auf Standardsituationen. Die Kenntnis der Regeln ist für diese Trainingsstufe ebenfalls ein Lernziel.

Wenn aber, wie in der Leichtathletik, die künftige Disziplin nur in Umrissen feststeht und eine endgültige Spezialisierung noch nicht abzusehen ist, muß am Ende des Grundlagentrainings die Grobform der wichtigsten Disziplinen beherrscht werden, die Feinform dagegen in den bevorzugten Disziplinen.

3. Die *psychisch-intellektuellen Lernziele* des Grundlagentrainings sind ebenfalls vergleichsweise allgemein gehalten und betreffen vor allem die Konzentrationsfähigkeit, die Beharrlichkeit und die Einstellung zu Training und Wettkampf. Training muß als Freude und nicht als Zwang empfunden werden, ohne jedoch das Leistungsstreben aufzugeben.

Aufbautraining

Die zweite Trainingsstufe führt zu einem ‹sportartspezifischen Können›. Es vollzieht sich der Übergang von einem mehr allgemein entwickelnden zum speziellen Training. Das Aufbautraining ist eine Vorbereitung für das spätere hochspezialisierte Training, eine Übergangsphase. Es soll ein bis drei Jahre vor Beginn des Höchstleistungsalters beendet sein und steht mit diesem im Zusammenhang: Je früher das Hochleistungsalter liegt, desto kürzer ist die Dauer des Aufbautrainings. Es ist dort am längsten, wo Kraft und Ausdauer leistungsdeterminierend sind. Es ist kürzer in den Sportarten, in denen technische Fertigkeiten dominieren.

Allgemeines didaktisches Ziel ist die optimale Ausprägung jener Eigenschaften, Fertigkeiten, Fähigkeiten und Kenntnisse, die unmittelbar leistungsbestimmend sind, und jener, die die Voraussetzungen für die weitere Entwicklung im Hochleistungstraining darstellen, also der unmittelbar und der mittelbar leistungsrelevanten Merkmale.

Das Aufbautraining ist nicht nur durch die zunehmende Spezialisierung gekennzeichnet, sondern auch durch eine beträchtliche Vermehrung der Trainingsbelastungen. Hinzu kommt die systematische Einbeziehung von Wettkämpfen.

Im Aufbautraining wird die allgemeine Ausbildung relativ gemindert. Absolut gesehen wird sie aber ebenfalls beträchtlich gesteigert gegenüber dem Grundlagentraining. Die Belastungsvergrößerung ist in der speziellen Ausbildung jedoch bedeutend höher.

Werden die Trainingsziele nach der bekannten Dreiteilung in Kondition, Technik und Taktik differenziert, so können folgende Merksätze formuliert werden:

1. Im konditionellen Bereich wird die allgemeine Basis weiter ausgebaut. Vor allem werden aber jene Eigenschaften verbessert, die unmittelbar zu einer

Leistungssteigerung beitragen. Insofern stehen nicht mehr die konditionellen Grundeigenschaften im Mittelpunkt, sondern deren sportartspezifische Erscheinungsweisen. Daraus ist abzuleiten, daß bevorzugt Spezialübungen und Wettkampfübungen eingesetzt werden. Entsprechend fordert FIEDLER eine Steigerung des Niveaus der volleyballspezifischen Eigenschaften, besonders der Sprungkraft. SCHMOLINSKY hebt hervor, daß in der Leichtathletik die Spezialisierung in Form der Disziplingruppenbestimmung vorgenommen wird, dann aber auch für die Einzeldisziplinen. Am Ende des Aufbautrainings ist die Spezialisierung abgeschlossen.

2. Im technomotorischen Bereich schreitet die Spezialisierung ebenfalls weiter fort. Der Spieler soll zum Beispiel sein technisches Repertoire erweitern, vervollkommnen und so ausbauen, daß es im Wettkampf – nicht nur in Standardsituationen – variabel verfügbar wird. Das bedeutet, daß alle Modifikationen der Grundfertigkeiten hinzukommen, welche spieltechnisch und -taktisch benötigt werden.

   In den kompositorischen Sportarten wie im Eiskunstlauf muß am Ende des Aufbautrainings die Beherrschung der Elemente in Pflicht und Kür der Meisterklasse stehen. Zudem muß die Technik so erlernt werden, daß nicht später Umstellungsschwierigkeiten entstehen. Hinzu kommt im motorischen Lernen die Stabilisierung und Automatisation.

3. Das im Grundlagentraining erlernte taktische Können, bezogen auf Standardsituationen, wird weiter ausgebaut und vervollkommnet. Das führt zu einer optimalen Ausnutzung konditioneller und technischer Qualitäten, zu selbständigen und kreativen Aktionen. Besonders in den Kampfsportarten und den Sportspielen wird die taktische Ausbildung forciert. Zumindest am Ende des Aufbautrainings soll die taktische Qualifikation über die Grundformen von Angriff und Abwehr hinausgehen. (FIEDLER ist nicht zuzustimmen, daß im taktischen Bereich eine Spezialisierung noch nicht wünschenswert ist.) Die zweite Hälfte des Aufbautrainings soll schließlich den nahtlosen Übergang zum Höchstleistungstraining vorbereiten.

Im Zusammenhang mit der technischen und taktischen Ausbildung muß auf die Bildung der intellektuellen Fähigkeiten hingewiesen werden. Diese begründen nämlich ein durchdachtes Mitvollziehen und verbessern die Einsicht in die Gesetzmäßigkeiten des Trainingsprozesses.

THIESS fordert eine weitere Untergliederung des Aufbautrainings. SCHMOLINSKY hält eine Zweiteilung in der Leichtathletik für sinnvoll. Diese hat den Vorteil, daß im Perspektivplan präzisere Angaben möglich werden. Freilich setzt dies wiederum beständige Kontrollen voraus, welche zwar den gleichen Bereich wie im Grundlagentraining umfassen, aber nun viel mehr sportartspezifisch ausgerichtet sind. Das bedeutet, daß sie im Sinne der Leistungsdiagnostik besonders auf jene Eigenschaften, Fertigkeiten und Fähigkeiten zentriert sind, die vorrangig die Leistungsunterschiede bewirken. Voraussetzung für solche Kontrollen sind aber aussagekräftige Prüfverfahren, die die sogenannte kriterienbezogene Validität besitzen.

Hochleistungstraining

Nach den von einigen Autoren festgelegten Normen am Ende des Aufbautrainings kommen die meisten Sportler niemals ins Hochleistungstraining. Normen wie 10,5 Sekunden über 100 m oder 110 Punkte im Zehnkampf der Turner werden ebenso selten erreicht wie die Qualifikation für die Bundesliga in den Sportspielen und Kampfsportarten. Nach diesen Normen ist das Hochleistungstraining ein Exklusivtraining für wenige.

Normen können aber nur für jene Sportler Gültigkeit haben, deren Leistungsfähigkeit im Sinne der sportlichen Eignung ausreicht, um mit den Inhalten und Methoden des Aufbautrainings eben diese Normen zu erreichen. Für alle Sportler mit geringerem Eignungspotential sind solche Normen nicht bindend. Man vollzieht den Schritt ins Hochleistungstraining grundsätzlich dann, wenn mit einem Aufbautraining Leistungsfortschritte nicht mehr erzielt werden.

Das Hochleistungstraining hat die unmittelbare Herausbildung der persönlichen Bestleistung zum Ziel. Das führt zu einer weiteren Spezialisierung des Trainings. Eine erhebliche Zunahme der Trainingsbelastungen ist üblich, und zwar hinsichtlich des Umfangs und besonders der Intensität. Charakteristisch ist auch die Ausrichtung des Trainings auf einige wichtige Wettkämpfe; die Höchstform muß an vorher festgesetzten Terminen erbracht werden.

Im Hochleistungstraining ist noch mehr als im Aufbautraining die Auswahl der Trainingsinhalte unter dem Aspekt der optimalen Relation von allgemeiner und spezieller Ausbildung sowie von konditioneller, technischer und taktischer Schulung zu sehen. Im einzelnen lassen sich folgende Teilziele herausstellen:

1. Bei der *konditionellen Leistungskomponente* muß noch mehr Rücksicht genommen werden auf die Differenzierung in jene Merkmale, die es zu maximieren gilt, und in jene, die ‹nur› zu optimieren sind. Die sportartspezifischen Eigenschaften wie die Sprungkraft des Springers oder der Schlagkraft des Volleyballspielers müssen auf ein höchstmögliches Niveau angehoben werden. Bei anderen Eigenschaften wie bei der aeroben Ausdauer des Sprinters oder der Maximalkraft des Sportspielers genügt ein optimales Niveau. Diese Aufgabe setzt natürlich eine Diagnostik aller unmittelbar und mittelbar leistungsrelevanten konditionellen Eigenschaften voraus sowie die Festlegung dessen, was jeweils ‹optimal› ist. Im Bereich der allgemeinen Kondition wird vorwiegend eine Stabilisierung sowie eine Auffüllung etwaiger Verluste angestrebt.

2. Beim *Technikniveau* wird ebenfalls weiter differenziert und insbesondere automatisiert: Auch unter ungünstigen Bedingungen müssen technische Fertigkeiten variabel einsetzbar sein. Die technischen Fertigkeiten zeichnen sich aus durch ein hohes Niveau aller Bewegungsmerkmale, also hinsichtlich der Bewegungsstruktur, des Bewegungsrhythmus, der Bewegungsübertragung,

des Bewegungsflusses, der Bewegungselastizität, der Bewegungsantizipation und der Bewegungspräzision; sie sind äußerst harmonisch. In den technischen Sportarten kommt eine weitere Vergrößerung des Repertoires der Bewegungsfertigkeiten hinzu mit immer neuen Schwierigkeiten.

3. Die *taktischen Fertigkeiten und Fähigkeiten* werden weiter ausgebaut, vor allem zu einem sportlichen Handlungsgefüge wirkungsvoll integriert. In den Sportspielen werden die taktischen Verhaltensweisen situativ angemessen eingesetzt und auf den Gegner sowie auf die Platzverhältnisse abgestellt. Dabei wird die variable Verfügbarkeit der Bewegungsfertigkeiten mit ihren taktischen Einsatzmöglichkeiten verknüpft: Das erhöhte konditionelle und das verbesserte technische Rüstzeug ermöglichen effektivere taktische Verhaltensweisen.

4. Die intellektuellen Fähigkeiten sowie die psychomoralischen Eigenschaften erreichen ihre höchste Ausprägung. Sie zeigen sich in der Selbständigkeit in Training und Wettkampf und führen dazu, daß der Sportler lernt, seine Reserven weiter freizusetzen, seine ‹Mobilisationsschwelle› also nach oben verschieben kann.

Periodisierung

Sportler trainieren während des gesamten Jahrs; denn Trainingsunterbrechungen bewirken einen Rückgang des Trainingszustands. Der ‹Grundsatz der ganzjährigen Belastung› ist deshalb allgemein anerkannt. Aus verständlichen Gründen wird er eingebettet in die gesamte Periodisierung. Der Begriff Periodisierung bezieht sich in der Regel auf ein ganzes oder ein halbes Trainingsjahr.

Das *ganzjährige* Training gliedert sich in zwei verschiedene Funktionen: Zum einen müssen die im langfristigen Trainingsplan definierten Trainingsziele realisiert werden, um einen Leistungszuwachs zu bewirken. Zum anderen – und das gilt primär für den Hochleistungssport – muß das Training mittelfristig so aufgebaut werden, daß die Topform zu einem gewünschten und festgelegten Zeitpunkt erreicht wird.

Die ganzjährige Belastung vollzieht sich nicht gleichmäßig. Vielmehr muß das Prinzip der Belastung und Erholung bedacht werden; zum anderen müssen Inhalt und Methode variiert und systematisch aufeinander abgestellt werden. Diese Variation bezieht sich vorrangig auf das Verhältnis von allgemeiner und spezieller Belastung sowie auf die Relation von Trainingsumfang und Trainingsintensität.

Die Grundlage der Periodisierung bilden Veränderungen dessen, was MATWEJEW die «sportliche Form» nennt. Auf ihn gehen derzeit alle Periodisierungsschemata in ihrer Grundtendenz zurück. Wenn im folgenden seine Theorie vorgestellt wird, so müssen zwei grundsätzliche Einschränkungen gemacht werden, die häufig übersehen werden:

1. Seine Konzeption bezieht sich auf die Periodisierung des Trainings in Individualsportarten wie Leichtathletik, Gewichtheben und Schwimmen, bei denen das Training auf einen oder zwei Wettkampfhöhepunkte ausgerichtet werden kann. Deshalb ist diese Konzeption für die Sportspiele nur bedingt verwendbar. Die Fußballbundesliga hat zum Beispiel einen ‹Wettkampfhöhepunkt› von neun Monaten, der nur durch eine kurze Winterpause unterbrochen ist.
2. MATWEJEW bezieht sich ausdrücklich auf Leistungssportler gehobener Qualifikation. Die vielen Versuche, sein Schema auf andere Qualifikationsbereiche auszudehnen, müssen notwendigerweise in Konflikt geraten mit den Aufgaben, die für das Grundlagen- oder Aufbautraining gelten. Insofern sind Versuche, wie sie in der Leichtathletik für das Grundlagentraining vorgeschlagen wurden, von vornherein anfechtbar. Trainingswissenschaftliche Aussagen können nicht verallgemeinert werden über den Qualifikationsbereich hinaus, für den ihre Gültigkeit nachgewiesen wurde.

Selbst für den Spitzensport ist das ‹klassische› Schema MATWEJEWS nicht mehr unumstritten. So macht TSCHIENE (1976) darauf aufmerksam, daß die «Periodisierung nach dem Standardschema» gerade für Spitzensportler nicht geeignet sei. Allerdings bezieht sich diese Kritik weniger auf die formale Periodisierung als auf ihre inhaltliche Ausgestaltung. Immerhin folgert er daraus, daß das Schema MATWEJEWS «entscheidend verändert» wird.

Die Periodisierung des Trainings ist ein zentrales Problem der Trainings- und Wettkampfpraxis. Richtlinien der Periodisierung führen konsequenterweise zur Orientierung des Wettkampfkalenders an den Gesetzmäßigkeiten, welche für die Entwicklung der sportlichen Form kennzeichnend sind. Demnach ist einleuchtend, daß eine Periodisierung nicht nur der besseren Planung dient, sondern auch die Folge von Abläufen darstellt, die die Entwicklung der sportlichen Form bestimmen.

Weil die sportliche Form nicht konstant ist, sondern labil und dynamisch, ist eine Periodisierung notwendig, die diesem Wandel gerecht wird. Deshalb ist das Training auch ein mehr oder weniger geschlossener Kreislauf von bestimmten Abschnitten, und Periodisierung ist die gesetzmäßige Veränderung von Struktur und Inhalt des Trainings im Verlauf eines bestimmten Zyklus. Die einzelnen Perioden entsprechen den Wandlungen der sportlichen Form und werden in Inhalt und Struktur diesen Schwankungen gerecht.

Gesichtspunkte wie klimatische Bedingungen, Saisonrhythmus im physiologischen Bereich und organisatorische Aspekte wie bei den Saisonsportarten sind nur in zweiter Hinsicht bedeutsam. Rekorde können nach MATWEJEW zu jeder Jahreszeit erzielt werden. Deshalb sind diese Fakten nicht Ursache, sondern lediglich Randbedingungen für eine

Periodisierung. Auch der Wettkampfkalender bestimmt nur äußerlich die Zeitpunkte der Vorbereitung und grenzt sie ein. Er sagt aber nichts aus über das Verhältnis der einzelnen Perioden in zeitlicher und inhaltlicher Sicht. Es besteht eine Wechselbeziehung, und deshalb muß der Wettkampfkalender zum Aufbau der sportlichen Form beitragen. Daraus ergeben sich folgende Forderungen:

1. Wettkämpfe sind so zu verteilen, daß sich der Sportler auf einen oder zwei Höhepunkte konzentrieren kann.
2. Die Anzahl der Wettkämpfe muß so sein, daß sie zur Verbesserung der Leistungsfähigkeit führen, sich aber nicht als Überbelastung auswirken.
3. Die Wettkämpfe müssen einen aufsteigenden Schwierigkeitsgrad haben.
4. Die Hauptwettkämpfe dürfen nicht in die Vorbereitungsperiode fallen; auch Wettkämpfe in der Übergangsperiode sind nicht sinnvoll.

Die *sportliche Form* ist der Hauptgesichtspunkt jeder Periodisierung. Als Zustand der optimalen Leistungsfähigkeit wird sie nicht auf Maximalleistungen bezogen, sondern stufenartig beschrieben: Auf jeder neuen Ausbildungsstufe hat der Sportler eine ‹neue› sportliche Form. Deshalb hat jeder seine sportliche Form, der Anfänger, der Fortgeschrittene und der Hochleistungssportler.

Die sportliche Entwicklung ist gekennzeichnet durch den periodischen Verlust der Form und die Erlangung einer neuen auf höherem Niveau. Deshalb ist die sportliche Form immer relativ: Sie umfaßt alle Veränderungen konditioneller, technischer, taktischer, psychischer und intellektueller Eigenschaften, Fertigkeiten und Fähigkeiten sowie deren harmonische Synthese. Insofern muß auch im Periodisierungsverlauf ein optimales Verhältnis von konditioneller, technischer und taktischer Ausbildung angestrebt werden. Bestes Kriterium der sportlichen Form ist das Wettkampfresultat.

BERNHARD kennzeichnet den Wandel in der sportlichen Form durch
1. Formausbildung,
2. Formaktualisierung,
3. Formruhe.

Damit bezieht er sich auf jene drei Phasen, die MATWEJEW charakterisiert als
1. Phase der Entwicklung,
2. Phase der relativen Stabilisierung und
3. Phase des zeitweiligen Verlusts der sportlichen Form.

Die Phase der ‹Formausbildung› ist zweigeteilt. Der erste Abschnitt dient der Schaffung von Voraussetzungen im Sinne des Basistrainings, der zweite der unmittelbaren Herausbildung der sportlichen Form. Der erste Abschnitt schafft die Grundlagen durch allgemeine Konditionierung und eine vergrößerte Bewegungserfahrung sowie durch veränderte psychische Qualifikationen. Er erstellt das Fundament, auf dem im zweiten Abschnitt durch ein mehr spezialisiertes Training die Form herausgebildet wird. Vor allem geht es hier um die Verbindung der einzelnen leistungsrelevanten Merkmale zu einem Merkmalskomplex. Die Phase der ‹relativen Stabilisierung› ist identisch mit der ‹optimalen Leistungsbereitschaft› und der ‹Topform›. Sie ist zwar kein Stillstand; doch erfolgen nun keine grundlegenden Veränderungen mehr, keine großen Umstellungen. Die Feinabstimmung wird abgeschlossen und macht sich in einer weiteren Leistungssteigerung bemerkbar.

Während der Phase der relativen Stabilisierung kommt es bisweilen zu kleineren Schwankungen, sogenannten Tiefs. Sie sind aber keine Anzeichen für den Verlust der sportlichen Form, sondern gewolltes Resultat des Trainings mit seinen wellenförmigen Belastungen. Solche Zwischenetappen verlängern die Dauer dieser Phase. Sehr oft dienen sie einer noch höheren sportlichen Form, weil an den Grundlagen allgemeiner und spezieller Art keine Niveauverluste eingetreten sind.

Der zeitweilige *Verlust der sportlichen Form* zeigt sich in einem schnellen Leistungsabbau. Zuerst bröckelt die Verbindung auseinander, die alle Elemente der sportlichen Form ökonomisch zusammengehalten hat. Dann kommt es zum zeitlich unterschiedlichen Niveauverlust bei den Einzelkomponenten. Die Grundlagen des konditionellen Eigenschafts- und des technomotorischen Fertigkeitsniveaus müssen aber erhalten bleiben.

Der Formverlust ist notwendig und bildet den Ausgangspunkt zu einem Neuaufbau. Die alte sportliche Form als relativ stabiles System wird bewußt zerstört; die neue Form bildet sich aber auf der alten Basis. Daneben hat diese Phase eine Entlastungsfunktion, welche wegen der Belastungssummierung in der vorangegangenen Phase notwendig wird.

Die sportliche Form ist manipulierbar, wenn man die Gesetzmäßigkeiten ihrer Entwicklung kennt. Durchgesetzt haben sich Jahres- und Halbjahreszyklen, und entsprechend nennt man diese ‹eingipflige› und ‹zweigipflige› Periodisierung. Die eingipflige zielt auf einen, die zweigipflige auf zwei Jahreshöhepunkte hin wie bei den Leichtathleten auf die Hallen- und Freiluftsaison mit ihren entsprechenden Meisterschaften.

Wichtig ist der Hinweis, daß eine zweigipflige Periodisierung nicht nur Selbstzweck ist. Sie ist zwar notwendig, wenn man die Topform zu zwei auseinanderliegenden Zeitpunkten erreichen will. Sie muß aber auch so verstanden werden, daß der erste Gipfel dem zweiten dient, indem die Doppelperiodisierung eine sportliche Form auf höherem Niveau zuläßt. HARRE hat dies an einigen Beispielen verdeutlicht und konnte zeigen, daß in einigen Sportarten die zweigipflige Periodisierung effektiver ist und einen größeren Leistungszuwachs ermöglicht. MATWEJEW hat errechnet, daß 25 bis 40 Prozent der Schnellkraftsportler in der

Leichtathletik ihre Bestleistungen nach sechs bzw. sieben Monaten des Jahreszyklus erzielen, während in den Ausdauerdisziplinen längere Vorbereitungsperioden notwendig sind. Er macht aber auch darauf aufmerksam, daß nicht ausschließlich Halbjahreszyklen eingebaut werden können. Bei Gewichthebern sind maximal sieben, in der Leichtathletik drei bis fünf Halbjahreszyklen vorteilhaft. Dann müssen Ganzjahreszyklen eingebaut werden, welche hinsichtlich der Basisarbeit besser geeignet sind, weil sie einen größeren Anstieg des Belastungsumfangs zulassen. Grundsätzlich gilt:

- Ganzjahreszyklen begünstigen die Umfangs-, Halbjahreszyklen die Intensitätssteigerung.

Den Phasen der Formentwicklung im Ganzjahreszyklus entsprechen drei Trainingsperioden mit unterschiedlicher Zielstellung:

1. Die Vorbereitungsperiode, in der die Grundlagen der sportlichen Form gelegt und diese dann herausgebildet wird.
2. Die Wettkampfperiode, in der die Voraussetzungen der sportlichen Form aktualisiert und die sportliche Form in Wettkämpfen realisiert wird.
3. Die Übergangsperiode, in der der zeitweilige Verlust der sportlichen Form bewußt eingeleitet wird. Sie dient auch als Periode der aktiven Erholung und Entlastung.

Im Grundsatz sind diese drei Perioden auch bei der zweigipfligen Periodisierung vorhanden; jedoch überlappen sich teilweise eine Übergangs- und eine Vorbereitungsperiode. Die beiden Varianten der Periodisierung werden in der folgenden *Abbildung 7* illustriert, welche im Grunde für alle Individualsportarten gilt und im konkreten Fall auf den Wettkampfkalender der Leichtathleten bezogen wird. Danach dauert bei der eingipfligen Periodisierung die Vorbereitungsperiode 6 bis 6,5 Monate, die Wettkampfperiode 4 bis 5 Monate, die Übergangsperiode 1 bis 1,5 Monate.

Speziell in der Leichtathletik hat sich eine weitere Aufgliederung der Vorbereitungs- und Wettkampfperiode durchgesetzt, welche auch in anderen Sportarten erfolgreich praktiziert wird: die allgemeine und die spezielle Vorbereitungsperiode sowie die ‹formbringende› und die ‹formerhaltende› Wettkampfetappe.

In der zweigipfligen Periodisierung sind die einzelnen Perioden kürzer. Vor allem die erste Wettkampfperiode fällt mit 1 bis 1,5 Monaten sehr kurz aus; die erste Übergangsperiode entfällt fast völlig.

Abb. 7: Vereinfachte Darstellung der ein- und der zweigipfligen Periodisierung ▶
      im Jahreszyklus (Letzelter)

Eingipflige Periodisierung   *Zweigipflige Periodisierung*

Übergangsperiode	Übergangsperiode
allgemeine Vorbereitungsperiode	1. Vorbereitungsperiode (allgemein)
	1. Vorbereitungsperiode (speziell)
spezielle Vorbereitungsperiode	1. Wettkampfperiode
	2. Vorbereitungsperiode (allgemein u. speziell)
Wettkampfperiode (formbringend)	2. Wettkampfperiode
	Zwischenetappe
Wettkampfperiode (formerhaltend)	2. Wettkampfperiode

Vorbereitungsperiode

Was das Grundlagentraining im langfristigen Trainingsaufbau bewirkt, leistet die Vorbereitungsperiode im mittelfristigen Bereich. Ihre Aufgabe besteht zuerst darin, die allgemeinen konditionellen Grundlagen zu erhöhen sowie Umfang und Niveau der Bewegungsfertigkeiten zu steigern. Damit wird gleichsam das Fundament gefestigt für die spätere spezielle Ausbildung.

BERNHARD nennt drei Hauptaufgaben für dieses erste Trainingsglied:

1. Allgemeine und später spezielle Konditionsschulung als Ausgangspunkt der Spezialisierung am Ende dieser und am Anfang der folgenden Periode.
2. Erlernen neuer oder Wiedererlernen bereits gekonnter technischer Fertigkeiten auf höherem Niveau.
3. Studium taktischer Verhaltensweisen.

Die Vorbereitungsperiode ist durch einen starken Anstieg des Belastungsumfangs gekennzeichnet. Er steigt viel schneller an als die Intensität. Erst am Ende der Vorbereitungsperiode wird auch die Intensität angehoben. Im ersten Abschnitt der Vorbereitungsperiode wird mehr die allgemeine sportliche Ausbildung betont und mit der Feinabstimmung des Umfangs gekoppelt. Die zweite Hälfte ist sportartspezifischer ausgerichtet; hier wird die Intensität stärker in den Vordergrund gestellt.

Im Vergleich mit der Wettkampfperiode ist der Umfang höher, die Intensität dagegen niedriger. Im zweiten Abschnitt der Vorbereitungsperiode erfolgt aber die höchste Gesamtbelastung während des gesamten Trainingszyklus, weil der Trainingsumfang völlig und die Trainingsintensität fast das Maximum erreicht haben.

Der erste Abschnitt fördert zudem die bessere Belastbarkeit des Sportlers. Danach kann im zweiten Abschnitt und besonders in der Wettkampfperiode das spezielle und wettkampforientierte Training sowohl umfangreicher als auch intensiver gestaltet werden.

Im konditionellen Bereich werden zuerst die mittelbar und auch die unmittelbar leistungsbestimmenden Eigenschaften gleichmäßig berücksichtigt. Wie im langfristigen Trainingsaufbau ergeben sich im mittelfristigen erhebliche Unterschiede in der Relation von allgemeiner und spezieller Ausbildung, wenn man einzelne Sportarten miteinander vergleicht. Langstreckenläufer trainieren auch in dieser allgemeinen Vorbereitungsperiode ‹speziell›, weil der Trainingsinhalt Dauerlauf am besten die aerobe Ausdauer schult. Ebenso ist klar, daß spezielle Trainingsinhalte in den technisch anspruchsvollen Sportarten bereits in der allgemeinen Vorbereitungsperiode bevorzugt eingesetzt werden. Eine Analogie zum Grundlagentraining ist auch hier gegeben. HARRE sieht für diese «allgemeine Vorbereitungsperiode» einen Zeitraum von mindestens einem Drittel des gesamten Trainingszyklus vor, also bei eingipfliger Periodisierung etwa 4 und bei zweigipfliger etwa 2 bis 2,5 Monate.

Der speziellen Vorbereitungsperiode entspricht inhaltlich das Aufbautraining. Sie bereitet die Wettkampfperiode unmittelbar vor und leitet nahtlos in diese über. Wie aber das ‹allgemein› des ersten Abschnitts nur als Akzentuierung verstanden wird, so bedeutet ‹speziell› keine ausschließlich spezielle Ausbildung. Vielmehr wird hier ein Teil des Trainings für eine allgemeine Ausbildung verwendet. Es überwiegt aber jetzt die spezielle Schulung, wie zuvor die allgemeine. Das führt auch zur Einbeziehung der Wettkampfübung, welche zusammen mit den Spezialübungen den Großteil der Trainingsinhalte ausmachen. Dies wiederum ist nur möglich, wenn die Intensität ansteigt, was andererseits zu einem Umfangsverlust führen muß.

Im technomotorischen Bereich werden im ersten Abschnitt besonders neue Fertigkeiten erlernt oder alte verbessert. Im zweiten Abschnitt müssen diese dann miteinander verbunden werden. Deshalb übt man im Gerätturnen oder im Eiskunstlauf zusätzlich die Übungsverbindungen und Bewegungskombinationen; Einzelfertigkeiten werden automatisiert. HARRE weist darauf hin, daß wettkampfspezifische Belastungen eingesetzt werden sollen, so daß sich ein dynamischer Wettkampfstereotyp herausbildet. Dies erlaubt auch, daß das erhöhte konditionelle Niveau ausgenutzt wird und sich in einem erhöhten Fertigkeitsniveau niederschlägt. Die im Fertigkeitsbereich aufgrund des veränderten konditionellen Niveaus entstandenen Schwierigkeiten werden abgebaut; Eigenschaften und Fertigkeiten werden aufeinander abgestellt.

Das Training in den beiden Vorbereitungsabschnitten ist dann erfolgreich gewesen, wenn Nachwuchssportler zu Beginn der Wettkampfperiode bereits bessere Resultate erzielen als im Vorjahr und wenn Hochleistungssportler in ihren ersten Wettkämpfen bereits ihre frühere Bestleistung erreichen. Es darf aber nicht schon zu Beginn der Wettkampfperiode das jährliche Leistungsmaximum realisiert werden, so daß keine Entwicklungsperspektive mehr besteht. In diesem Fall muß man es als Anzeichen werten für eine Fehlplanung, die den Entwicklungstendenzen der sportlichen Form zuwiderläuft. Ursache kann eine zu schnelle Intensitätserhöhung und eine zu stark akzentuierte spezielle Ausbildung gewesen sein.

Wettkampfperiode

Bei der Wettkampfperiode unterscheidet man eine ‹einfache›, die sich auf einen Wettkampfhöhepunkt ausrichtet, und eine ‹komplizierte›, die sich auf zwei oder mehr Wettkampfhöhepunkte orientiert. Bei der am meisten vorkommenden Variante mit zwei Höhepunkten wird die

zweite Wettkampfperiode manchmal durch eine «Zwischenetappe» (Matwejew) getrennt. Bei der einfachen Wettkampfperiode ist die schon genannte Differenzierung in ‹formbringend› und ‹formerhaltend› üblich. Bei längerer Wettkampfzeit wäre eine Dreiteilung effektiver.
Zu Beginn der Wettkampfperiode soll die sportliche Form bereits erworben sein. Sie muß nun als Leistung aktualisiert und ausgebaut werden. Da die Form kein unveränderlicher Zustand, sondern Zustand und Prozeß gleichzeitig ist, bedeutet ‹relative Stabilisierung› eine weitere Vervollkommnung aller Leistungskomponenten und deren Erscheinungsweisen. Ziel der Wettkampfperiode ist es, eine Maximalleistung zu erreichen, zu erhalten und zu festigen. In der technischen und taktischen Ausbildung äußert sich dies in einem möglichst hohen Vollkommenheitsgrad. Dabei spielt die Trainingsfunktion der Wettkämpfe die wesentliche, in vorangegangenen Trainingsperioden nicht eingesetzte Rolle.
Wettkämpfe als wichtigste Form und wichtigste Methode der Vervollkommnung provozieren eine vertiefte Ausschöpfung der Energiereserven und damit eine erhöhte Anpassung. Sie führen auch zu einer starken Zunahme der Belastungsintensität, die im Training nur selten verwirklicht werden kann. Hinzu kommt das Sammeln von Wettkampferfahrung. Gerade im Wettkampf vervollkommnen sich Technik, Taktik und insbesondere die psychomoralischen Qualitäten.
Für den Beginn der Wettkampfperiode sind vier Faktoren bestimmend:

1. die Anzahl der Wettkämpfe, die zur Herausbildung der Topform nötig sind;
2. die zwischen den Wettkämpfen benötigten Erholungsintervalle;
3. der Zeitpunkt der Qualifikationswettkämpfe;
4. die Zeitdauer der benötigten Vorbereitung auf die Hauptwettkämpfe.

Als Faustregel werden für die Dauer vor den Qualifikationswettkämpfen sechs bis zehn Wochen und für die spezielle Vorbereitung auf den Hauptwettkampf vier bis sechs Wochen angesetzt. Demnach müßte die Wettkampfperiode etwa drei Monate vor dem Hauptwettkampf beginnen. Bei zwei oder mehr Höhepunkten wird die Planung jedoch komplizierter.
Die besondere Rolle der Wettkämpfe wird in einer Untersuchung von Kalinin/Osolin (1975) verdeutlicht, wonach

1. geringe Intervalle zwischen den Wettkämpfen die Wettkampfstabilität negativ beeinflussen;
2. Höchstleistungen etwa alle drei Wochen möglich sind, weil dichtere Folgen unökonomisch werden und
3. die Zahl der Leistungsanstiege in der Wettkampfperiode von der Methode der Formerhaltung abhängt und auf etwa sechs bis acht angesetzt werden muß.

Als Stabilitätskriterium kann danach festgehalten werden: Die sportliche Form ist dann stabil, wenn die Mehrzahl der Wettkampfergebnisse nicht mehr als zwei Prozent von der Jahresbestzeit entfernt ist.
MATWEJEW hat in einer neueren Untersuchung nachgewiesen, daß zu
viele Starts sich negativ auswirken, andererseits Serienwettkämpfe eine
positive Auswirkung haben können.
Das Training in der Wettkampfperiode ist in erster Linie speziell ausgerichtet. Demnach haben Wettkampfübungen und Spezialübungen den
Vorrang. Die allgemeine Kondition wird nur noch erhalten, nicht mehr
verbessert. Hierzu werden allgemein entwickelte Übungen in das Trai-
ning eingebaut. Wird dies übersehen, so kommt es zu einem Absinken
der hohen konditionellen Funktionsbereitschaft und damit zu einem
Basisverlust, der – wenn auch verspätet – einen Verlust an spezieller
Form mit sich bringt. Deutlich zeigt sich dies in einem Mangel an
Stabilität, weil Minderungen schon in einem einzigen Funktionsbereich
das optimale Zusammenspiel der einzelnen Faktoren stören.
Auch bei einer *eingipfligen Periodisierung* kann es sinnvoll sein, die
Wettkampfperiode zu unterteilen und bewußt ein kleines Tief einzu-
bauen. Das wird vor allem durch eine erneute Umfangserhöhung bei
gleichzeitiger Intensitätsminderung sowie durch eine Erhöhung der
allgemein entwickelnden Trainingsinhalte erreicht. So wird das allgemeine Potential wieder aufgefrischt, und bei der darauffolgenden Intensitätssteigerung bei gleichzeitiger Umfangsreduktion und dem for-
cierten Einbau von Spezial- und Wettkampfübungen erfolgt ein erneu-
ter Leistungszuwachs. Gleichzeitig ist dies die beste Möglichkeit, die
sportliche Form über einen längeren Zeitraum aufrechtzuerhalten.
Letztlich kann man nicht immer in Hochform sein.
HARRE sieht besonders in der Variation der Belastungsintensität ein
effektives Verfahren für diejenigen Sportarten, deren Wettkämpfe –
wie in den Sportspielen – auf einen sehr langen Zeitraum verteilt sind.
Die hauptsächlich durch Wettkämpfe bedingte Intensitätszunahme
geht mit einer entgegengesetzten Tendenz im Umfangsverhalten einher. Der Umfang nimmt ab und steigt lediglich in einer Zwischenetappe
wieder an. Er ist dort am geringsten, wo die Intensität wegen der
Hauptwettkämpfe am größten ist. Zu diesen Zeitpunkten sind aber
Entlastungen unbedingt notwendig. Zum Zweck der aktiven Erholung
kommen hier wieder allgemein entwickelnde Trainingsinhalte zum
Zuge.

Übergangsperiode
Die Übergangsperiode steht an der Nahtstelle vom einen zum anderen
Trainingszyklus. Obwohl sie im Gegensatz zu den beiden anderen
Perioden nicht unmittelbar zu einer Leistungssteigerung beiträgt, hat

sie doch eine wichtige Funktion im Rahmen der gesamten Trainingsplanung. Diese Funktion bezieht sich
(a) auf die Entlastung und
(b) auf die Verminderung des Leistungsabbaus.
Die vorangehende Wettkampfperiode mit sehr hoher Trainingsintensität hat durch Summierung der Ermüdung zu Verschleißerscheinungen
geführt. Es kommt besonders zu einer Überanstrengung des Nervensystems. Durch Entlastung im Sinne einer aktiven Erholung hat die
Übergangsperiode die Aufgabe, eine Ausweitung des kumulativen Er-
müdungseffektes zum *Übertraining* zu verhindern. Das wird hauptsächlich dadurch reguliert, daß man denjenigen Faktor reduziert, der
primär die Ermüdung provoziert: die Trainingsintensität. Deshalb sind
Wettkämpfe in dieser Periode verboten.
Damit einher geht der Verzicht auf eine spezielle Ausbildung, die nur
dann angemessen ist, wenn die vorangehende Wettkampfperiode –
zum Beispiel wegen einer Verletzung – nicht voll durchgestanden wurde. In diesem Fall ist die Übergangsperiode grundsätzlich nicht nötig.
Im Normalfall geht der Anteil der sportartspezifischen Übungen nicht
über 15 bis 20 Prozent hinaus.
Die Regeneration erfolgt durch aktive Erholung und nicht durch eine
völlige Ruhe. Passive Erholung führt zu einem Abbau der Leistungskomponenten und verneint das Prinzip der ganzjährigen progressiven
Belastung. Nur durch eine aktive Erholung läßt sich verhindern, daß
die Belastbarkeit in der folgenden Vorbereitungsperiode über der des
Vorjahres liegt. Nur die aktive Erholung verhindert einen zu stark
ausgeprägten ‹Heterochronismus› der Abbauprozesse und damit das
sich daraus ergebende Ungleichgewicht im Bedingungsgefüge der
sportlichen Leistung.
Auch eine aktive Erholung kann den Trainingszustand nicht auf maximalem Niveau halten. Das ist auch nicht wünschenswert, weil der
zeitweilige Verlust der sportlichen Form ja Voraussetzung für die
‹neue› sportliche Form auf höherem Niveau ist. Aber die Übergangsperiode ermöglicht erst diese neue sportliche Form, wenn die Abbauprozesse aufgehalten werden, so daß das alte Fundament der Leistung
nicht angegriffen wird.
Aktive Erholung wird durch vielfältige, in der Regel nicht disziplinver-
wandte sportliche Aktivitäten erreicht. Die Betätigung in fremden
Disziplinen dient einerseits der Erholung; sie verhindert andererseits
den allzu starken Leistungsabbau, wenn ein Mindestmaß an Umfang
und Intensität nicht unterschritten wird. So ist vom Doppelolympiasie-
ger Valerij Borsow bekannt, daß er die Übergangsperiode mit Volleyballspiel gestaltet hat.

Trainingseinheit – Mikrozyklus – Makrozyklus

Die Trainingsplanung nach Trainingsperioden muß vergleichsweise abstrakt gehalten werden, besonders hinsichtlich der Auflistung einzelner Trainingsinhalte und hinsichtlich der Wellenstruktur der Gesamtbelastung. Um alles präziser steuern zu können, erfolgt die Trainingsplanung nach kurzfristigen Trainingsabschnitten:

1. Trainingseinheiten,
2. Mikrozyklen,
3. Makrozyklen.

Trainingseinheiten sind die kleinsten Bestandteile im Trainingsaufbau. Sie sind bei einmaligem täglichen Training identisch mit den Trainingstagen. Sonst variiert ihre Anzahl von fünf Einheiten bis über fünfzehn pro Woche bei Spitzensportlern und bis zu zehn bei qualifizierten Nachwuchssportlern. Ziel des Grundlagentrainings sollte die fast tägliche Trainingseinheit sein.

Die Anzahl der Trainingseinheiten ist abhängig
1. von der Spezifik der Sportart,
2. vom Trainingszustand,
3. von der Trainingsperiode und
4. von der Struktur des Mikro- und Makrozyklus.

Die einzelnen Trainingseinheiten machen den sogenannten Wellencharakter – sowohl der ‹kleinen› als auch der ‹großen› Wellen – innerhalb der Trainingsbelastung aus.

Nach KIRSCH entspricht die Trainingseinheit in der Zielsetzung und im Aufbau der Stunde im Sportunterricht: Man unterscheidet den einleitenden Teil, den Hauptteil und den Ausklang.

Für die Durchführung der Trainingseinheiten gibt es einige bewährte Hinweise:

(1) Jede Trainingseinheit beginnt mit einem allgemeinen und einem speziellen Vorbereitungsprogramm, in der Trainingspraxis als *Aufwärmen* bekannt. Dieses Aufwärmen hat mehrere Aufgaben: Zum einen sollen Muskulatur und Kreislauf auf die im Hauptteil folgenden spezifischen Belastungen vorbereitet werden. Zum anderen wird Verletzungen vorgebeugt, vor allem durch intensive Dehnungsgymnastik. Ganz wichtig ist auch die spezielle Vorbereitung des zentralen Nervensystems. Dies wirkt sich besonders bei Technik- und Schnelligkeitsübungen leistungspositiv aus.

(2) Für den Hauptteil gelten einige grundsätzliche Ordnungskriterien. Wenn mehrere Zielsetzungen in einer Trainingseinheit verwirklicht werden sollen, steht das *Techniktraining* zeitlich vor dem Konditionstraining. Techniktraining erlaubt keine vorherige Ermüdung, weil nur im ausgeruhten Zustand das optimale Zusammenspiel der einzelnen Muskelgruppen im Sinne der intra- und intermuskulären Koordination möglich ist. Zudem kann Techniktraining nur im Zustand höchster Konzentrationsfähigkeit gewinnbringend durchgeführt werden.

Im *Konditionstraining* gilt die Reihenfolge: spezielles vor allgemeinem Training und Schnelligkeits- vor Krafttraining, Kraft- vor Ausdauertraining. Spezielles Konditionstraining ist nämlich charakterisiert durch erhöhte Intensität; gleichzeitig wird ein koordinativer Fortschritt angestrebt. Im Zustand der Ermüdung ist beides nicht möglich. Für das Schnelligkeitstraining gilt der gleiche Vorbehalt; Maximalkrafttraining ist wiederum – ebenso wie Schnellkrafttraining – durch eine hohe Intensität gekennzeichnet, während ein Ausdauertraining im allgemeinen durch den Trainingsumfang wirksam wird.

(3) Der abschließende Teil der Trainingseinheit, der *Ausklang*, hat sedative (beruhigende) Wirkung und eine regenerierende Funktion als aktive Erholung. Er dient der schnelleren und gründlicheren Wiederherstellung. Diese durchaus wichtige Funktion wird in der Trainingspraxis leider oft übersehen. Das ‹Auslaufen› gehört aber ebenso zur Trainingseinheit wie das ‹Einlaufen›.

Der *Mikrozyklus* faßt mehrere Trainingseinheiten zusammen und ist meist identisch mit dem Wochentrainingsplan. Er wird in erster Linie bestimmt durch das Prinzip der optimalen Relation von Belastung und Erholung. Dieses Prinzip bezieht sich sowohl auf die Gesamt- als auch auf die Umfangs- und Intensitätsbelastung. In der Trainingspraxis hat sich aus organisatorischen Gesichtspunkten ein Wochenzyklus durchgesetzt.

Die Mikrozyklen sind das «variabelste Element» der Trainingsstruktur. Sie sind durch konkrete Angaben hinsichtlich der Feinziele, der Trainingsinhalte und -methoden gekennzeichnet und können kurzfristig abgewandelt werden.

In Anlehnung an Harre kennzeichnen vier Punkte den Mikrozyklus:

1. Die Belastungsstruktur verändert sich im Zyklus; Umfang und Intensität werden aufeinander abgestimmt.
2. Die Gesamtbelastung variiert ebenfalls im Sinne von Belastung und relativer Erholung bzw. als hohe und geringere Belastung.
3. Die Trainingseinheiten haben unterschiedliche Feinziele und, daraus abgeleitet, unterschiedliche Trainingsinhalte und -methoden.
4. Ein Mikrozyklus wird so lange beibehalten, wie es für die Realisierung der Zielstellungen eines Makro- oder gar eines Periodenzyklus günstig erscheint und wie es mit dem Prinzip der progressiven Belastung vereinbar ist.

Die Variation der Belastungsstruktur nach Intensität und Umfang sowie nach hoher und niedriger Belastung und nach unterschiedlichen Einzelzielen ermöglicht eine Belastungsdosierung, die auf dem Prinzip der unvollständigen Wiederherstellung des Gesamtorganismus beruht, weil jeweils andere Funktionssysteme angesprochen werden. Daraus resultiert ein umfangreiches Training trotz relativ hoher Intensität, das dennoch nicht zu Übertrainingserscheinungen führt.

Abbildung 8 stellt entsprechend dem Prinzip von Belastung und Erholung einen Mikrozyklus dar, in dem Belastung und relative Erholung so eingesetzt werden, daß die Gesamtbelastung des Mikrozyklus im

Grenzbereich liegt. Dabei wird von vier Belastungsstufen ausgegangen,
welche die ‹kleinen Wellen› ausmachen. Zusätzlich erfolgt eine Differenzierung nach Umfang und Intensität. Ausgangspunkt ist der Versuch, zwei Belastungsschwerpunkte zu setzen, welche im einen Falle
‹einfach› und im anderen Falle ‹kumuliert› wirksam werden. Dadurch
wird eine noch tiefere Energieausschöpfung provoziert.

Die inhaltliche Differenzierung der Trainingseinheiten wird an den
unterschiedlichen Trainingszielen von Sprintern der internationalen
Leistungsklasse demonstriert. Im Gegensatz zu der Tabelle von GLESK
in HARRES Lehrbuch verdeutlicht diese *Abbildung,* daß in einer Trainingseinheit nur selten ein einziger Schwerpunkt gesetzt wird. Dies ist
schon gar nicht der Fall in der Vorbereitungsperiode.

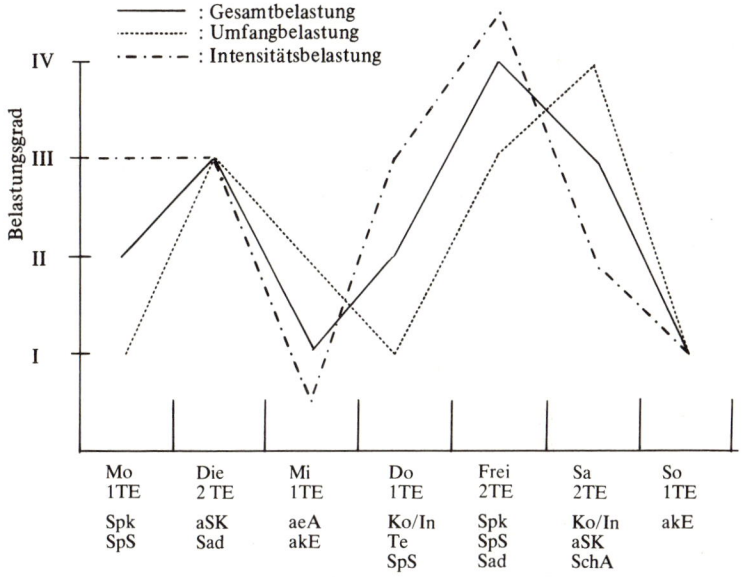

Symbolik: Spk: Sprintkraft; SpS: Sprintschnelligkeit; aSK: allgemeine Schnellkraft
(vor allem Sprungkraft); Sad: Sprintausdauer; aeA: aerobe Ausdauer;
akE: aktive Erholung; Te: spezielles Techniktraining (Start etc.); Ko/In:
spezielle Koordinations- und Innervationsübungen; SchA: Schnelligkeitsausdauer; TE: Trainingseinheit

Abb. 8: Belastungsgrad eines Mikrozyklus hinsichtlich Gesamt-, Umfangs- und
Intensitätsbelastung (Beispiel: Sprinttraining in der speziellen Vorbereitungsperiode) mit Angabe der Trainingsziele (LETZELTER)

Wie für die Trainingseinheit, so gelten auch für den Mikrozyklus Struktur-
grundsätze, welche als *bewährt* klassifiziert werden müssen:

1. Trainingseinheiten mit dem Schwerpunkt ‹Neulernen› und/oder ‹Feinstkoordination› setzen eine optimale Leistungsbereitschaft voraus. Sie können deshalb nicht nach Trainingseinheiten mit höchsten Belastungen erfolgen.
2. Trainingseinheiten mit den Schwerpunkten ‹Schnelligkeit› oder ‹Schnellkraft› können ebenfalls nur im ermüdungsfreien Zustand durchgeführt
   werden.
3. Trainingseinheiten zur Verbesserung der anaeroben Ausdauer sind höchste
   Belastungsgrade. Sie müssen deshalb so eingebaut werden, daß sie am Ende
   des Mikrozyklus stehen oder von einer Trainingseinheit mit geringem Belastungsgrad abgelöst werden.
4. Die Mikrozyklen in der Vorbereitungs- und der Wettkampfperiode unterscheiden sich insofern, als die Wettkämpfe einerseits Belastungshöhepunkte
   darstellen, andererseits aber in die Phase der völligen Wiederherstellung
   fallen müssen. Das bedeutet eine Ausweitung der Trainingseinheiten mit
   niedriger und geringer Belastung und zugleich eine optimale Belastung zwei
   bis drei Tage vor dem Wettkampf.
5. In der Übergangsperiode spielen Mikrozyklen eine untergeordnete Rolle.

Der *Makrozyklus* ist eine Ordnungsform der Mikrozyklen. Mehrere
Mikrozyklen werden zusammengefaßt zu einem Makrozyklus. Vielfach
werden Monats-Makrozyklen ausgearbeitet; doch kommt dies weniger
den Gesetzmäßigkeiten der Formentwicklung entgegen als vielmehr
planungsökonomischen Gründen. Makrozyklen haben die Aufgabe,
Belastung und Erholung durch ‹mittlere Wellen› zu steuern, also Wochen mit hoher durch Wochen mit geringerer Belastung abzulösen.
Dabei wird aber nicht gleichmäßig verfahren.
Abschnitte mit hoher Belastung und solche mit geringerer Belastung
sind keineswegs gleich lang. Vielmehr folgt auf einen längeren Abschnitt mit ansteigender Belastung, etwa drei Mikrozyklen, ein ‹Entla-
stungszyklus›, der sich hauptsächlich durch eine geringere Intensität
abhebt. Die sogenannten ‹stoß- und sprungartigen› Mikrozyklen, die
eine erhöhte Ausschöpfung der Energiereserven bewirken, benötigen
dementsprechend eine längere und gründlichere aktive Erholung.
Die Makrozyklen sind in der Vorbereitungsperiode länger als in der
Wettkampfperiode. Hier umfassen sie vier bis sechs und in der Wettkampfperiode zwei bis vier Wochen. Das sogenannte Stoßtraining wird
in der Wettkampfperiode sehr oft zwei Wochen vor den Hauptwett-
kämpfen eingeplant. Darauf folgt dann ein Mikrozyklus mit beträchtlich reduzierter Gesamtbelastung.
Im Makrozyklus wird analog zum Verhalten in den Trainingsperioden
zuerst die Belastung durch Umfangszunahme und dann erst durch
Intensitätserhöhung gesteigert. In der Wettkampfperiode muß die Er-

höhung der Intensität aber mit einer Verminderung des Umfangs beantwortet werden, um nicht Übertrainingserscheinungen zu provozieren, die auch in einem entlastenden Mikrozyklus nicht mehr abgebaut werden, weil sie das Fundament sportlicher Leistungen beschädigen.

Eine informative, wenn auch sehr vereinfachte Planung eines Makrozyklus hat NETT vorgeschlagen. Danach wird die Belastung über drei Mikrozyklen gesteigert; der vierte Mikrozyklus dient der Entlastung. Dabei ist aber zu berücksichtigen, daß die durch das Training in drei

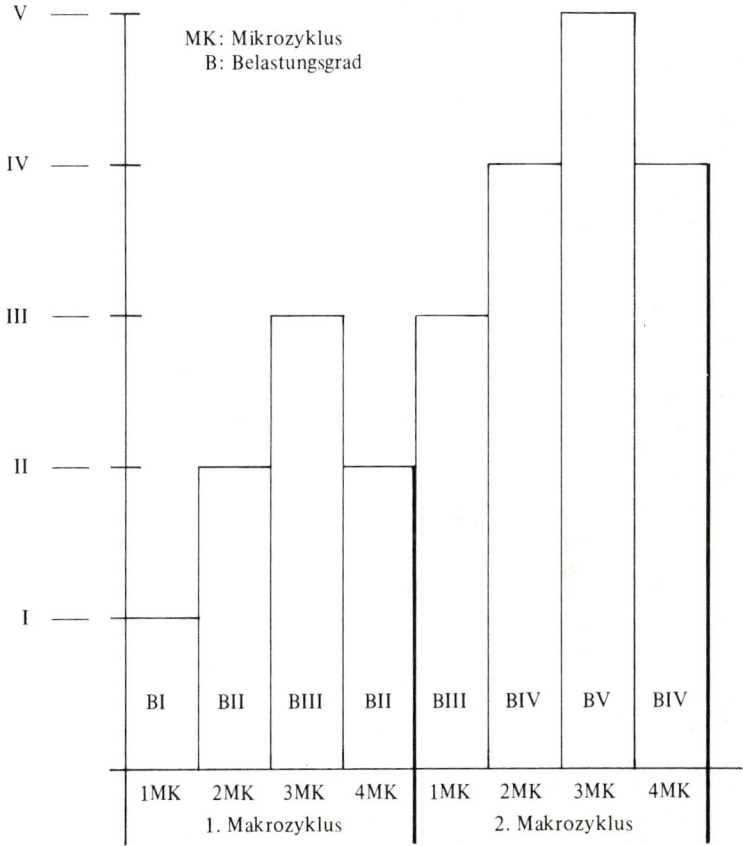

Abb. 9: Vereinfachte Darstellung des Aufbaus zweier Makrozyklen im Sinne der progressiven Belastung, kombiniert mit ‹Entlastungszyklen› (LETZELTER)

Mikrozyklen erzielten Anpassungen selten so stark sind, daß die Reduktion der Belastungen um eine Stufe ausreicht, eine genügende Erholung zu ermöglichen.

Umfang und Intensität

Die Frage der lang-, mittel- und kurzfristigen Trainingsplanung ist zunächst eine Frage der Belastung und damit eine Frage der optimalen Relation von Umfang und Intensität.

In Verbindung mit dem Prinzip der optimalen Relation von Belastung und Erholung kommen dadurch auch die sogenannten *Wellen* zustande, die die Belastungsdynamik mittel- und kurzfristig darstellen. Die ‹großen› Wellen repräsentieren die Belastungsdynamik im Rahmen der Periodisierung, die ‹mittleren› die Makrozyklen und die ‹kleinen› die Mikrozyklen. In der detaillierten Planung ergeben sich dann drei mal drei Wellen: die für die Gesamtbelastung, die für den Umfang und die für die Intensität.

Der Wellencharakter der Belastung wurde von MATWEJEW umfangreich diskutiert und vorgestellt. Sein für eine eingipflige Periodisierung erstelltes Schema bezieht sich aber nur auf die beiden Belastungsnormative Umfang und Intensität.

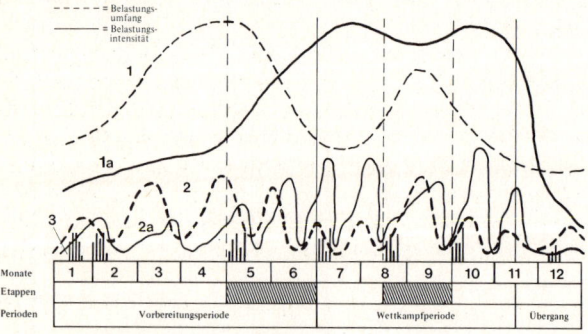

Abb. 10: Typische Variante der Dynamik von Belastungsumfang und -intensität im Jahrestrainingszyklus (nach MATWEJEW). Oben sind die großen Wellen der Belastungsdynamik (1 und 1a), unten die mittleren Wellen (2 und 2a) dargestellt; die Säulen (3) drücken die schematisierten Mikrozyklen in den einzelnen Etappen aus.

Die einzelnen Wellen der Umfangs- und Intensitätsbelastung verlaufen nicht parallel. In der Vorbereitungsperiode steigt zuerst der Umfang sehr steil an und erreicht etwa am Ende der allgemeinen Vorbereitungsperiode sein Maximum. Der Intensitätsanstieg ist anfänglich bedeutend flacher, in der speziellen Vorbereitungsperiode viel steiler und erreicht sein Maximum am Anfang der Wettkampfperiode. Der leichte Intensitätsrückgang in der Mitte der Wettkampfperiode führt zu dem schon erwähnten kleinen Tief, das der Wiederauffrischung der Grundlagen dient. Die beiden Spitzen des Intensitätsverlaufs dokumentieren die Zeitpunkte der Topform.

Der steile Anstieg der Intensität im letzten Drittel der Vorbereitungsperiode geht mit einem starken Abfall des Umfangs einher. Dieser ist immer dort am geringsten, wo die Intensität ihr Maximum erreicht. In der Wettkampfperiode steigt er noch mal im eingeplanten Tief an und wird begleitet von einer geringen Intensitätsminderung.

In der Übergangsperiode sinken Intensität und auch Umfang sehr stark ab; die Intensitätsreduktion ist aber sichtbar größer: sie fällt ab von einem höheren auf ein relativ tieferes Niveau. In der Übergangsperiode dominiert der Umfang über die Intensität.

Die mittleren Wellen der Makrozyklen verdeutlichen diesen zeitlichen Ablauf: Starke Ausprägungen der Intensität und starke Ausprägungen des Umfangs liegen zeitlich verschieden. In der allgemeinen Vorbereitungsperiode sind die Wellen des Umfangs ausgeprägter als die der Intensität. In der speziellen Vorbereitungsperiode besteht annähernd Gleichstand, und in der Wettkampfperiode sind die Intensitätswellen höher als die Umfangswellen.

In der Planung werden die mittleren Wellen aus den großen abgeleitet und aus den mittleren die kleinen. In der Praxis ergeben sich aber die großen aus den mittleren und diese wiederum aus den kleinen. Grundlagen des gesamten Wellencharakters sind also die *kleinen* Wellen der Mikrozyklen. Ihre Belastungsdynamik bildet die Basis. Ihr sinnvoller Einsatz muß aber das berücksichtigen, was die Makro- und Periodenzyklen vorschreiben. Anders formuliert: Die durch Perioden und Makrozyklen geplante Belastungsdynamik wird über die der Mikrozyklen praktisch umgesetzt.

Abschließend wird als Ergänzung und Vertiefung dessen, was bei der Besprechung der Belastungsnormative vorgetragen wurde, festgehalten:

1. Das Verhältnis von Intensität und Umfang bezieht sich auf alle Abschnitte des Trainingsprozesses, also auf die Stufen, Perioden, die Makro- und die Mikrozyklen sowie auf die einzelnen Trainingseinheiten.

2. Diese Problematik betrifft nicht nur die konditionelle, sondern auch die technische, taktische und psychische Ausbildung.

3. Verallgemeinert läßt sich behaupten, daß die Betonung des Umfangs mehr die Basis der sportlichen Leistungen betrifft und somit die Grundlagen der sportlichen Form legt, während die Betonung der Intensität auf die Aktualisierung der sportlichen Form zielt.

4. Die Intensität ist vorrangig an die spezielle, der Umfang mehr an die allgemeine Ausbildung gekoppelt. Die Intensität hat in den Wettkämpfen ihre
   höchste Ausprägung.
5. Das Problem von Umfang und Intensität kann nicht losgelöst von dem der
   Belastung und Erholung, dem der Periodisierung und auch dem der allgemeinen und speziellen Ausbildung gesehen werden.

**Konditionelles, technisches, taktisches
sowie allgemeines und spezielles Training**

In diesem Kapitel werden bewußt zwei Prinzipien gemeinsam vorgestellt. Zwar besteht zwischen allen genannten Maximen eine Wechselwirkung. Die Schulung der Leistungskomponenten ist aber von der
allgemeinen und speziellen Ausbildung abhängig. Spezielle Ausbildung bezieht sich auch auf die Technik- und Taktikschulung oder ist,
zumindest im Aufbau- und Höchstleistungstraining, ein wesentlicher
Teil davon. Deshalb ist es angemessen, beide Prinzipien zu vereinen.
Im Zusammenhang mit den vier bisher besprochenen Grundsätzen und
bei der Diskussion der Trainingsinhalte sind bereits mehrere Tendenzen klargeworden. Für das Prinzip des günstigsten Verhältnisses der
Leistungskomponenten sowie für das der allgemeinen und speziellen
Ausbildung soll folgendes festgehalten werden:

1. Sie haben Gültigkeit für alle Stufen, Perioden und Etappen bis hin zu den
   kleinsten Trainingseinheiten.
2. Ihr Verhältnis wird in erster Linie durch die Spezifik der Sportart bzw.
   Sportdisziplin beeinflußt.
3. Es ändert sich lang-, mittel- und kurzfristig, und zwar vorrangig im Sinne der
   zunehmenden Spezialisierung.
5. Die allgemeine Ausbildung stellt grundsätzlich die Basis der speziellen dar.
6. Die technisch-taktische Ausbildung ist nur auf der Grundlage einer hinrei-
   chenden allgemeinen und speziellen Kondition möglich.
7. Die taktische Ausbildung geht einher mit der konditionellen und der technischen.

Die sportliche Vorbereitung ist die Summe aus allgemeiner und spezieller Ausbildung; beide Aspekte stehen in einem engen Zusammenhang. Die Unterscheidung ist zuerst ein organisatorischer Vorgang,
welcher den pädagogischen Prozeß der Trainingsplanung besser
steuert.
Die *allgemeine Ausbildung* beschränkt sich nicht nur auf die Konditionierung, sondern bezieht die Bewegungserfahrung und die Fähigkeit
zum taktischen Handeln ebenso mit ein wie die Schulung der psychomoralischen Eigenschaften.
Ziel der allgemeinen konditionellen Vorbereitung ist die harmonische
Entwicklung der konditionellen Grundeigenschaften. Das führt zu

morphologischen und funktionellen Veränderungen des Organismus. Ziel der allgemeinen technischen Vorbereitung ist das Sammeln umfangreicher Bewegungserfahrung und damit auch die Schulung des kinästhetischen Analysators, der Bewegungsempfindung. Im taktischen Bereich geht es um Grundkenntnisse des taktischen Verhaltens und um die Einsicht in die Grundstrukturen der Taktik. Dies schließt das Verständnis der Notwendigkeit taktischen Vorgehens mit ein. Im intellektuellen Bereich sind es zum Beispiel Regelkenntnisse, im psychomoralischen Bereich die Einstellung zum Training, Konsequenz etc., wie es schon im Kapitel «Grundlagentraining» besprochen wurde.

Die *spezielle Ausbildung* hat im konditionellen Bereich unmittelbar die Schulung der leistungsbestimmenden konditionellen Eigenschaften zum Ziel. Das setzt voraus, daß die Trainingslehre das Bedingungsgefüge sportlicher Leistungen kennt und diejenigen Merkmale in einem Prioritätenkatalog festhält, die Einfluß auf die Unterschiede in der komplexen Leistung ausüben, und diejenigen, die zumindest ‹logisch leistungsrelevant› sind. Hier handelt es sich aber weniger um Grundeigenschaften als um deren Subkategorien bzw. – noch spezieller – um die Erscheinungsweisen. Während in der allgemeinen Ausbildung etwa die Grundeigenschaft Kraft und ihre Varianten das Trainingsziel bedeuten, herrschen in der speziellen Ausbildung Erscheinungsweisen vor wie: Sprint- oder Sprungkraft, Wurf- oder Schußkraft etc. Eine Anlehnung an die Technik wird deutlich. Das schließt ein, daß in der allgemeinen Ausbildung besonders die allgemein entwickelnden Übungen, in der speziellen die Spezial- und Wettkampfübungen Anwendung finden.

Das Verhältnis von allgemeiner und spezieller Ausbildung kann in drei Stufen dargestellt werden. Zuerst ist ein allgemeines Gerüst notwendig. Im konditionellen Bereich ist dies eine ausreichende allgemeine Kondition. Diese Basis ist für alle Sportarten identisch. Im zweiten Schritt wird die allgemeine Kondition spezifisch ausgestaltet, indem Grundeigenschaften bevorzugt werden, die für die gewählte Sportart Bedeutung haben. Im dritten Schritt werden aus diesen Grundeigenschaften die sportartspezifisch bedeutsamen Erscheinungsweisen ausgewählt und bevorzugt trainiert. Der erste Schritt stellt die ‹Reinform› der allgemeinen Ausbildung dar, der zweite eine ‹Mischform›, der den Übergang zur speziellen Schulung vollzieht. Der dritte Schritt ist wiederum eine ‹Reinform›, nämlich die der speziellen Ausbildung. Stufe I ist zum Beispiel für alle Leichtathleten identisch, Stufe II für alle Schnellkraftsportler in der Leichtathletik, Stufe III lediglich für Sprinter oder Springer. Das Prinzip der ‹zunehmenden Spezialisierung› wirkt sich aus. Mit der zunehmenden Spezialisierung vermindert sich auch die ‹Übertragung›; Verbesserungen ‹allgemeiner Art› schlagen sich nicht mehr in speziellen Verbesserungen nieder.

Das Verhältnis von allgemeiner und spezieller Ausbildung verändert sich beständig mit den Trainingsfortschritten im Sinne der zunehmenden Spezialisierung. In den einzelnen Sportarten bestehen allerdings Unterschiede in den Relationen. Falsch ist die Aussage, daß der Umfang der allgemeinen Ausbildung vermindert wird. Richtig ist vielmehr, daß auch der Umfang der allgemeinen Schulung beständig ansteigt. Vermindert wird nur der relative, also der prozentuale Anteil am Gesamtumfang. Diesem Wandel wird die schematische Darstellung des Verhältnisses in den drei Trainingsstufen der *Abbildung 11* gerecht. Eingefangen wird auch das Prinzip der ‹progressiven Belastung›, wie sich aus den beträchtlich vermehrten Umfängen ersehen läßt. Zu bedenken ist, daß die angedeuteten Relationen nicht für alle Sportarten Gültigkeit haben; die vorliegenden gelten für die Maximal- und Schnellkraftsportarten.

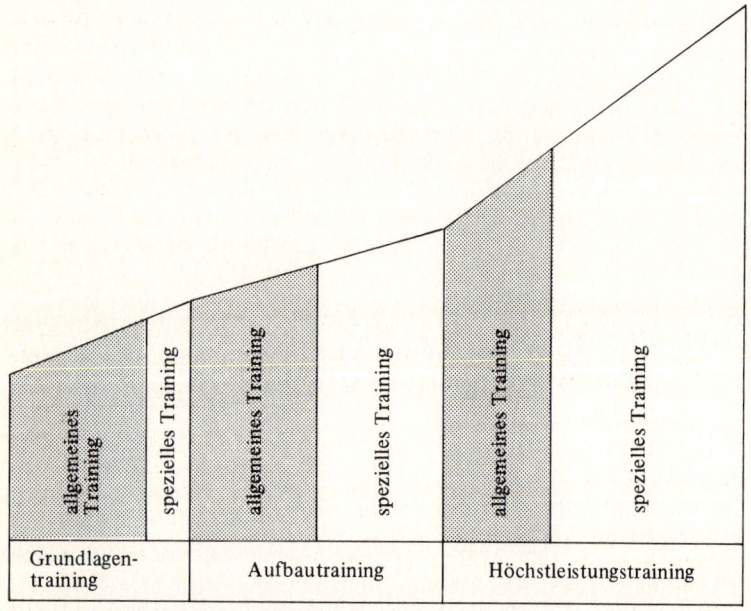

Abb. 11: Das Verhältnis von allgemeiner und spezieller Ausbildung im langfristigen Trainingsprozeß, verdeutlicht an den Relationen im Grundlagen-, Aufbau- und Höchstleistungstraining von Kraft- und Schnelligkeitssportlern unter Berücksichtigung der «progressiven Belastung» (Letzelter)

Die Verhältnisse von Konditions-, Technik- und Taktiktraining sind
sportartbezogen noch unterschiedlicher als die von allgemeiner und
spezieller Ausbildung. Die Leistungskomponente ‹Taktik› zeigt dies
hinlänglich: Sie ist für den Sprinter in der Leichtathletik nicht von
Bedeutung, ihr Stellenwert nimmt zu mit größer werdender Strecken-
länge. Im Gerätturnen oder im Eiskunstlauf ist sie schon wichtiger, in
den Kampfsportarten spielt sie eine wesentliche Rolle. In den Sportspielen, bei denen als individuelle und kollektive Taktik zwei Varianten
wirksam werden, ist sie noch bedeutsamer.
Abbildung 12 zeigt die Anteilsrelationen von Technik, Taktik und
Kondition. Zu diesen dreien kommen die psychomoralischen Eigenschaften hinzu. *Abbildung 12 a* repräsentiert die vorrangig konditionell
ausgerichteten Sportarten, *Abbildung 12 b* die vorrangig technikorien-
tierten und *Abbildung 12 c* diejenigen, die fast gleichwertig durch
Technik und Kondition bestimmt werden und wo die Taktik eine große
Bedeutung hat.

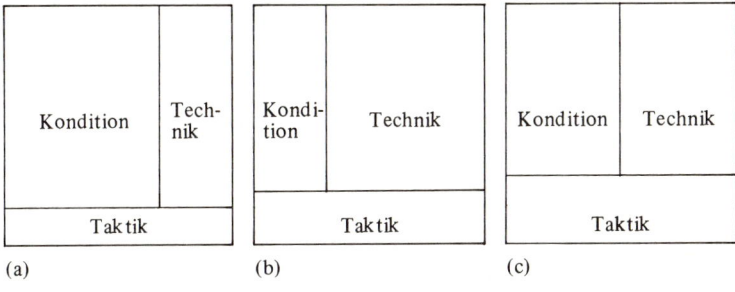

(a)   (b)   (c)

Abb. 12: Die Relationen von Konditions-, Technik- und Taktiktraining in unterschiedlichen Sportartengruppen in Form durchschnittlicher Anteile während des gesamten langfristigen Trainingsprozesses (LET-
ZELTER)

Die zeitliche Reihenfolge in den speziellen Ausbildungszweigen ist
uneinheitlich. Einige Grundregeln müssen aber beachtet werden:

1. Neue und schwierige Fertigkeiten setzen vielfach eine verbesserte konditionelle Basis voraus.
2. Andererseits können konditionelle Grundlagen und technische Fertigkeiten
   gleichzeitig geschult werden.
3. Taktikschulung ist grundsätzlich an das Eigenschafts- und Fertigkeitsniveau
   gebunden und folgt somit chronologisch diesen beiden Ausbildungszweigen.
   Auf jeder neuen Stufe der konditionellen und technischen Ausbildung ist
   eine weitergreifende Taktikausbildung möglich.

4. Das bereits im Grundlagentraining und besonders im Aufbautraining vorhandene Gerüst an allgemeiner und spezieller Kondition sowie an allgemeiner und spezieller Bewegungserfahrung ermöglicht schon zu Beginn des Trainingsprozesses eine taktische Ausbildung.

Variation der Trainingsbelastung

Das Prinzip des optimalen Verhältnisses von Belastung und Erholung hat die beständige Veränderung der Belastungsdynamik als unabdingbare Voraussetzung des Trainingserfolgs unterstrichen. Die unterschiedlichen Relationen von allgemeiner und spezieller sowie von konditioneller, technischer und taktischer Ausbildung können ebenfalls im weiteren Sinn als Verwirklichung des Prinzips der Variation angesehen werden. Besser geeignet sind aber dazu die im Rahmen der langfristigen Systematisierung und der Periodisierung vorgetragenen Hinweise. Sie gehen nämlich nicht nur von der Variation der Belastungsdynamik aus, sondern beziehen die der Trainingsinhalte und -methoden mit ein.

Dem Prinzip der Variation liegt eine einfache Überlegung zugrunde: Gleichartige Trainingsreize stumpfen ab, als Standardbelastungen verlieren sie immer mehr an Wirksamkeit. Das bezieht sich nicht nur auf die Belastungsdynamik, sondern auch auf die Inhalte und Methoden.

Im Techniktraining führt das gleichmäßige Üben zur Bildung eines ‹dynamisch-motorischen Stereotyps›: Der Bewegungsablauf wird voll automatisiert. Automatisierte Bewegungen sind vielfach das Endziel des Trainingsprozesses; denn sie ermöglichen die situative Anwendung und die variable Verfügbarkeit im Wettkampf. Im konditionellen Bereich bedeuten strukturelle Standardbelastungen aber einen Leistungsstillstand. Es entsteht das, was OSOLIN (1952) «Geschwindigkeitsbarriere» und KUSNEZOW (1972) «Kraftbarriere» genannt haben. Das häufige Wiederholen gleicher Trainingsinhalte bei annähernd gleicher Intensität bewirkt eine ungewünschte Fundamentierung der Maximalleistung, welche nicht mehr angehoben werden kann. Aus dem Krafttraining liegen ausreichende Erfahrungen vor, daß solche Barrieren durch die Variation der Trainingsinhalte und -methoden gar nicht erst aufgebaut werden oder notfalls durch die Einbeziehung neuer Trainingsinhalte und -methoden – wenn auch nur mühsam – beseitigt werden können.

Im Rahmen des Kraft-, Ausdauer- und Schnelligkeitstrainings wird auf diese Problematik näher eingegangen. Hier sei nur der Hinweis erlaubt, daß bei sinnvoller Trainingsplanung der Aufbau solcher Stereotype nur dann ein Trainingsziel ist, wenn dies wünschenswert erscheint: In den Phasen der Festigung einerseits und in der Wettkampfperiode andererseits, wenn die Topform erreicht und erhalten werden muß. Im übrigen dient der Verlust der sportlichen Form in der Übergangsperiode auch der Zerstörung solcher Barrieren. Mit einer geringen Minderung der Grundlagen fällt das Gebäude ein.

Das Prinzip der Variation berührt in erster Linie den Hochleistungssport. Im Grundlagentraining hat es lediglich motivationale Bedeutung; denn die Zielstellung erfordert die Einbeziehung einer großen Vielfalt von Trainingsinhalten und -methoden. Zudem verhindern die entwicklungs- und trainingsbedingten Fortschritte selbst bei Fehlplanungen die Entstehung von Barrieren.

Mit zunehmender Spezialisierung wird die Variation zwingend, aber auch problematisch, weil die Auswahlmöglichkeiten der Trainingsinhalte und -methoden verkleinert werden. Spezialisierung bedeutet zugleich ein beständiges Ausscheiden von Trainingsinhalten.

Das einfachste Mittel zur Variation der Gesamtbelastung besteht in der gezielten Veränderung der Belastungsnormative. Das ist durchaus möglich, ohne die Trainingsziele zu ändern. So kann etwa im Intervalltraining Freiburger Prägung das Haupttrainingsziel ‹aerobe Ausdauer› unter variierten Bedingungen erreicht werden, weil *alle* Belastungsnormative variierbar sind und zudem die Pausengestaltung verändert werden kann. Im Grundlagen- und Aufbautraining ergeben sich diese Veränderungen ‹automatisch› mit der Erhöhung der Leistungsfähigkeit. Sie zielen aber alle in die gleiche Richtung. Im Hochleistungstraining sind hingegen die Variationen der Belastungsnormative vielfach nur ‹gegensinnig› möglich. Gerade darin wird ein sinnvolles Verfahren der Trainingsplanung vermutet.

Entwicklungsgemäßheit

Entwicklungsgemäßheit bedeutet, daß das Training dem biologisch-motorischen und natürlich auch dem intellektuell-psychischen Niveau der Sportler entsprechen muß. Dies setzt fundierte Kenntnisse über den Entwicklungsverlauf voraus.

Entwicklungsgemäßheit ist ein wichtiger pädagogischer Gesichtspunkt. Im Rahmen der Trainingslehre hat dieses Prinzip darüber hinaus eine rein trainingsorientierte Bedeutung: Trainingsziele, -inhalte und -methoden müssen ebenso wie die Gesamtbelastung dem Entwicklungsstand, vor allem im motorischen Bereich, angemessen sein. Das hat dazu geführt, daß das Problemfeld ‹motorische Ontogenese› zu einem zentralen Bereich der Trainingswissenschaft geworden ist.

Motorische Ontogenese bedeutet nach WINTER (1975) Individualentwicklung der konditionellen Eigenschaften und koordinativen Fähigkeiten einerseits, der Bewegungsformen und -fertigkeiten im Laufe des Lebens andererseits. Für trainingsdidaktische und -methodische Fragestellungen folgt aus den Kenntnissen zu diesem Problembereich nicht nur die Festlegung von Lernzielen und -inhalten, sondern auch die

Bestimmung der möglichen Belastungen. Fragen lauten: Wann können welche Bewegungen mit welchen Methoden erlernt werden, und wann sind die günstigsten Entwicklungszeiträume für die einzelnen konditionellen Eigenschaften? Wie hoch kann man Sportler in den einzelnen Entwicklungsabschnitten belasten?

Das Feld der ‹motorischen Ontogenese› hat besonders durch die umfangreichen Forschungsarbeiten von Sportwissenschaftlern der DDR Ergebnisse vorzuweisen. In den «Trainingsgrundlagen», die sich als eine Einführung verstehen und auswählen müssen, läßt sich dieses Problemfeld nicht ausführlich behandeln.

THIESS hebt mit Recht hervor, daß das Lebensalter nicht für die Strukturierung eines langfristigen Trainingsplans geeignet ist, bedingt durch den zeitlich unterschiedlichen Beginn der Trainingsprozesse. In einigen Sportarten fängt man bereits im Vorschulalter an, in anderen dagegen erst in der Orientierungsstufe bzw. mit dem Ende des Grundschulalters. 12- bis 13jährige Turnerinnen befinden sich schon am Ende eines Aufbautrainings oder gar zu Beginn des Hochleistungstrainings, während gleich alte Leichtathleten noch im Grundlagentraining stehen.

BERNHARD hat geltend gemacht, daß auch die Gliederung in Trainingsstufen nicht ausreicht. Sowohl vom motorischen Entwicklungsstand aus betrachtet als auch von der Fähigkeit der Informationsaufnahme und -verarbeitung, aber auch im motivationalen Bereich bestehen enorme Unterschiede in den Altersstufen. Die Prinzipien der Anschaulichkeit und der Faßlichkeit sind altersorientiert. Deshalb ist es notwendig, die Differenzierung nach Trainingsstufen durch die nach Trainingsklassen zu ergänzen. Dabei ist aber eine Gliederung in

    Grundlagentraining – Kindertraining
    Aufbautraining – Jugendtraining
    Hochleistungstraining – Erwachsenentraining

nicht zeitlich parallel anzusetzen. Eine Gleichsetzung trifft nur für einige Sportarten zu, etwa für die Schnelligkeits- und Schnellkraftdisziplinen.

Für eine Kurzcharakteristik motorisch bedingter Entwicklungsabschnitte sind die Einteilungen des Entwicklungsverlaufs, die WINTER (1975) vorgenommen hat, sehr gut geeignet. Obwohl die ‹Phasentheorie› umstritten und die Einwände ÖRTERS (1976) und RETTERS (1969) bekannt sind, scheinen WINTERS Abgrenzungen doch in der Lage zu sein, dem Lehrer und Trainer praxisbezogene Hinweise zu geben. Geht man davon aus, daß das Grundlagentraining in einigen Sportarten mit fünf bis sechs Jahren beginnt, können für die Zeit des Grundlagen-, Aufbau- und teilweise auch des Höchstleistungstrainings folgende Orientierungshilfen über die Entwicklung des Menschen gegeben werden:

1. Das frühe Schulkindalter: Phase schneller Fortschritte im motorischen Lernen (1. bis 3. Schuljahr)
2. Das späte Schulkindalter: Phase der besten motorischen Lernfähigkeit (4. bis 6. Klasse bei den Jungen, 4. bis 5. Klasse bei den Mädchen)
3. Erste Phase der Reifungszeit: Umstrukturierung von motorischen Eigenschaften und Fertigkeiten (6. bis 8. Schuljahr bei den Jungen, 5. bis 7. Schuljahr bei den Mädchen)
4. Zweite Phase der Reifungszeit: Stabilisierung und ausgeprägte geschlechtsspezifische Differenzierung sowie fortschreitende Individualisierung (8. bis 12. Schuljahr bei den Jungen, 7. bis 10./11. Schuljahr bei den Mädchen)
5. Erwachsenenalter

BERNHARDS Gliederung in Kinder-, Jugend- und Erwachsenentraining umfaßt das frühe und späte Schulkindalter (Kindertraining), die erste und zweite Phase der Reifungszeit, also Pubeszenz und Adoleszenz (Jugendtraining) und das Erwachsenenalter (Erwachsenentraining). Die wichtigsten trainingsdidaktischen Hinweise seien deshalb hier zusammengefaßt.

Kindertraining

Kindertraining umspannt das Alter von etwa 6 bis 11/12 Jahren, wobei der Übergang fließend und individuell unterschiedlich ist. Es ist mit dem Eintritt in die erste puberale Phase beendet und durch zwei Abschnitte gekennzeichnet: Im ersten Abschnitt (von etwa 6 bis 9/10 Jahre) kommt es zu einer enormen Steigerung im Niveau der sportlichen Grundfertigkeiten und der konditionellen Eigenschaften. Im Schnellauf werden hier die größten Fortschritte überhaupt erzielt. Im zweiten Abschnitt entwickelt sich das Niveau der Grundfertigkeiten und der konditionellen Eigenschaften weniger stark. Hier kommt es aber zu bemerkenswerten Verbesserungen in den koordinativen Fähigkeiten. Deshalb hat MEINEL (1966) diesen Abschnitt auch als «bestes Lernalter der Kindheit» bezeichnet. Allerdings ist einschränkend festzustellen, daß die periphere Steuerung deutlich hinter der zentralen zurücksteht. Deshalb sind etwa schnelle Bewegungsverbindungen mit gezieltem Einsatz peripherer Muskulatur kaum realisierbar. Erste Ansätze einer geschlechtsspezifischen Unterscheidung werden schon sichtbar. – In Anlehnung an BERNHARD lassen sich folgende Anhaltspunkte formulieren:

1. Im Kindertraining kommt es vorrangig auf ein umfangreiches und allgemein entwickelndes Training an. Im Konditionstraining sind bei Maximalbelastungen längere Pausen erforderlich.
2. Im Ausdauertraining ist die Betonung auf die aerobe Basis zu legen. Allerdings haben neuere Untersuchungen hinlänglich belegt, daß auch Grundschüler durchaus anaerob belastbar sind.
3. In Krafttraining sind Belastungen der Wirbelsäule zu umgehen. Ein Kraft-

training sollte möglichst durch Belastungen mit dem eigenen Körpergewicht durchgeführt werden.

4. Die Einbeziehung von Dehnübungen enthält die Elastizität der Muskulatur, die sonst ohne gezieltes Üben in dieser Stufe bereits wieder zurückgeht.

5. Die Informationsdarbietung sollte ‹alltagsnah› sein; die optische Darbietung hat den Vorrang vor akustischer, Bewegungsaufgaben vor Bewegungsanweisungen.

6. Kleinere Wettkämpfe und Kontrollen müssen ein Erfolgserlebnis und damit ein Langzeitinteresse schaffen und stabilisieren.

7. Bewegungen sollen in Übungs-, vor allem aber in Spielformen erlernt werden. Ebenso sind die konditionellen Eigenschaften spielerisch zu schulen. Dazu ist ein Gruppentraining besonders gut geeignet.

Jugendtraining

Das Jugendtraining umfaßt die Reifezeit. Diese ist ebenfalls geteilt in zwei Unterabschnitte, die sich wesentlich voneinander unterscheiden. Bei den Jungen ist es im allgemeinen das Alter zwischen 12 und 18, bei den Mädchen von 11 bis 16 Jahren. Die Mädchen erreichen etwa zwei Jahre früher das Erwachsenenalter. Das bedeutet, daß sie mit 16 Jahren im Gegensatz zu den Jungen keine entwicklungsbedingten Leistungsfortschritte mehr erzielen.

Die Pubeszenz beginnt mit dem Auftreten der ersten Reifezeichen, wobei das kalendarische vom biologischen Alter um plus/minus zwei Jahre abweichen kann. Früher hat man dieses Alter auch als Krisenzeit bezeichnet und von «Zerfalls- und Auflöseerscheinungen» gesprochen. Dies ist eindeutig widerlegt. Die ‹Umstrukturierung› ist keine Krise, sondern ein normaler Entwicklungsvorgang. Teilweise kommt es zu Koordinationsstörungen, welche zentralnervös sowie durch das Wachstum und ein verändertes Last-Kraft-Verhältnis verursacht sein können. Gerade in dieser Zeit werden überdurchschnittliche Steigerungen in der Maximalkraft und der aeroben Ausdauer registriert, womit gleichzeitig eine hohe Trainierbarkeit angezeigt ist.

Probleme tauchen insofern auf, als das Erlernen neuer Fertigkeiten erschwert wird. Ein Lernen auf Anhieb gelingt seltener. Auch dies muß wiederum gesehen werden im Zusammenhang mit Störungen der Motorik und auch mit Umschichtungen im konditionellen Niveau, die wiederum zeitlich unterschiedlich verlaufen: Kraft, Ausdauer und Schnelligkeit steigen steil an, die koordinativen Fähigkeiten bleiben zurück. Alle Entwicklungsdiagramme, mit Ausnahme der der koordinativen Fähigkeiten, zeigen in der Pubeszenz den Hauptausgangspunkt der geschlechtsspezifischen Differenzierung im konditionellen Niveau. So vergrößert sich der Rückstand der Mädchen in der Maximalkraft von unter 10 Prozent am Ende des Grundschulalters auf mehr als 30 Prozent am Ende der Pubertät (LETZELTER 1977).

Wesentlich für die trainingspraktische Anwendung ist der Hinweis MEINELS, daß für die Umstrukturierung das Niveau der motorischen Basis zu Beginn der Pubeszenz ausschlaggebend ist: Ein hohes motorisches Niveau vermindert die Negativerscheinungen und ermöglicht eine problemlose Entwicklung.

Im zweiten Pubertätsabschnitt werden nur positive Veränderungen registriert. Das unstete, unausgeglichene motorische Verhalten der Pubeszenz wird abgelöst von einem ‹vernunftmäßigen› und ‹problemgerechten›. Das ist von großer Bedeutung für die Informationsdarbietung und die intellektuelle Ausbildung und bietet besonders für die Taktikausbildung günstigste Voraussetzungen.

Weil das Längen- vom Breitenwachstum abgelöst wird und sich das Verhältnis Rumpf/Extremitäten harmonisiert, ist die Bewegungskoordination verbessert. Sie hat sich auf die neuen Bedingungen eingestellt. Insofern ist es einleuchtend, daß WINTER in den koordinativen Fähigkeiten deutlichere Verbesserungen feststellt als in dem vorangegangenen Abschnitt. Das Breitenwachstum schließt gleichzeitig ein hohes Muskelwachstum ein und damit eine starke Verbesserung des Kraftprofils. In der Schnelligkeit sind die Verbesserungen nicht so ausgeprägt, weil am Ende der Pubeszenz schon fast Erwachsenenwerte vorhanden sind.

Die Adoleszenz ist ein neuer, ein zweiter Höhepunkt der motorischen Entwicklung. HARRE spricht deshalb auch mit Recht von «voller und abschließender Ausprägung aller körperlichen und motorischen Persönlichkeitsmerkmale». Nicht trainierende Mädchen erzielen mit 15/16 und Jungen mit 18/20 Jahren ihre Bestleistungen. Das Erwachsenenalter trägt zur Leistungssteigerung nichts mehr bei, es sei denn durch Training.

Die aus der Kenntnis von Entwicklungsprofilen in der Pubertät resultierenden Hinweise können wie folgt zusammengefaßt werden:

1. Vielseitiges Training im Kindesalter verhindert Disharmonien in der motorischen Entwicklung während der Pubertät. Daraus folgt, daß derartige negative Veränderungen den Trainingsprozeß nicht stören werden.
2. In der Pubeszenz soll die Festigung von motorischen Fertigkeiten bevorzugt werden vor einem Neuerwerb.
3. Im zweiten Abschnitt sind die Voraussetzungen im motorischen Lernen wieder bedeutend günstiger. Damit wird nicht nur ein Fortschritt im Neulernen und eine starke Ausweitung des Repertoires erreicht, sondern auch die Möglichkeit zur Herausbildung der Fein- und Feinstform gegeben.
4. Bewußte Tätigkeit bedeutet Einbeziehung kognitiver Lernziele in das Training und damit günstige Voraussetzungen der Taktikschulung.
5. Jugendliche des ersten und zweiten Pubertätsabschnitts sind nicht nur trainierbar, sondern auch hoch belastbar.

Erwachsenentraining

Mit 16 (Mädchen) bzw. 18/19 (Jungen) wird das Erwachsenenalter erreicht. Danach gibt es keine einschränkenden entwicklungsbedingten Vorbehalte mehr. Der Trainer wird freier in seinen Entscheidungen. Diese sind aber vorgezeichnet, wenn der Trainingsaufbau systematisch geplant war. In der Regel befinden sich 16- bzw. 18jährige Sportler am Ende des Aufbau- oder am Anfang des Höchstleistungstrainings.

BERNHARD weist bei der Beschreibung des Erwachsenentrainings auf geschlechtsbedingte Unterschiede hin. Die Frau ist in fast allen Grundeigenschaften unterlegen, weniger im Fertigkeitsniveau. Ihre Rückstände sind am größten in der Kraft und in der Ausdauer, geringer in der Schnelligkeit. Ihre koordinativen Fähigkeiten sind teilweise besser ausgebildet, besonders die kleinmotorische Geschicklichkeit. Bekannt und unbestritten ist die Überlegenheit der Frauen in der Beweglichkeit.

Interessant ist der Befund, daß in den leichtathletischen Läufen die Rückstände der Frauen von 100 m bis 1500 m beständig größer werden. Je mehr die Ausdauer leistungsrelevant wird, desto größer werden die geschlechtsspezifischen Differenzen. Für die Maximalkraft und die Schnellkraft gilt folgendes: Je höher der Faktor ‹Schnelligkeit› ist, desto geringer sind die geschlechtsspezifischen Unterschiede; je höher der Faktor ‹Maximalkraft› wird, desto mehr fallen die Leistungen der Frauen ab.

Die Unterlegenheit der Frauen wird zumeist als anlagebedingt beurteilt, was durchaus berechtigt ist. Die gemessenen Unterschiede sind aber nicht ausschließlich anlage-, sondern zum großen Teil auch trainingsbedingt. So konnte in vielen Disziplinen in den letzten Jahren ein beachtliches Aufholen der Frauen beobachtet werden. Geradezu Paradebeispiele sind das Schwimmen oder der Langstreckenlauf. Selbst im Kurzstreckenlauf läßt sich dies nachweisen. So betrug bei den Olympischen Spielen 1968 die Differenz der Sieger über 400 m 8,2 Sekunden, 1976 waren es nur noch 5,0 Sekunden. In vielen Sportarten sind die Entwicklungsperspektiven im Frauensport noch günstiger als im Männersport, weil anscheinend die Trainingsreserven nicht so weit ausgeschöpft sind. Das gilt wohl weniger für die technischen Sportarten wie den Eiskunstlauf oder das Geräteturnen, wohl aber für die hauptsächlich konditionell ausgerichteten Wettbewerbe.

Es ist nicht begründet, aus großen Rückständen in einigen komplexen Disziplinen oder in konditionellen Eigenschaften gleichzeitig auch auf eine geringere Trainierbarkeit der Frau zu schließen. NETT (1969) hat vor zehn Jahren diese Behauptung für den Bereich der Sprintausdauer aufgestellt. Damals war der Ermüdungsindex bei den Männern bedeutend günstiger als bei den Frauen. Mittlerweile haben die Frauen beträchtlich aufgeholt, einige erreichen sogar das Niveau der Männer.

Demnach gilt: Nicht allein die geringere Trainierbarkeit, sondern auch unterschiedliche Trainingsbelastungen sind Ursachen der geschlechtsspezifischen Unterschiede.

Es soll nicht der Eindruck erweckt werden, die Frauen seien den Männern in sportlichen Leistungen gewachsen. Das trifft nur in wenigen Sportarten zu; in den ‹kompositorischen› haben die Frauen die Männer bereits eingeholt oder gar übertroffen. In vielen anderen aber bewirken biologische Nachteile die Unterlegenheit der Frau. Nöcker sieht den Hauptunterschied im «unterschiedlichen strukturellen Aufbau und der chemischen Zusammensetzung der Gewebe». Auch im Stoffwechsel unterscheiden sich Mann und Frau. Aus zahlreichen Untersuchungen zur motorischen Ontogenese ist bekannt, daß die Unterschiede in der Leistungsfähigkeit schon im Kindesalter vorhanden sind, aber sich erst mit der Pubertät vergrößern. So haben eigene Untersuchungen zur Maximalkraft der Beinstrecker ergeben, daß zum Schulbeginn die Unterschiede etwa 4 Prozent und am Ende des Grundschulalters etwa 10 Prozent ausmachen. Im Erwachsenenalter sind sie dann auf mehr als 30 Prozent angewachsen (H. und M. Letzelter 1977).

In vielen Sportarten ist die Frau allein schon konstitutionell benachteiligt. Sie ist durchschnittlich um 10 bis 12 cm kleiner und um etwa 10 kg leichter. Sie hat einen geringeren prozentualen Anteil der Muskulatur am Körpergewicht – er beträgt 35,8 Prozent bei der Frau gegenüber 41,8 Prozent beim Mann. Nach Hettinger (1972) liegen deshalb auch – zumal qualitative Unterschiede in der Muskulatur hinzukommen – die Maximalkraftleistungen der Frau nur zwischen 55 und 80 Prozent von der des Mannes. Dagegen ist die absolute Kraft pro cm² Muskelquerschnitt bei Mann und Frau annähernd gleich.

Abbildung 13 nach Hettinger stellt die Kraft von Frauen in Prozent der Kraft der Männer dar. Bemerkenswert ist, daß bei denjenigen Muskelgruppen, die in der Arbeits- und Alltagsmotorik benötigt werden und damit trainiert sind, höhere Prozentwerte vorliegen als in jenen, die im Alltag weniger beansprucht sind. Interessant ist zudem, daß eigene Untersuchungen zur Maximalkraft der Beinstrecker bei Trainierten geringere prozentuale Unterschiede zwischen den Geschlechtern nachweisen als diejenigen, die Hettinger für die Unterschenkel- und Fußstrecker angibt. Hinzu kommt, daß mit zunehmendem Qualifikationsgrad die Rückstände geringer werden: Qualifizierte Sportlerinnen errreichen 68, Allroundsportlerinnen 65 und Fitnesssportlerinnen unter 60 Prozent des Niveaus vergleichbarer Männergruppen.

Die geringere Trainierbarkeit der Muskulatur der Frauen wurde von Hettinger für die im Sport bedeutsame Extremitätenmuskulatur eindeutig nachgewiesen. Für die Rumpfmuskulatur gilt dies nicht. Die

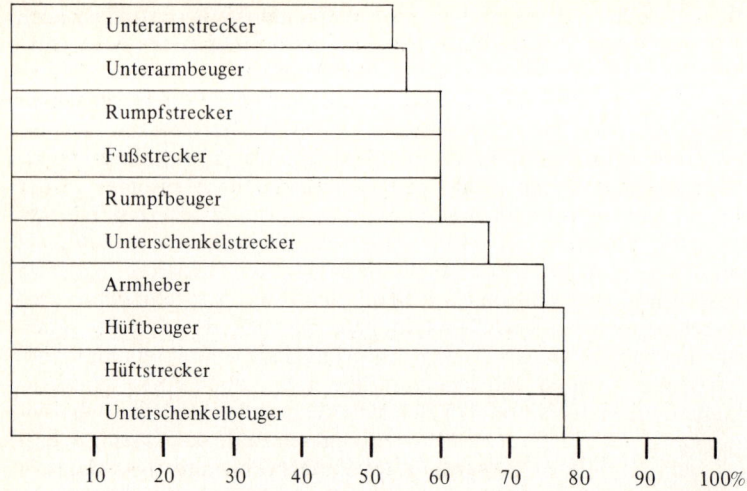

Abb. 13: Kraft ausgewählter, für sportliche Tätigkeiten bedeutsamer Muskelgruppen bei Frauen in Prozent der Kraft der Männer (nach HET-
TINGER)

geringere Trainierbarkeit wird als Folge des Einflusses von Sexualhor-
monen verstanden. Das ist auch der Grund dafür, daß Anabolika bei
Frauen einen größeren Trainingsgewinn bedingen können als bei
Männern.
Für den Ausdauerbereich liegen ebenfalls ausreichende Kenntnisse
vor, die die Unterlegenheit der Frauen beweisen. So beträgt das maximale Sauerstoffaufnahmevermögen der Frau nur etwa 70 Prozent von
dem des Mannes. Da aber für Ausdauerleistungen die auf das Körpergewicht bezogene relative maximale Sauerstoffaufnahme aussagekräftiger ist, ergeben sich günstigere Daten: Frauen realisieren etwa 83
Prozent des Werts der Männer. Ähnliche Rückstände wurden für den
Mittelstreckenlauf festgestellt.
Das geringere Ausdauerniveau zeigt sich auch in der Erholungsfähigkeit, in den absoluten und relativen Herzgewichten und in den absoluten und relativen Herzvolumina. Das Schlagvolumen der Frau erreicht
etwa ³/₄, das höchste Minutenvolumen etwa ²/₃ des Männerniveaus. Für
den Sauerstoffpuls gilt ebenfalls ein signifikanter Unterschied bei Maximalbelastungen, während in Ruhe die Werte annähernd gleich sind.
Die Frau reguliert eher durch die unökonomische Erhöhung der
Schlagfrequenz, der Mann dagegen mehr durch die Vermehrung des

Schlagvolumens. Für die Trainingspraxis ist dabei der Befund besonders wichtig, daß die Frau bei Maximalbelastung mit höherer Schlagfrequenz arbeitet. Werten von 190 bei den Männern entsprechen Werte von fast 200 bei den Frauen. Auch ist die Frau im anaeroben Ausdauerbereich dem Mann unterlegen.

Abschließend ist festzuhalten, daß die Mehrzahl der Vorbehalte gegen das Frauentraining bzw. gegen einige Methoden und Trainingsformen weniger biologisch als ästhetisch bedingt sind. Das ist aber keine Frage der Trainingslehre.

Individualität

Die Planung des sportlichen Trainings ist ein zweigeteilter Prozeß. Einerseits sind die Prinzipien des sportlichen Trainings zu beachten; andererseits spielt die Persönlichkeitsstruktur des Athleten eine wichtige Rolle.

Um das Problem der Individualität besser verständlich machen zu können, müssen zwei Dinge beachtet werden:
1. Trainingswissenschaftliche Gesetze sind nicht deterministisch, sondern *statistisch.*
2. Sportliche Leistungen sind nicht monostrukturiert, sondern *multistrukturiert.*

Zu (1): Die Trainingslehre hat Gesetzmäßigkeiten des sportlichen Trainings aufgedeckt und daraus Handlungsanweisungen für die Sportpraxis abgeleitet. Diese sind nur als Rahmen zu verstehen, von dem in der Realität die einzelnen Sportler mehr oder weniger stark abweichen. Für den Trainer, dem die Steuerung und Kontrolle im Trainingsprozeß zukommt, wird damit die Frage auftauchen, inwieweit solche Abweichungen zu tolerieren sind oder ob durch trainingsmethodische Maßnahmen eine Annäherung an die Grundtendenz anzustreben ist. – Wie groß ist der Spielraum?

Training als ein nach Gesetzesaussagen geplanter und nach individuellen Eigenheiten strukturierter Prozeß setzt immer den Vergleich des einzelnen mit den Gesetzesaussagen voraus. Das erfordert eine beständige Überprüfung des Trainings- und Wettkampfverhaltens und ist nur mit Vergleichsnormen möglich, die eine Orientierung bieten. Diese sind dann zwar keine Dogmen, aber doch wertvolle Leitlinien.

Zu (2): Hohe sportliche Leistungen sind auch dann möglich, wenn ein Sportler in Teilbereichen stark vom allgemeinen Trend abweicht. Das hat seine Ursache darin, daß bisweilen selbst identische Leistungen bei stark unterschiedlichem Bedingungsgefüge erzielt werden. Es ist eine allgemein anerkannte Theorie, daß sportliche Leistungen nicht durch eine Monostruktur, sondern durch eine Multistruktur gekennzeichnet

sind. Das bedeutet, daß sich sportliche Leistungen durch einen ‹kompensatorischen Charakter› auszeichnen:
Schwächen in einem Merkmal können durch Stärken im anderen (super)kompensiert werden. Allein diese Kompensationsmöglichkeit verdeckt die teilweise erheblichen Abweichungen von den Gesetzmäßigkeiten selbst bei hochqualifizierten Athleten. Wäre die Monostruktur kennzeichnend, müßten bei allen Leistungen gleichen Niveaus ähnliche Ausprägungen leistungsbezogener Faktoren zugrunde liegen. Dies ist nachweislich nicht der Fall. Es ist allerdings anzunehmen, daß der Weg der Entwicklung auf eine Monostruktur hinausläuft. Beständige Leistungsverbesserungen setzen beständige Verbesserungen der leistungsrelevanten Eigenschaften, Fertigkeiten und Fähigkeiten voraus. Sofern das menschliche Leistungspotential einmal voll ausgeschöpft werden kann, setzt dies auch eine maximale Ausprägung aller Leistungsfaktoren voraus – und damit die Monostruktur. Das bedeutet zugleich, daß die Multistruktur bei geringerem Leistungsniveau ausgeprägter ist als bei höherem und daß die Kompensationsmöglichkeiten mit zunehmender Qualifikation geringer werden. – Für den Weitsprung hat BALLREICH (1970) dies eindeutig nachgewiesen, für den Sprint steht dies nach LETZELTER (1975) ebenfalls fest.
Individualisierung bedeutet Festsetzung der möglichen Abweichungen und damit der Toleranzgrenzen. Verallgemeinert besteht die Individualisierung in der Berücksichtigung der psychischen und physischen Voraussetzungen, des Trainingszustands, der sportlichen Eignung, der Typologie, der intellektuellen Fähigkeiten, des Temperaments und anderer Persönlichkeitsmerkmale.

Dauerhaftigkeit

Das Prinzip der Dauerhaftigkeit (Dauerwirksamkeit) steht mit dem der Allmählichkeit in enger Verbindung. Für das Training resultiert daraus die Forderung, den Aufbau eines Sportlers so zu gestalten, daß die erworbenen Qualifikationen zu einem stabilen Gerüst zusammengesetzt werden.
Der Grad der Stabilität ist von einigen Bedingungen abhängig, die bei der Trainingsplanung zu bedenken sind. So ist bereits gesagt worden, daß das ganzjährige Training ohne Unterbrechungen zur Festigung der Grundlagen beiträgt. Außerdem ist das Tempo des Trainingsaufbaus umgekehrt proportional zur Dauerhaftigkeit: Je schneller eine Leistung aufgebaut wird, desto labiler ist die sportliche Form. Das liegt darin begründet, daß die Basis der sportlichen Form nicht fundiert ist. –
Für den Bereich des Krafttrainings konnte HETTINGER im trainingsmethodischen Experiment nachweisen, daß schnell antrainierter Kraftgewinn ebenso schnell wieder verlorengeht, während eine langsame Stei-

gerung der Kraft auch bei Trainingsuntersuchungen über einen längeren Zeitraum auf höherem Niveau erhalten bleibt. Für das Ausdauertraining gilt das gleiche.
Die Dauerhaftigkeit des Trainingsgewinns ist auch von der Trainingsmethodik abhängig. So ist aus dem Ausdauertraining bekannt, daß die durch Dauermethoden erreichten Trainingsgewinne beträchtlich gefestigter sind als jene, die nach der extensiven Intervallmethode erarbeitet wurden. Die Schnelligkeit der Anpassung ist jedoch bei der Intervallmethode größer.
Wie schnell Anpassungsgewinn einerseits und Anpassungsverlust andererseits bei der Intervallmethode eintreten können, zeigt *Tabelle 4*, welche Ausprägungen von drei physiologischen Größen, die für das Ausdauervermögen von Bedeutung sind, zu verschiedenen Zeiten eines Trainingsprozesses darstellen: Herzvolumen, Sauerstoffpuls und Schlagfrequenz. Die Werte beziehen sich auf Veränderungen bei Ausdauerläufern der Spitzenklasse im Laufe eines zweijährigen Trainings.
Das Prinzip der Dauerhaftigkeit berührt auch die technischen Fertigkeiten und die taktischen Fähigkeiten. Schnell erworbene Fertigkeiten verliert man bei Trainingsunterbrechungen wieder ebenso schnell.

Datum	Trainingszustand	Belastungs-stufe	Herz-volumen in ccm	O_2-Puls	Frequenz in Minuten
15.11.57	nach geringem Training	250 Watt	980	21.0	174
2.12.57	nach intensivem Intervalltraining	250 Watt	1130	25.2	154
15.11.57	nach geringem Training	200 Watt	880	16.9	176
2.12.57	nach intensivem Intervalltraining	250 Watt	860	20.4	180
29.1.60	wenig Training	250 Watt	1040	19.6	176
8.2.60	Intervalltraining	300 Watt	1055	21.0	168
15.3.60	Intervalltraining	300 Watt	1130	24.9	159

Tab. 4: Veränderungen aussagekräftiger physiologischer Parameter im Trainingsprozeß von Ausdauerläufern der internationalen Spitzenklasse als Kriterien der Anpassung an unterschiedliche Trainingsbelastungen (nach REINDELL u. a.)

Zum festen motorischen Bestand werden sie erst dann, wenn sie oft wiederholt werden.

Dauerhaftigkeit betrifft auch die psychisch-intellektuelle Einstellung des Sportlers und damit das, was schon als Langzeitinteresse bezeichnet wurde.

Vier Merksätze sind nach Harre für die Befolgung des Prinzips der Dauerwirksamkeit zu beachten:

- Vermeide Trainingsunterbrechungen.
- Beachte den Festigungsgrad der erworbenen Qualifikation.
- Beobachte kontinuierlich die Belastungsauswirkungen.
- Achte auf regelmäßige Wiederholungen und Kontrollen.

Im Sinne der Dauerhaftigkeit müssen auch die Grundregeln interpretiert werden, die für das Prinzip der Allmählichkeit kennzeichnend sind:

- Vom Einfachen zum Komplizierten.
- Vom Leichten zum Schweren.
- Vom Bekannten zum Unbekannten.

Das ist besonders für das Technik- und Taktiktraining allgemein verbindlich.

Trainingsplan

Die als Prinzipien formulierten Gesetzmäßigkeiten und die Grundsätze bei der Ausbildung der konditionellen, technischen und taktischen Qualifikation bestimmen Struktur und Inhalt des *Trainingsplans*. Er repräsentiert die sportliche Entwicklung und gibt an, auf welchen Wegen die Haupt- und Nebenziele erreicht werden sollen. Trainingspläne werden für ausgewählte Abschnitte oder für den gesamten Trainingsprozeß erstellt. Deshalb spricht man von lang-, mittel- und kurzfristigen Trainingsplänen, bei denen die Tendenz ‹Vom Allgemeinen zum Speziellen› kennzeichnend ist: Je länger der Zeitraum, desto abstrakter ist der Trainingsplan.

In der Trainingspraxis hat sich eine Gliederung bewährt, die organisatorisch begründet ist:
1. Mehrjahrespläne,
2. Jahrespläne,
3. Operativpläne
Als zweiter Einteilungsaspekt dient die Zielgruppe; folglich gibt es:
1. individuelle Trainingspläne und
2. Gruppentrainingspläne.

Mehrjahresplan

Der Mehrjahresplan oder Perspektivplan umfaßt entweder den gesamten Trainingsprozeß vom Anfänger bis zum Hochleistungssportler oder innerhalb des Hochleistungssports mehrere Jahre wie den Olympiazyklus. Er legt (1) das Gesamtziel und (2) Teilziele für einzelne Entwicklungsabschnitte fest.

Mit den Zielentscheidungen gehen Rahmenrichtlinien für die Auswahl der Trainingsmethoden und -inhalte einher. Das ergibt sich allein schon aus dem Zusammenhang von didaktischen und methodischen Entscheidungen. Damit werden auch die Relationen von allgemeiner und spezieller sowie von konditioneller, technischer und taktischer Ausbildung in den drei Trainingsstufen grob vorgeschrieben. Dabei werden Gesetzmäßigkeiten und individuelle Besonderheiten eines Sportlers aufeinander abgestimmt.

Mittelpunkt des Mehrjahresplans ist der allgemeine *Belastungsplan*, der die Belastungsdynamik in den einzelnen Trainingsstufen abschnittsbezogen angibt. Er bezieht sich auf die Gesamt- sowie auf die Umfangs- und Intensitätsbelastung. Beide Belastungsnormative stehen dabei im Zusammenhang mit dem Prinzip der progressiven Belastung. Ebenso muß bedacht werden, daß die Belastbarkeit stark ansteigt und so beträchtlich veränderte Belastungs-Erholungsrelationen möglich werden.

Während die Festlegung des Gesamtumfangs und der Gesamtintensität schwierig ist, kann das Belastungsnormativ der Trainingshäufigkeit relativ problemlos vorausberechnet werden. Deshalb gibt der Mehrjahresplan die Anzahl der wöchentlichen Trainingseinheiten in den einzelnen Stufen und Abschnitten an.

Der Mehrjahresplan kann kein starres System sein, weil sich menschliches Verhalten nicht fehlerfrei voraussagen läßt und die sportliche Entwicklung meist nicht ungestört abläuft. Deshalb ist eine beständige Überprüfung der Kennziffern, also der Soll- und Istwerte notwendig. Dadurch wird festgestellt, inwieweit die angegebenen Ziele des Trainings erreicht wurden und wo Lücken sind. Es geht somit um Leistungsdiagnostik und um den Vergleich von Sollnormen mit dem realen Leistungsstand, um *Erfolgskontrollen*. Anhand solcher Kontrollen kommt es zu einer beständigen Revision des Mehrjahresplans, vor allem für die Ziele der einzelnen Trainingsstufen und -abschnitte.

Wesentlich ist, daß nicht nur die komplexen Leistungen berücksichtigt werden, sondern vielmehr die Anpassungserscheinungen in den leistungsbestimmenden Faktoren, welche detailliert betrachtet werden müssen. Die beständige Überprüfung und die daraus abgeleitete Modifikation des Mehrjahresplans kann aber nicht allein aus diesen Wettkampf- und Trainingskontrollen folgen. Sie muß zweigleisig durchgeführt werden, indem die Kontrollen im Zusammenhang mit der systematischen, also dokumentar-analytischen Auswertung der Trainingsbücher zu neuen Planungen führen.

Die beständige Modifizierung ist gleichzeitig ein Kriterium für die individuelle Entwicklung eines Sportlers. Wenn diese Entwicklung plangemäß abläuft, bleibt der Sportler ‹innerhalb der Norm›. Abweichungen können positiv und negativ erfolgen. Positive Abweichungen sind in der Regel Anzeichen für eine überdurchschnittliche sportliche Eignung und Resultat einer schnelleren Anpassung. Das kann zu einer Verkürzung einzelner Trainingsabschnitte genutzt werden.

Die Gefahr überstürzter Fehlplanungen ist bei besonders talentierten Sportlern aber besonders groß. Negative Abweichungen wiederum können Anzeichen sein für ein unterdurchschnittliches Talent, aber auch durch Krankheit, Verletzungen, schulische oder berufliche Schwierigkeiten bedingt sein. Das wird zu einer zeitlichen Ausdehnung der einzelnen Trainingsstufen führen.

Jahresplan

Der Jahresplan hat sich in erster Linie an den Gesetzmäßigkeiten zur Periodisierung des Trainings auszurichten. Wie für den Mehrjahresplan, so gilt auch für diesen weniger abstrakten Plan die Einheit von Planung, Analyse, Auswertung und Kontrolle, wie sie in Anlehnung an HEBESTREIT in *Abbildung 14* dargestellt wird.

Der Jahresplan wird analog zum Mehrjahresplan zuerst die Zielvorstellungen aufführen. Diese werden aber nicht nur konkreter, sondern auch auf einer greifbareren Grundlage erstellt, weil jeweils aktuelle Kennziffern vom Istzustand vorliegen. Deshalb werden nicht nur die Ausbildungsziele, sondern auch die Kontrollverfahren sowie deren Zeitpunkte festgelegt. Im Gegensatz zum Mehrjahresplan werden keine Fern-, sondern Nahziele fixiert, wobei sechs Grundlagen bestimmend sind:

1. das durch Wettkampfergebnisse, Wettkampfbeobachtung, sportmotorische Tests und Auswertung des bisherigen Trainings bestimmte Ausgangsniveau zu Beginn des neuen Trainingszyklus;
2. die Trainings- und Leistungsfortschritte des letzten Trainingszyklus als Indikator der Entwicklungsschnelligkeit und der Belastbarkeit;
3. die gesamte bisherige Entwicklung durch Auswertung des Mehrjahresplans als Vergleich von Ist- und Sollwerten;
4. die dokumentar-analytisch geprüfte Belastungsdynamik sowie die Gesamtbelastung des vorangegangenen Trainingsjahrs oder -halbjahrs;

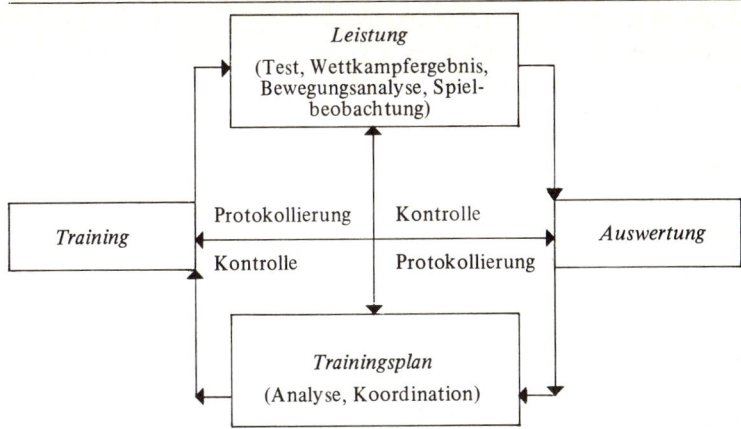

Abb. 14: Schematische Darstellung der Trainingsplanung und -auswertung (in Anlehnung an HEBESTREIT)

5. die Relation von allgemeiner und spezieller sowie konditioneller, technischer und taktischer Ausbildung im vorangegangenen Trainingszyklus;
6. die Struktur des neuen Trainingszyklus als eingipflige oder zweigipflige Periodisierung.

Auf der Basis dieser Erkenntnisse vollzieht sich die Planung in fünf Schritten:

1. das Jahresziel in der entsprechenden Disziplin;
2. die Teilziele, bezogen auf die verschiedenen Zeitpunkte des Trainingsjahrs und bezogen auf die verschiedenen Leistungskomponenten und deren Erscheinungsweisen;
3. die Lösungswege durch Angabe der Trainingsmethoden und -inhalte sowie der neuen Relation von allgemeiner und spezieller sowie konditioneller, technischer und taktischer Ausbildung;
4. die neue Belastungsdynamik und die Gesamtbelastung unter Berücksichtigung der Hauptwettkämpfe und unter Einplanung der Trainingswettkämpfe;
5. die konkreten Termine der Leistungskontrollen und der Routineverfahren, welche der Leistungsdiagnose und der Überprüfung der Trainingseffektivität dienen.

Insgesamt gesehen ist der Jahresplan eine Konkretisierung des Mehrjahresplans. Dabei kommt es aber zu wesentlich detaillierteren Planungen. So wird die zeitliche Folge der Haupt- und Nebenaufgaben eingegrenzt. Die Angaben beziehen sich nicht wie beim Mehrjahresplan auf den gesamten Jahres- oder Halbjahreszyklus, sondern auf die einzel-

nen Trainingsperioden und auf die Makrozyklen. Das bedeutet, daß die
Angaben zu den Trainingsumfängen nicht nur präziser gegeben werden, sondern auch zeitlich aufgeschlüsselt sind.

Operativplan

Bei dem Operativplan handelt es sich um einen Wochen- oder auch
Mehrwochenplan, der die Anforderungen aus den übergeordneten
Plänen verwirklicht und sich durch konkrete Handlungsanweisungen
auszeichnet. Der Operativplan wird für eine oder für zwei bis drei
Wochen ausgearbeitet, bisweilen auch für einen gesamten Makrozyklus. Zunächst werden Operativpläne nur für die Mikrozyklen entwor-
fen. Dabei wird genau angegeben, wie trainiert werden soll. Notwendig
dafür ist die Ausarbeitung der Trainingsprogramme für jede einzelne
Trainingseinheit.
Im Operativplan wird also exakt bestimmt, welche Teilziele mit welchen Trainingsinhalten auf welche Weise realisiert werden. Die Anzahl
der Wiederholungen und Serien wird angegeben, ferner die Dosierung
der Belastung und die Pausengestaltung. Alle Trainingsaktivitäten sind
festgelegt, wobei vor allem das Prinzip von Belastung und Erholung
eingeplant wird.
Auch Operativpläne sind variabel. Der Trainer muß nach jeder einzelnen Trainingseinheit seine Konzeption überprüfen, auswerten und notfalls korrigieren. Außerdem spielen weitere Gesichtspunkte eine Rolle: Tagesform, äußere Bedingungen, Belastung in Schule oder Beruf,
familiäre Probleme, Gesundheitszustand. Korrekturen müssen immer
wieder vorgenommen werden; jedoch darf dabei nicht gegen die im
Jahresplan fixierten Leitlinien verstoßen werden.
Während in den Mehrjahresplänen und im Jahresplan die Gesetzmäßigkeiten zur Entwicklung der sportlichen Form fast ausschließlich die
Planung bestimmen, kommt bei den Operativplänen das pädagogisch-
methodische Geschick des Trainers, sein Gespür für wirksame Belastungen, mehr zum Zuge. Darin zeigen sich der intuitive Zug des
Trainings und nicht zuletzt die Unersetzbarkeit des Trainers.

Individuelle und Gruppentrainingspläne

Die Differenzierung nach den Adressaten ist in erster Linie durch die
Spezifik der Sportarten bedingt. In den Individualsportarten können
Höchstleistungen nur erzielt werden, wenn die Trainingspläne gemäß
dem Prinzip der Individualität für einzelne Sportler ausgearbeitet wer-

den. Demgegenüber ist es unökonomisch und auch fachlich nicht zu rechtfertigen, in den Kollektivsportarten ausschließlich individuelle Pläne zu erstellen. Für die Sportspiele zum Beispiel sind deshalb zunächst Gruppentrainingspläne auszuarbeiten.

Die Frage ist, inwieweit Mischformen notwendig sind. So müssen aus ökonomischen Gründen auch in den Individualsportarten, besonders im Grundlagentraining, Gruppentrainingspläne erstellt werden. Es ist für den Trainer kaum möglich, für alle Sportler im Grundlagentraining nach individuellen Trainingsplänen zu arbeiten und diese immer wieder zu überprüfen. Deshalb ist es günstiger, Untergruppen aus Schülern mit ähnlicher Qualifikation zu bilden. Wenn einige leistungsmäßig aus der Gruppe herausragen, dann kann für sie mit einem zusätzlichen Individualplan der Gruppentrainingsplan ergänzt werden.

Umgekehrt reichen im Hochleistungstraining Gruppentrainingspläne auch für Mannschaften nicht aus. Weder im Ruder-, Kanu- oder Radsport noch in den Sportspielen sind die einzelnen Mitglieder gleich belastbar. Zudem bestehen im Niveau der leistungsbestimmenden Merkmale und in der Ausprägung der Leistungsbasis teilweise erhebliche Unterschiede. Insofern ist es nicht nur zweckmäßig, sondern zwingend notwendig, die Gruppentrainingspläne durch individuelle Pläne zu ergänzen. Beide müssen aufeinander abgestimmt werden, indem man aus organisatorischen Gründen die individuellen in die Gruppentrainingspläne einarbeitet.

Die Berücksichtigung der individuellen Pläne ist bisweilen weniger kompliziert, als man annimmt. So können bei gleichen zeitlichen Trainingsumfängen oder bei ähnlichen Relationen von spezieller und allgemeiner Ausbildung Abstufungen durch die Veränderung der Belastungsnormative vorgenommen werden, um angemessene Belastungen zu realisieren. Dies gilt vor allem im Konditionstraining der Sportspiele, wo vielfach alle Spieler einer Mannschaft gleich belastet werden. In der Regel ist dieses Training nur für den Durchschnitt angemessen. Die konditionell stärkeren Spieler werden unterfordert, die schwächeren überfordert.

Für die Berücksichtigung der einzelnen Leistungskomponenten und deren Erscheinungsweisen lassen sich ähnliche Feststellungen treffen. Die in den Bundesligen praktizierte Form, durch zusätzliche Hausaufgaben dem Prinzip der Individualität gerecht zu werden, ist nur ein Notbehelf: Die Abstimmung von Gruppen- und Individualplan wird so nur einseitig vorgenommen. Beide Pläne stehen nebeneinander; der Individualplan muß aber eingearbeitet werden.

Trainings- und Wettkampfkontrolle

Die lang-, mittel- und kurzfristige Trainingsplanung bezieht die Festlegung von Kennziffern zur Ausprägung konditioneller, technischer und taktischer Qualifikationen ein. Diese Überprüfung erfolgt im Training und im Wettkampf. Voraussetzung ist, daß Prüfverfahren vorhanden und im Trainingsplan vorgesehen sind. Solche Kontrollverfahren dienen der Diagnostik des sportlichen Leistungsstands im weitesten Sinne. Erforderlich ist ein sportartspezifischer Untersuchungsbogen, in dem die Merkmale aufgeführt sind, welche abgeprüft werden sollen.

Neben biowissenschaftlichen und bewegungsstrukturellen Verfahren eignet sich für die Leistungsüberprüfung der trainingswissenschaftliche Ansatz, wie ihn DJATSCHKOW (1974) und WERCHOSANSKIJ (1972) vertreten. Untersuchungsobjekt sind danach die disziplinspezifischen konditionellen, technomotorischen und taktischen Leistungskomponenten sowie deren Unterformen. Damit sind die Erscheinungsweisen der Kraft, Schnelligkeit, Ausdauer, Beweglichkeit und Gewandtheit sowie die räumliche und zeitliche Bewegungsstruktur und Bewegungsökonomie gemeint. Hinzu kommen die taktischen Handlungen der Sportler und deren Handlungsfähigkeit.

Leistungsdiagnostik setzt standardisierte ‹Routineverfahren› voraus, welche das Trainings- und Wettkampfverhalten des Sportlers beschreiben und ihn nicht oder nur geringfügig in seinem Trainingskonzept stören. Die Leistungsdiagnostik muß in den Trainings- und Wettkampfprozeß eingebaut werden, um gleichzeitig gewinnbringend zu wirken. Sportmotorische Tests sind auch Trainingsinhalte, und die Kontrollmethode ist ein wertvolles methodisches Verfahren.

Leistungsdiagnostik dient der Revision der Trainingspläne auf der Basis aktueller Informationen über den Leistungsstand des Sportlers und erlaubt so das Erkennen von Stärken und Schwächen im Vergleich von Ist- und Sollzustand. Ein Vergleich ist aber nur dann möglich, wenn «statistische» und/oder «ideale» Vergleichsnormen vorliegen (BALLREICH 1976). Bisher haben die speziellen Trainingslehren nur sporadisch solche Vergleichsnormen ermittelt, die auch für die verschiedenen Qualifikationsbereiche erstellt werden müssen.

Aufgabenbereiche

Trainings- und Wettkampfkontrollen dienen verschiedenen Zwecken. BALLREICH (1970) hat für eine wichtige Form – den sportmotorischen Test – fünf Aufgabengebiete zusammengestellt. Da diese grundsätzlich für alle Verfahren der Leistungsdiagnostik Gültigkeit haben, können sie verallgemeinert werden. Demnach sind folgende Bereiche zu unterscheiden:

1. der leistungsdiagnostische,
2. der entwicklungsdiagnostische,
3. der prognostische,
4. der dimensions-analytische,
5. der experimentelle.

Diese fünf Funktionen sind nicht unabhängig voneinander und sollten für die Trainingspraxis noch ergänzt werden durch

6. den effektiv-analytischen

Aufgabenbereich. Im Rahmen der Trainingsplanung und -kontrolle sind diese sechs Funktionen von unterschiedlicher Bedeutung.

Der *leistungsdiagnostische* Aufgabenbereich versucht, den Ausprägungsgrad einzelner Eigenschaften, Fertigkeiten oder Fähigkeiten zu bestimmen. Dazu sind ‹operationale Definitionen› nötig, damit diese Verhaltensweisen des Sportlers meßbar werden. So kann etwa die vertikale Sprungkraft operational definiert werden als Sprunghöhe im Sprunggürteltest. Mehrere Meßergebnisse aus verschiedenen Tests stellen den sportmotorischen Leistungsstand in einem Leistungsprofil dar. Es dient dem Vergleich von Ist- und Sollnormen und ist somit notwendige Bedingung für die weitere Trainingsplanung und für eine überprüfbare Trainingsberatung.

Der *entwicklungsdiagnostische* Aufgabenbereich betrifft den Grad der Veränderung über längere Zeiträume, die Entwicklung von Eigenschaften, Fertigkeiten und Fähigkeiten. Die komplexe sportliche Leistungsentwicklung und die sie bestimmenden Faktoren werden in Längsschnittuntersuchungen überprüft.

Für die Trainingsplanung ist dieser Aufgabenbereich von großer Bedeutung. Exemplarisch wird dies in *Abbildung 15* dargestellt. Sie zeigt sowohl die Entwicklung der 100-m-Zeit als komplexer sportlicher Leistung als auch die der dynamischen Maximalkraft der Beinstrecker im Zeitraum von zehn Trainingsjahren. Man erkennt, daß beide Entwicklungslinien nur anfangs annähernd parallel verlaufen. Danach geht die erhöhte Maximalkraft nicht mehr mit einer Sprintverbesserung einher. Anscheinend hat der Sportler sein optimales Maximalkraftniveau erreicht. Daraus ergeben sich Konsequenzen für eine zukünftige Trainingsplanung hinsichtlich der Teilziele und damit auch der Trainingsinhalte und -methoden.

Bezogen auf die Trainingsziele im langfristigen Trainingsprozeß, aber vor allem im Sportunterricht kommt dem entwicklungsdiagnostischen Aufgabenbereich eine zweite, wesentliche Funktion zu: Die motorische Ontogenese setzt entwicklungsdiagnostische Prüfverfahren voraus. Entwicklungsdiagramme kennzeichnen Altersabschnitte mit ho-

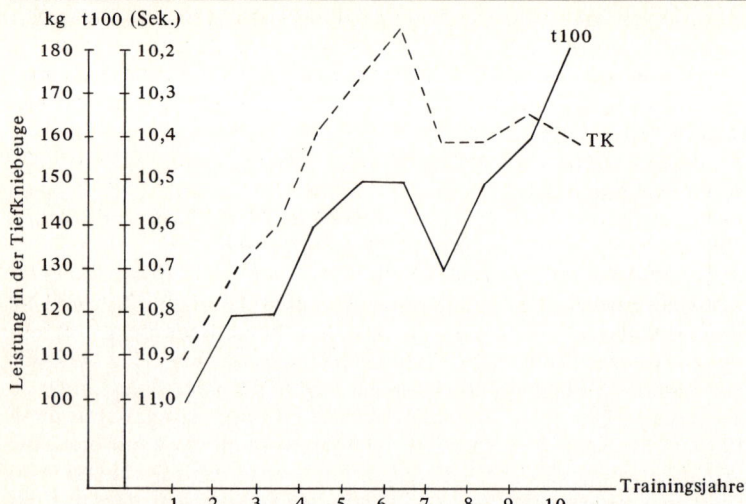

Abb. 15: Entwicklungsprofil der 100-m-Laufzeit (t100) und der Tiefkniebeu-
geleistung (TK) in einem zehnjährigen Trainingsprozeß (LETZELTER)

hem und niedrigem Leistungsanstieg und solche mit hoher, mittlerer
und geringer Trainierbarkeit. Damit wirkt sich diese Funktion mittelbar wieder auf die langfristige Trainingsplanung aus.
Der *prognostische* Aufgabenbereich berührt die Bestimmung der
sportlichen Eignung. Er wird demnach im Zusammenhang mit der
zunehmenden Spezialisierung in der langfristigen Trainingsplanung
eine Rolle spielen. Auf der Grundlage leistungs- und entwicklungs-
diagnostischer Beobachtungen ist festzustellen, wie das Training eines
Sportlers so gesteuert werden kann, daß er die für ihn günstige Sportart
bzw. -disziplin auswählt. Hier wird nicht nur der Leistungssport berührt. Auch im Fitnesssport wird die sportliche Aktivität davon abhängen, ob sie in Disziplinen stattfindet, die dem Sportler liegen.
Grundsätzlich ist zu sagen, daß die Fragen der sportlichen Eignung
derzeit intensiv diskutiert werden. Das Dilemma besteht darin, daß auf
der Basis leistungsdiagnostischer Untersuchungsergebnisse Voraussagen für eine sportliche Eignung getroffen werden sollen. Diese Leistungsdiagnose kann aber in der Regel nicht differenzieren, ob die
gefundenen Merkmalsausprägungen leistungsrelevanter Faktoren anlagebedingt, ob sie durch Trainingsmaßnahmen oder ob sie durch ‹früh-
kindliche Prägung› zustande gekommen sind. KRÄMER (1978) hat dieses gravierende Problem eingehend diskutiert.

Der *dimensions-analytische* Aufgabenbereich strebt eine Ökonomisierung des Trainings dadurch an, daß sogenannte motorische Dimensionen erkannt werden. Es handelt sich um Merkmale, die voneinander unabhängig sind. Motorische Dimensionen verlangen jeweils separate Trainingsmaßnahmen.

Der *experimentelle* Aufgabenbereich berührt die Trainingsplanung, da Trainer häufig experimentieren müssen. Die Kontrolle des Erfolgs solcher Experimente ist zwingend notwendig, weil sich daraus Konsequenzen für die zukünftige Trainingsplanung ergeben.

Die experimentelle Funktion ist eine Unterform der *effektiv-analytischen*, die als Kontrolle zu verstehen ist. Sie fragt, inwieweit überhaupt die Trainingsmaßnahmen effektiv waren. Dies erfordert eine Kombination von Trainings- und Wettkampfkontrollen einerseits und die Analyse des vorangegangenen Trainings andererseits.

Arten

Aus untersuchungstechnischen und aus ökonomisch-organisatorischen Gründen kann nicht alles kontrolliert werden. Deshalb müssen Trainingskontrollen ausgewählt werden. Als Grundsatz ist festzuhalten, daß zuerst die Merkmale überprüft werden, die ‹empirisch-statistisch› sind, und dann die, die ‹nur› ‹empirisch-logisch leistungsbestimmend› sind. DJATSCHKOW spricht vom «Prinzip der führenden Faktoren». Daneben muß auch hier das Prinzip der Übereinstimmung bedacht werden, weil konditionelle Eigenschaften und technische Fertigkeiten zum Beispiel zusammenhängen.

Training als pädagogischer Prozeß muß sich auf objektive Kriterien stützen. Das entbindet den Trainer zwar nicht von subjektiven Eindrucksanalysen; jedoch sollten diese weitgehend durch objektive Bewegungsanalysen ersetzt werden. Letztere beziehen sich auf die Bewegung selbst und auf jene Faktoren, die die Bewegung bestimmen. Daraus lassen sich zwei besonders wichtige Kontrollverfahren ableiten:
(1) die standardisierte Wettkampfbeobachtung,
(2) der sportmotorische Test.

Wettkampf- und Trainingskontrolle ist im weitesten Sinne immer Beobachtung. Damit diese authentisch (aussagekräftig) ist und zu relativ fehlerfreien Ergebnissen führt, müssen bestimmte Voraussetzungen erfüllt sein. In der Testtheorie spricht man von Gütekriterien. Diese werden im Rahmen des sportmotorischen Tests besprochen. Es sei ausdrücklich vermerkt, daß die dort formulierten Hinweise grundsätzlich für jedes Beobachtungs- und damit Kontrollverfahren zu fordern sind.

Standardisierte Wettkampfbeobachtung

Trainings- und Wettkampfkontrolle im weitesten Sinne erfolgt einerseits über die komplexe Leistung, also das Wettkampfergebnis, und andererseits über die leistungsbestimmenden Merkmale. Diese werden mit der standardisierten Wettkampfbeobachtung geprüft. Das Wettkampfverhalten kann dabei Gradmesser sein für die technomotorische und/oder taktische Leistungskomponente und deren Erscheinungsweisen. Andererseits kann auch das konditionelle Leistungsprofil abgeschätzt werden.

Um die drei Bereiche der standardisierten Wettkampfbeobachtung zu verdeutlichen, wird ein sehr einfaches Beispiel gewählt: das Wettkampfverhalten beim 400-m-Lauf. Letzelter (1978) hat Fernsehaufzeichnungen der Olympischen Spiele auf Videobändern mitgeschnitten und anschließend ausgewertet. Durch Auszählung der Schritte während des Laufs kann das Schrittlängen/Schrittfrequenzverhalten lückenlos analysiert werden. Damit ist die wesentliche *technische* Leistungskomponente überprüft.

Wenn mehrere Läufe desselben Läufers mit unterschiedlicher Laufzeit vorliegen, kann entwicklungsdiagnostisch beurteilt werden, ob die Leistungsverbesserung mit Veränderungen in der Schrittgestaltung einhergeht. Daraus lassen sich wiederum trainingsdidaktische Hinweise ableiten. Im Vergleich mit der 200-m-Sprintbestzeit gibt die 200-m-Zwischenzeit auch Auskunft über das *Taktik*verhalten, wobei die Schonzeit als Gradmesser dient. Der Vergleich beider Laufhälften wiederum kennzeichnet den ermüdungsbedingten Tempoabfall und damit die Schnelligkeitsausdauer, also ein wichtiges Element der speziellen *Kondition*.

Im allgemeinen ist die Beurteilung und Beschreibung der technischen, taktischen und konditionellen Merkmale jedoch komplizierter. Dies gilt vor allem dann, wenn detaillierte Analysen erwünscht sind.

Für die Diagnostik der technomotorischen Merkmale wird in der Regel auf eine Untersuchungstechnik zurückgegriffen, die als besondere Variante der standardisierten Wettkampfbeobachtung bezeichnet werden kann: die *biomechanische Bewegungsanalyse*. Ihre beiden wichtigsten Arten sind die Kinematik und die Dynamometrie. Kunz und Nigg (1976ff) haben die Einsatzmöglichkeit der biomechanischen Bewegungsanalyse im Trainings- und Wettkampfprozeß am Beispiel des Zehnkampftrainings überzeugend nachgewiesen. Sie haben die Veränderungen in der Ausprägung biomechanischer Merkmale in verschiedenen Zehnkämpfen registriert und mit den Veränderungen in den jeweiligen Einzelleistungen in Beziehung gesetzt. Daraus können neue trainingsdidaktische Hinweise formuliert werden.

Im Sinne der Leistungsdiagnostik und daraus aufbauend der Leistungssteuerung wird mit Hilfe der biomechanischen Bewegungsanalyse die Veränderung kinematischer und dynamischer Bewegungsmerkmale festgestellt. Kinematische Merkmale erfassen die Ortsveränderung des Sportlers in Raum und Zeit und leiten daraus Veränderungen in der Geschwindigkeit und in der Beschleunigung ab. So werden Beschleunigungswege, Winkel (Absprungwinkel, Abflugwinkel etc.), Körper- und Teilkörperschwerpunkte in ihrer Lage, Positionen von Körperteilen (z. B. bei Ausholbewegungen oder beim Schwungbeineinsatz) beschrieben. Wichtigste Registriertechnik ist das ‹fotografische Abbildverfahren›, insbesondere Filmaufnahmen mit hoher Bildfrequenz. Dynamische Merkmale sind Ursache für eine Ortsveränderung. Es sind Kräfte, «die eine Masse beschleunigen oder eine Feder dehnen können» (NIGG). Sie werden mit Dynamometern (Kraftmessern) registriert, zum Beispiel als Brems- und Beschleunigungsstöße (horizontal und vertikal). Außerdem wird informiert über Kontaktzeiten wie bei Absprung oder beim Lauf, über Brems- und Beschleunigungszeiten oder über den Kraftanstieg. KUHLOW (1977) hat am Beispiel Hochsprung die Wirksamkeit der biomechanischen Bewegungsanalyse für eine sinnvolle Trainingsberatung zuletzt wieder überzeugend nachgewiesen. Wichtig ist, daß dadurch gleichzeitig über konditionelle Qualifikationen informiert wird, was im Sinne des ‹Prinzips der Übereinstimmung› gerade für die ‹Optimierung und Steuerung› des Trainings wesentlich ist.

Die meisten Varianten der standardisierten Wettkampfbeobachtung erreichen nicht die Präzision einer biomechanischen Bewegungsanalyse. Ziel muß sein, alle Varianten möglichst als strukturierte, nichtteilnehmende, direkte Feld- und Fremdbeobachtung zu erfassen. Nur so wird die Aussagekraft der Wettkampfbeobachtung gewährleistet. Darin besteht der entscheidende Unterschied zu der zwar immer schon vorhandenen, aber doch weniger gesicherten subjektiven Beobachtung des Trainers oder der Selbstbeobachtung des Sportlers, die ihre Wahrnehmungen für Sofortinformationen – wie im Sportspiel – nutzen.

Nach LEMPART (1972) können folgende Methoden angewandt werden, um das Wettkampfverhalten zu diagnostizieren:

- die Beschreibungsmethode;
- die Methode des objektiven Beobachtungsbogens;
- die Film- und Videorecordermethode;
- die Bewertung der Sportart und der Trend ihrer Entwicklung.

Grundsätzlich gilt der Ausstattung der Untersuchungsmethode das Hauptgewicht. Darin sieht etwa MARTIN (1972) das zentrale Problem und letztlich auch den Unterschied zwischen der subjektiven Beobachtung des Trainers oder Sportlehrers und der standardisierten Wettkampfbeobachtung: Letztere ist «systematisch und schematisiert» ge-

plant und gewährleistet die intersubjektive Überprüfbarkeit und die
Wiederholbarkeit. Das ist gerade deshalb bedeutsam, weil die Wieder-
holung von Beobachtungen für das Training zwingend notwendig ist.
Die standardisierte Wettkampfbeobachtung geht in ihren Zielen über
die Aufgabe der Trainings- und Wettkampfkontrolle weit hinaus. MAR-
TIN nennt insgesamt sieben Felder:

- unmittelbare Wettkampfvorbereitung (z. B. Aufwärmen);
- Niveau im Wettkampf und komplexe sportmotorische Leistung;
- Entwicklungstendenz der Sportart;
- Wettkampfgerät;
- Gruppenprozesse und Gruppendynamik;
- Bewertungsmaßstäbe und Trends;
- Mannschaftsführung, Mannschaftsbetreuung und Schnellinformation.

Die Daten werden dabei sowohl durch «verbale Beschreibung» als
auch «quantifiziert» gewonnen. Ziel ist gerade für die Kontrolle des
Trainings- und Wettkampfverhaltens die Gewinnung quantifizierter
Daten, weil nur so Leistungsfortschritte erkennbar werden.
In letzter Zeit ist eine Form der Wettkampfbeobachtung breit erörtert
worden, die in vorwissenschaftlicher Form schon lange üblich ist: die
Spielbeobachtung. Mit ihrer Hilfe werden folgende Kontrollbereiche
erfaßt:
- Eigenschafts- und Fertigkeitsniveau;
- Spielverhalten (Spielhandlungen);
- Spielsteuerungsmaßnahmen (Trainer etc.).

Die Frage nach den Zielen und Möglichkeiten kann vielfältig beantwortet werden. Im Wettkampfsport dient die Spielbeobachtung aber
grundsätzlich der Erkundung des Gegners, dem eigenen Spielverhalten, der eigenen Spielsteuerung und der Spielanalyse. Probleme ergeben sich aus der Meßbarkeit der zu beobachtenden Merkmale, weil
immer Verhaltensweisen als Gradmesser der Ausprägung dieser Merkmale definiert werden müssen.
Zur Verwirklichung der unterschiedlichen Zielsetzungen werden verschiedene Arten der Spielbeobachtung angewandt:

- Bei der *freien* Spielbeobachtung (Scouting) ist die Merkmalsstichprobe nicht
  lückenlos und auch nicht katalogisiert.
- Auf speziellen Aufnahme*protokollen* werden mit Stichwörtern (Symbolen)
  und durch Auszählung (Häufigkeiten) die ausgewählten Beobachtungs-
  merkmale notiert.
- Bei der *graphischen* Darstellung im Rahmen der Spielbeobachtung wird der
  räumliche Verlauf der Spielaktionen auf speziellen Beobachtungsbögen ein-
  gezeichnet.
- Durch das *Tonband*diktat werden Spielverlauf oder ausgewählte Verhaltensweisen festgehalten.

- *Filmkamera* und *Videorecorder* sind die zuverlässigsten Hilfsmittel der Spielbeobachtung. So werden die Spiele reproduzierbar und die Zuverlässigkeit der Beobachtung jederzeit überprüfbar.
- Mit Hilfe eines computergesteuerten Lesestifts werden die zu beobachtenden Merkmale fixiert. Dieses Verfahren steht noch in den Anfängen.

Die einzelnen Arten der Spielbeobachtung sind austauschbar und abhängig vom Untersuchungsziel oder von der Art des Sportspiels. So ist ein Volleyballspiel leichter mit Filmaufnahmen zu erfassen als ein Fußballspiel.

Sportmotorischer Test
Der sportmotorische Test, ergänzt durch sportmedizinische und sportpsychologische Untersuchungen, hat in den letzten Jahren eine besondere Position im Rahmen der Trainings- und Wettkampfkontrolle erobert. Das resultiert auch aus der Verwendung von Tests als Forschungsmethoden der Trainingswissenschaft, die der Trainingspraxis als überprüfte Routineverfahren angeboten werden konnten.
Test bedeutet Probe, «quantitative oder qualitative Prüfung» (LIENERT 1967). Bei dem Bedeutungsüberschuß, den der Begriff Test hat, ist für die Trainingskontrolle die Definition als «Verfahren zur Untersuchung eines Persönlichkeitsmerkmals» wegweisend.
Ein Test muß wissenschaftlich begründet und unter Standardbedingungen durchführbar sein. Wichtig ist auch, daß er ‹empirisch abgrenzbare› Eigenschaften, Fähigkeiten oder Fertigkeiten prüft, die meßbar sind. Dazu sind in der Regel ‹operationale Definitionen› Voraussetzung: Fähigkeiten, Fertigkeiten oder Eigenschaften müssen so beschrieben werden, daß man damit ‹operieren› kann, sie somit als Verhaltensweisen des Sportlers meßbar werden. Demnach ist immer ein konkreter Bewegungsvollzug der Gradmesser: Die Sprungkraft wird durch Sprungübungen, die Wurfkraft durch Wurfübungen festgestellt. Ein Test erfordert quantitative Aussagen, so daß die gemessenen Daten in cm, m, kg, kp, m/Sek., Min., Sek. Wiederholungen etc. registriert werden.
Standardisierte Tests als Routineverfahren der Leistungsdiagnostik sind dadurch gekennzeichnet, daß alle Phasen des Testvorgangs eindeutig festgelegt sind: Durchführung (einschließlich der Testprovokation), Auswertung und Interpretation. Ferner sind Tests nur dann brauchbar, wenn ihre Aussagekraft überprüft und nachgewiesen ist.
Die Mehrzahl der sportmotorischen Tests sind Prüfverfahren der Ausprägung *konditioneller* Merkmale: Tests zur Messung von Kraft-, Schnelligkeits- und Ausdauereigenschaften sowie Tests zur Messung des Niveaus der Gewandtheit und ihrer Erscheinungsweisen und Be-

weglichkeitstests. Umfangreiche Zusammenstellungen haben STÜBLER (1966) und FETZ/KORNEXL (1973) vorgenommen.

Die Tests zur Messung der Ausprägung *technischer* Fertigkeiten sind primär eine Frage der speziellen Trainingslehre. Sie müssen so ausgewählt werden, daß sie dem jeweiligen Entwicklungsstand entsprechen. Am Beispiel Volleyball kann dies verdeutlicht werden: Mehrere Fertigkeitstests zur Messung der Qualifikation Pritschen, Baggern und Aufgabe sind nur bei hochqualifizierten Spielern aussagekräftig, andere wiederum nur für weniger geübte (LETZELTER, H. 1977).

Tests zur Messung der *Taktik*qualifikation sind äußerst problematisch. Das hat zum einen seinen Grund in der Abhängigkeit der Taktik von der Kondition und vom Fertigkeitsniveau, zum anderen darin, daß taktische Handlungen sehr komplex und äußerst variabel sind. Damit kann auch erklärt werden, daß die Trainingslehre bisher kaum geprüfte Tests zur Feststellung des taktischen Vermögens vorlegen konnte. Abprüfbar sind allerdings taktische Kenntnisse.

Die Aussagekraft von Kontrollverfahren kann nach der Qualität der sogenannten *Gütekriterien* beurteilt werden. Diese sind in der Testtheorie am besten diskutiert. Sie sind aber ebenso für alle anderen Beobachtungsverfahren bindend. Sie werden unterteilt in *Haupt-* und *Nebengütekriterien*. Demnach muß gefordert werden:

● Kontrollverfahren des Trainings müssen objektiv, reliabel, und valide sein. Nur dann sind sie ‹aussagekräftig›. Darüber hinaus ist zu berücksichtigen, daß sie möglichst normiert, vergleichbar, nützlich und vor allem ökonomisch sind.

Unter *Objektivität* eines Kontrollverfahrens wird ‹der Grad, in dem die Ergebnisse eines Tests unabhängig vom Untersucher› sind, verstanden. Man spricht auch von ‹interpersoneller Übereinstimmung›. Zwei verschiedene Tester müssen bei denselben Sportlern zu denselben Ergebnissen kommen.

Objektivität kann aufgeschlüsselt werden in Durchführungs-, Auswertungs- und Interpretationsobjektivität. Bei Trainings- und Wettkampfkontrollen ist die Auswertungs- und Interpretationsobjektivität relativ problemlos. Bei der Durchführungsobjektivität sind Mängel möglich, etwa die Testprovokation betreffend. Deshalb müssen die Instruktionen ganz präzise festgelegt sein und die Untersuchungsdurchführung standardisiert werden.

Reliabilität (Zuverlässigkeit) eines Tests betrifft den Grad der Genauigkeit, mit dem ein Persönlichkeits- oder Verhaltensmerkmal gemessen wird. Ein Test ist dann völlig reliabel, wenn ein sportmotorisches Merkmal fehlerfrei beschrieben wird. Mängel in der Zuverlässigkeit betreffen zum einen das Meßgerät, zum anderen den Sportler. Mängel im Meßinstrument zeigt zum Beispiel der Vergleich von Sprungkraftmessungen mit Hilfe des Reichhöhentests, des Sprunggürteltests und der dynamometrischen Berechnung der Sprungkraft. Probleme gibt es auch beim Vergleich von elektronischer Zeitmessung und Handstoppung. – Die zweite Meßfehlerquelle bezieht sich auf die Veränderlichkeit der Bedingungen bei der Testdurchführung wie Motivation, körperliches Befinden oder situationsgebundene Umstände.

Größere Probleme bei Messungen des Trainingszustands oder bei der Überprüfung des Wettkampfverhaltens macht die *Validität* der Untersuchungsergebnisse. Die Frage lautet, ob das Kontrollverfahren auch wirklich das mißt, was es messen soll und was es zu messen vorgibt. Validität (auch Gültigkeit) von Kontrollverfahren gibt «den Grad der Genauigkeit an, mit dem dasjenige Persönlichkeitsmerkmal oder diejenige Verhaltensweise, das es messen soll oder zu messen vorgibt, tatsächlich mißt» (LIENERT). Auch bei der Validität werden verschiedene Aspekte unterschieden:

1. *Inhaltliche Validität* ist dann gegeben, wenn das Kontrollverfahren selbst das optimale Kriterium für das Merkmal darstellt. Die inhaltliche Validität wird nicht empirisch ermittelt, sondern durch Übereinkunft. Ein Gremium von Experten (Ratingverfahren) spricht einem Test die inhaltliche Validität zu.
2. In der Trainingspraxis spielt die *Konstruktvalidität* eine wichtige Rolle. So sind die konditionellen Grundeigenschaften Kraft und Ausdauer keine realen, in der Praxis vorhandenen Eigenschaften, sondern Sammelbegriffe, die mehrere Erscheinungsweisen zusammenfassen. Der Begriff Kondition ist ein noch abstrakteres Konstrukt. Sollen nun Kraft oder Ausdauer oder gar Kondition überprüft werden, so müssen diese Begriffe zuerst einmal operational definiert werden. Je umfassender das Konstrukt ist, desto umfangreicher wird die Operationalisierung. Es werden mehrere Verhaltensweisen und damit mehrere Tests benutzt, um das Konstrukt ganz zu erfassen. Letztlich bedient man sich vieler Tests, die zusammengefaßt zu einer Testbatterie das Konstrukt beschreiben. Diese Batterie kann homogen oder heterogen sein. Ist das Konstrukt relativ homogen wie die Schnellkraft, dann bedient man sich einer homogenen Testbatterie; ist es dagegen heterogen wie die Kondition, dann benötigt man eine heterogene. Konstruktvalidität liegt also vor, wenn ein Test ein Persönlichkeitsmerkmal mißt, das zu einem Konstrukt gehört und einen Teil davon ausmacht.
3. Für die Trainingspraxis ist die *kriterienbezogene* Validität vorrangig. Sie ist empirisch feststellbar und sagt, daß zwischen den Ergebnissen eines Tests und denen des Außenkriteriums ein Zusammenhang nachweisbar ist. Das gemessene Merkmal beeinflußt das Außenkriterium. Je höher der Einfluß des einen Merkmals ist, desto größer ist die kriterienbezogene Validität. In der Trainingslehre dient grundsätzlich die komplexe Leistung als Außenkriterium, zum Beispiel die 100-m-Laufzeit, die Sprungweite oder -höhe, eine Punktzahl oder die gehobene Last. In den nicht quantitativ erfaßbaren Sportarten oder in den Sportspielen ist die Festlegung eines Außenkriteriums schwieriger; es kann durch das Ratingverfahren bestimmt werden. Möglich

ist aber auch die Berücksichtigung der Spielklasse. Soll festgestellt werden, ob die vertikale Sprungkraftmessung valide ist für das Volleyballspiel, dann kann die unterschiedliche Spielklasse der Mannschaften als Außenkriterium herangezogen werden.

Nach der Struktur der Tests lassen sich unterscheiden:
- elementare Einzeltests,
- komplexe Einzeltests,
- Testprofile,
- Testbatterien.

Elementare Einzeltests sind durch eine einzige Testaufgabe gekennzeichnet wie den 30-m-Sprint oder den Dreierhop. *Komplexe Einzeltests* bestehen aus mehreren Testaufgaben (Testitems) wie der Gewandtheitslauf. *Testprofile* bestehen aus mehreren Einzeltests, welche jeweils verschiedene Elemente sportlicher Leistungen abprüfen. Dabei behält jeder Einzeltest seine Eigenständigkeit, während bei *Testbatterien* diese Eigenständigkeit aufgegeben wird. Der Einzeltest liefert nur einen Beitrag, um in einer einzigen Kennziffer ein komplexes Merkmal zu beschreiben.

Im Training von Leistungssportlern sind Testprofile üblich, welche einzelne leistungsbestimmende Merkmale kennzeichnen und so die Beurteilung von Ist- und Sollwerten zulassen. Im Fitnesssport sind dagegen Testbatterien aussagekräftiger, weil diese die allgemeine motorische Fitness oder die Kondition präziser beschreiben.

Unter den sogenannten Nebengütekriterien kommt im Trainingsprozeß der *Trennschärfe* und der *Ökonomie* die Hauptrolle zu. So ist ein 30-m-Start nicht ausreichend trennscharf, um Leistungsfortschritte in der Sprintkraft durch Handstoppung festzustellen. Der Meßfehler ist mit mindestens plus/minus 0,1 Sekunden anzusetzen. Verbesserungen können somit innerhalb des Meßfehlerbereichs liegen und sind nicht erfaßbar. Größere Steigerungen sind bei Leistungssportlern und selbst bei Anfängern nur langfristig erkennbar.

Gerade im Trainingsprozeß und im Sportunterricht spielt die Testökonomie eine wichtige Rolle. Das betrifft sowohl die Geräte als auch den Zeitaufwand für den Test. Oft ist diese Ökonomie bei sportmotorischen Tests gewährleistet. Die biomechanische Bewegungsanalyse hingegen ist zeitraubend, und zudem verlangt die Auswertung von Filmen oder Dynamogrammen einen hohen apparativen Aufwand. Dadurch wird dieses Kontrollverfahren lediglich im Hochleistungssport anwendbar sein.

Sportmotorische Tests dürfen nicht so aufwendig sein. Doch sollte hier mit einem Minimum an Aufwand (Zahl der Tests) ein Maximum an diagnostischer Genauigkeit gewährt werden.

Komponenten sportlicher Leistungen

Sportliche Leistungen wie eine Sprungweite oder eine Bodenkür sind das Ergebnis recht unterschiedlich ausgeprägter Faktoren. Diese fassen als Merkmalsgruppen jeweils ‹artverwandte› sportmotorische Merkmale zusammen. Die Ausprägung der einzelnen Merkmale ist dabei sportartspezifisch und hängt ab von der unterschiedlichen Qualifikation. Einerseits werden maximale Merkmalsausprägungen im Training angestrebt, andererseits lediglich optimale. Der leichtathletische Sprinter etwa benötigt eine maximale Sprint-, aber nur eine optimale Maximalkraft und auch nur eine optimale aerobe Ausdauer.

Jede sportliche Leistung ist aber nicht nur die Summe der einzelnen Merkmalsausprägungen, sondern auch das Ergebnis des optimalen Zusammenwirkens dieser Einzelmerkmale. Die Strukturen sportlicher Leistungen sind sehr verschieden und abhängig vom Schwierigkeitsgrad und der Komplexität der Sportart. In diesem Zusammenhang ist eine Differenzierung der einzelnen Sportarten sinnvoll, weil Sportartengruppen die Strukturanalyse erleichtern, und zwar in:

- Sportspiele (Basketball, Eishockey, Fußball, Handball, Hockey, Radball, Rollhockey, Rugby, Tennis, Volleyball, Wasserball, Badminton)
- Kampfsportarten (Boxen, Judo, Ringen sowie ‹neuere› Zweikampfsportarten wie Aikido, Karate etc.)
- kompositorische Sportarten (Eiskunstlauf, Gerätturnen, Kunstradsport, künstlerische Gymnastik, Kunstschwimmen, Wettkampfgymnastik, Reiten, Tanzen, Trampolin, Wasserspringen)
- Ausdauersportarten (Eisschnellauf, Langstreckenlauf, Gehen, Kanu, Rudern, Radsport, Schwimmen, Skilanglauf)

- Kraft- und Schnellkraftsportarten (leichtathletische Würfe und Sprünge, Sprints im Eisschnellauf, im Radsport, in der Leichtathletik einschließlich Hürdenlauf, Skispringen, Gewichtheben)

Für die Bestimmung des Bedingungsgefüges sportlicher Leistungen ist die schon erklärte Differenzierung in ‹mittelbar› und ‹unmittelbar leistungsbestimmend› sowie in ‹empirisch-logisch› und ‹empirisch-statistisch leistungsrelevant› besonders wichtig. Bestimmung des Bedingungsgefüges bedeutet letztlich Kennzeichnung der einzelnen Merkmale nach ihrer Einflußhöhe, nach ihrem relativen Gewicht in einem *Prioritätenkatalog* derjenigen Merkmale, die im Training als Trainingsziele verbessert werden sollen.

Diese Gliederung ist nicht zu verwechseln mit derjenigen in ‹trainingsintensiv› und ‹trainingsindifferent›. Trainingsintensive Merkmale sind jene, die durch Training verbessert werden können, trainingsindifferent die, die durch trainingsmethodische Maßnahmen keine Veränderung erfahren – wie einige Körperbaumerkmale. Dabei ist der Begriff «Trainingsintensität» fließend zu verstehen; es gibt unterschiedliche Grade der Trainierbarkeit. Die Berücksichtigung trainingsindifferenter Merkmale ist von Bedeutung für die Eignungsprüfung in Form von Negativauslesen.

Als Ansatzpunkt einer ersten Differenzierung bzw. Strukturierung der sportlichen Leistung kann der Begriff sportliche Leistungsfähigkeit dienen. *Leistungsfähigkeit* ist die Voraussetzung sportlicher Leistungen, und in Verbindung mit den situativen Bedingungen bestimmt sie deren Güte. Leistungsfähigkeit ist nach HARRE das Resultat von *Leistungsvermögen* (als Sammelbegriff der physischen Qualifikationen) und *Leistungsbereitschaft* (als Ergebnis der psychischen Qualifikationen). Es besteht kein Zweifel, daß beide Seiten der Leistung Gegenstand des Trainings sind und deshalb im Trainingsprozeß berücksichtigt werden müssen. Andererseits ist die Dominanz des Leistungsvermögens unbestritten. Eine höhere Leistungsbereitschaft wirkt sich über das Leistungsvermögen aus und ist keineswegs ein isolierter, eigenständiger Bereich.

Am Problem der Ausdauerleistung läßt sich sowohl die Bedeutung der Leistungsbereitschaft ablesen als auch deren Verknüpfung mit dem speziellen Leistungsvermögen. Trotz identischen Leistungsvermögens, durch sportphysiologische Untersuchungen oder sportmotorische Tests als Trainingskontrollen überprüft, unterscheiden sich Sportler im Wettkampf bisweilen sehr. Der eine Sportler kann sich mehr verausgaben als der andere; er ist besser motiviert und kann deshalb seine ‹Mobilisationsschwelle› nach oben verlagern. Andererseits wirkt diese erhöhte Leistungsbereitschaft nur über das spezielle Leistungsvermögen. Was HARRE oder SCHMOLINSKY als «physische Eigenschaft Ausdauer» bezeichnen, wird angehoben. Deshalb ist auch der Begriff «psychophysisch» besser geeignet. Weil der physische und psychische Aspekt im Motorischen aufgehen, hat FETZ (1965) den Terminus «motorische Eigenschaft» geprägt.

HARRE bezeichnet die physischen Fähigkeiten, die sporttechnischen und sporttaktischen Fertigkeiten, die intellektuellen Fähigkeiten sowie die Kenntnisse und Erfahrungen des Sportlers insgesamt als Leistungsvermögen. ADOLPH und MARTIN (1976) ergänzen die Gliederung in Leistungsvermögen und Leistungsbereitschaft durch die «sozialen Voraussetzungen». Dazu gehören die soziale Absicherung, die beruflichen und bildungsmäßigen Voraussetzungen und gruppendynamische Aspekte. Sicherlich sind auch diese Faktoren leistungsbedeutsam, doch wirken sie sich nur mittelbar über die beiden anderen aus, also über das Leistungsvermögen und die Leistungsbereitschaft.

Innerhalb der Merkmalsgruppen, die HARRE als Unterformen des Leistungsvermögens aufgelistet hat, spielen intellektuelle Fähigkeiten, Kenntnisse und Erfahrungen ebenfalls nur eine mittelbare Rolle. Zumindest im Wettkampf kommen sie nur über die *Taktik* zum Tragen und bleiben ohne selbständigen Stellenwert. Deshalb ist es angebracht, sie nicht neben die konditionellen Eigenschaften und die technisch-taktischen Fertigkeiten und Fähigkeiten zu stellen, sondern unterzuordnen. Auch sie können sich lediglich über die Kondition, die Technik und Taktik auswirken.

Intellektuelle Fähigkeiten ermöglichen die geistige Durchdringung des Trainings und damit ein schnelleres motorisches Lernen, ein Lernen durch Einsicht. Sie erlauben auch ein eigenständiges Training und Selbständigkeit im Wettkampf. Wirksam und letztlich meßbar werden sie aber nur über Kondition, Technik oder Taktik. Für die Erfahrungen des Sportlers gilt ähnliches.

An psychischen Fähigkeiten, deren Summe die Leistungsbereitschaft ausmacht, können Einstellungen, Werthaltungen und die Motivationsstruktur genannt werden. Ihr höheres Niveau macht sich in besseren Ausprägungen der Kondition, der Technik und der Taktik bemerkbar. Die «Trainingsgrundlagen» beschränken sich deshalb auf diese drei Grundpfeiler der sportlichen Leistung.

Ein anderes, aber nicht entgegengesetztes Modell stellt GROSSER (1976) vor. Gliederungsaspekt ist die schon bekannte Unterscheidung in motorisch, sensorisch-kognitiv und affektiv (psychisch). Der motorische Ast besteht aus Kondition und Technik, der sensorisch-kognitive bezieht sich auf die Sporttaktik sowie die Konzentrationsfähigkeit und die Bewegungsvorstellung. Der psychische Aspekt umfaßt die ‹Merkmale der Antriebskräfte› wie Interesse, Motivation und Willenskraft, außerdem Stimmung, Temperament oder Vitalität. Unbestritten ist auch in diesem Strukturmodell die Differenzierung in Kondition, Technik und Taktik enthalten.

Die trainings- und bewegungswissenschaftliche Literatur hat je nach Standort übereinstimmende, teilweise aber auch abweichende Strukturmodelle zum Bedingungsgefüge sportlicher Leistungen vorgestellt. Die Strukturierung auf einer ersten Ebene nach den drei genannten Grundpfeilern herrscht vor. Sie ist fraglos zur Orientierung des praktischen Handelns am besten geeignet.

Die folgende Gliederung ist deshalb auch an den drei Leistungskomponenten ausgerichtet und bezieht sich somit auf:

1. Kondition und Konditionstraining,
2. Technik und Techniktraining,
3. Taktik und Taktiktraining.

Eine einfache Zusammenfassung der Leistungsgrundlagen in konditionelle, technische und taktische übersieht leicht, daß in den verschiedenen Sportarten und -disziplinen die Anteile der drei Leistungskomponenten sehr unterschiedlich sind. In den Abschnitten zu den Trainingsstufen und der Periodisierung ist dies schon deutlich geworden. Auf die fünf Sportartengruppen bezogen wird dies allein schon dadurch einsichtig, daß die Summe der technischen Fertigkeiten in den Sportspielen, den Kampfsportarten und den kompositorischen Sportarten viel umfangreicher ist als in den Kraft-, Schnellkraft- und Ausdauersportarten.

In einer Bodenkür etwa sind bei hochqualifizierten Turnerinnen verschiedene Fertigkeiten mit verschiedenen Bewegungskombinationen in Abstimmung mit der bewegungsbegleitenden Musik zusammengestellt. Das Sportspiel Volleyball setzt fünf Grundfertigkeiten voraus, welche wiederum mehrfach modifiziert sind. In der Kampfsportart Fechten gibt es zwar nur wenige Grundfertigkeiten, die aber vielfach variiert eingesetzt werden. Dagegen verwirklicht der Kugelstoßer lediglich eine einzige komplexe Fertigkeit, ebenso der Dauerläufer. Der Sprinter beherrscht eine Fertigkeit in zwei Formen, den Tiefstart und den ‹freien Lauf›, der Eisschnelläufer eine Fertigkeit in drei Formen, nämlich den Start sowie den freien Lauf auf der Geraden und in der Kurve.

Es ist einleuchtend, daß die drei Leistungskomponenten mit unterschiedlichen relativen Gewichten die Leistung beeinflussen. Formalisiert läßt sich die komplexe sportliche Leistung (kL) als Funktion der unterschiedlichen Ausprägung von Kondition (Ko), Technik (Te) und Taktik (Ta) darstellen, welche jeweils mit ihrem relativen Gewicht eingehen:

$$kL = b_0 + b_1 Ko + b_2 Te + b_3 Ta$$

b_1, b_2 und b_3 stellen das relative Gewicht der drei Leistungskomponenten dar: Je größer das relative Gewicht, desto höher ist ihre Bedeutung und damit ihr Einfluß.

Kondition, Technik und Taktik sind als solche allerdings nicht existent; es sind lediglich Begriffe, nicht greifbare Konstrukte. Wen man die Kondition messen will, so ist das nur über die Einzelmerkmale möglich. Meßbar und damit auch in der Trainings- und Wettkampfpraxis real vorhanden sind immer nur Verhaltensweisen, welche Kondition, Technik und Taktik repräsentieren. Da alle drei Leistungskomponenten in mehreren Sportarten sich vielfältig und in unterschiedlichen Erscheinungsweisen äußern, ist die Strukturierung der sportlichen Leistung in Kondition, Technik und Taktik nur ein äußerer Rahmen. Hinzu kommt noch die gegenseitige Abhängigkeit aller drei Leistungskomponenten.

Die Aufgaben der Trainingslehre, diejenigen Merkmale mit ihrem relativen Gewicht zu bestimmen, welche das Leistungsniveau in einer Sportart ausmachen, hängt in großem Ausmaß vom Komplexitätsgrad und damit von der Spezifik der Sportart ab. Gleichzeitig werden empirische Aussagen dadurch erschwert, daß die Kompensationsmöglichkeiten mit zunehmendem Komplexitätsgrad immer größer werden. Dies bezieht sich nicht nur auf die drei Leistungskomponenten, sondern auch intern auf diejenigen Merkmale, welche die Kondition, die Technik und die Taktik eines Sportlers ausmachen.

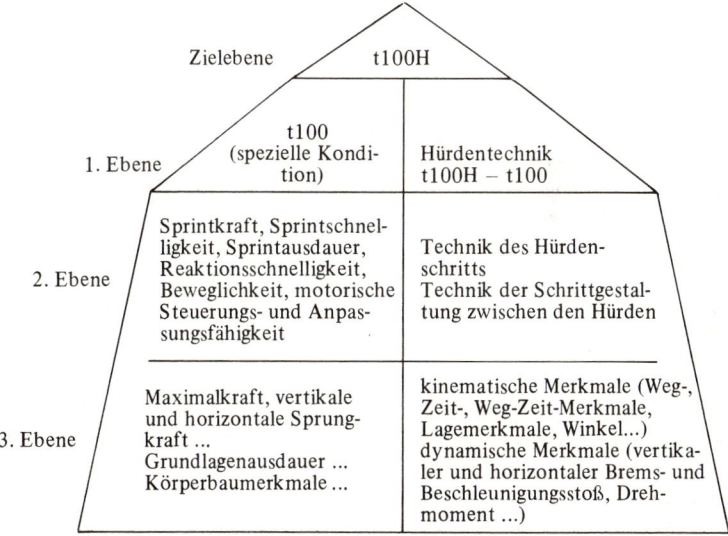

Abb. 16: Das Bedingungsgefüge beim Hürdensprint (nach H. LETZELTER)

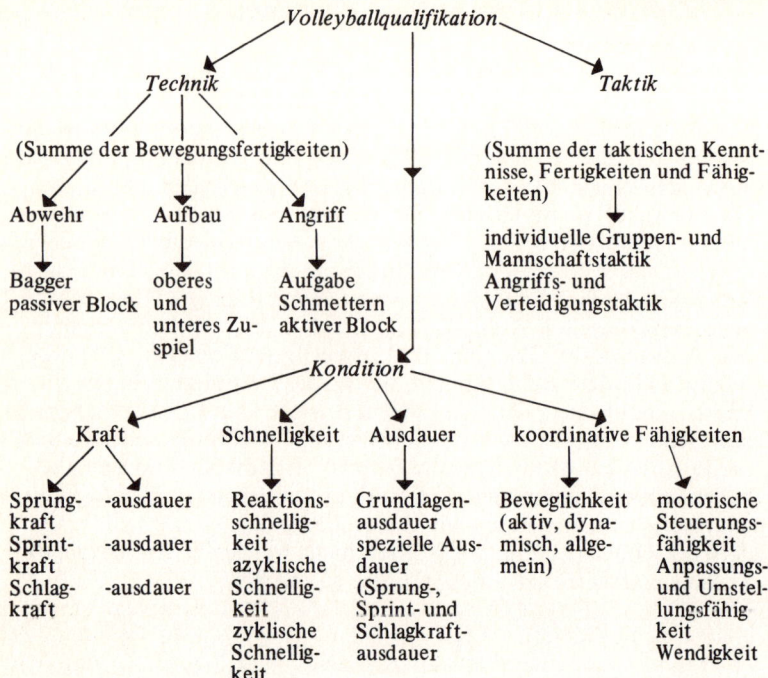

Die Systematisierung nimmt nur eine Akzentuierung vor und verzichtet auf alle nur mittelbar leistungsrelevanten Merkmale.

Abb. 17: Bedingungsgefüge der sportlichen Qualifikation beim Volleyballspiel (nach H. LETZELTER)

Modellartig wird das Bedingungsgefüge sportlicher Leistungen in den *Abbildungen 16* und *17* vorgestellt. Ausgewählt wurden bewußt zwei unterschiedliche Sportarten: der Hürdensprint und das Sportspiel Volleyball. Beim Beispiel Hürdensprint kann auf die Komponente Taktik völlig verzichtet werden, während ihr im Volleyball eine große Bedeutung zukommt.

Kondition und Konditionstraining

Definition und Funktion

Das Konditionstraining stand lange Zeit im Vordergrund der Trainingslehre, vor allem hinsichtlich der biologischen Anpassung. In einer ‹allgemeinen Trainingslehre› ist es auch nicht verwunderlich, daß der Umfang des Kapitels «Kondition und Konditionstraining» deutlich größer ist als der zum Technik- und Taktiktraining; denn diese beiden Leistungskomponenten sind weitaus mehr *sportartspezifisch* ausgerichtet.

Verneint man die laienhafte Gleichsetzung von Kondition und Ausdauer, dann kommt man am einfachsten über den Begriff ‹motorische Grundeigenschaften› zu einer brauchbaren Definition.

Allgemeine Kondition ist dann die Summe der motorischen Grundeigenschaften (LETZELTER 1973) (auch Bewegungseigenschaften, psychophysische oder körperliche [Grund]Eigenschaften oder motorische Leistungsfaktoren). In den «Trainingsgrundlagen» wird der Begriff ‹konditionelle (Grund)Eigenschaften› bevorzugt.

Die *spezielle* Kondition ist durch ein unterschiedliches relatives Gewicht der Grundeigenschaften und durch die Dominanz verschiedener Erscheinungsweisen geprägt. Sie ist ein sportartspezifisches Mischungsverhältnis der Grundeigenschaften und ihrer Erscheinungsweisen.

Die konditionellen Grundeigenschaften sind die Voraussetzung (conditio), ohne die sportmotorisches Handeln nicht realisierbar ist. Wenn auch der Anteil dieser Voraussetzungen in den Sportarten unterschiedlich ist, so sind Minimalausprägungen in allen Sportarten notwendig,

um überhaupt Bewegungsaufgaben lösen zu können. Im Gesundheits-
training ist die allgemeine Kondition zusammen mit der Bewegungserfahrung das wesentliche Trainingsziel. Beide zusammen ergeben die
‹motorische Fitness›.

Konditionelle Grundeigenschaften werden *entwickelt*; sie sind abhängig von der Anpassungs- und Leistungsfähigkeit organischer Systeme.
Sie sind Voraussetzung für technische Fertigkeiten, weil diese wiederum bestimmte konditionelle Ausprägungen voraussetzen: Um die
Fertigkeit Hangsprung verwirklichen zu können, wird ein Mindestmaß
an Sprungkraft benötigt, und eine turnerische Fertigkeit wie der Spagat
setzt eine ausreichende Beweglichkeit voraus.

Die Entwicklung der konditionellen Grundeigenschaften bewirkt
morphologische, organische und funktionelle Anpassung an Bela-
stungsreize. Fertigkeiten (Bewegungstechniken) dagegen sind das Resultat eines motorischen Lernvorgangs. Nach Fetz sind motorische
Grundeigenschaften relativ unabhängige Qualitäten der Motorik. Sie
beziehen sich sowohl auf die Alltags- als auch auf die Arbeits- und
Sportmotorik. So spielt die Reaktionsschnelligkeit als Unterform der
Schnelligkeit im Alltag (zum Beispiel beim Autofahren) ebenso eine
Rolle wie im Berufsleben oder im Sport. Zudem entwickeln sich die
konditionellen Eigenschaften auch ohne Training im Rahmen der
‹motorischen Ontogenese›. Dieser Grundbestand an motorischen
Qualitäten kann aber durch Training weit über das übliche Niveau
hinaus angehoben werden.

Im Sinne einer besseren Verständigung muß geklärt werden, ob der
enge oder der weite Konditionsbegriff hier Anwendung finden soll. Das
ist eine Frage der Übereinkunft. Bernhard (1972) und Jonath (1973)
unterscheiden nämlich zwischen physischen Leistungsfaktoren und
motorischen Eigenschaften. Schnabel (1975) argumentiert, daß die
konditionellen Fähigkeiten überwiegend durch «energetische Prozesse», die koordinativen durch «die Prozesse der Bewegungssteuerung
und -regelung» bestimmt sind. Demnach stehen neben der Kondition
die koordinativen Fähigkeiten.

Die «Trainingsgrundlagen» übernehmen den weiten Konditionsbegriff. Dadurch erübrigt sich auch die Klassifizierung der ‹Beweglichkeit›, welche von Schnabel weder der einen noch der anderen Merk-
malsgruppe zugeschlagen wird. Kondition im engen Sinne umfaßt die
drei konditionellen Grundeigenschaften *Kraft*, *Schnelligkeit* und *Ausdauer*. Der weite Konditionsbegriff beinhaltet zudem noch die *Beweglichkeit* und die *Bewegungskoordination*. Alle fünf Grundeigenschaften sind wiederum nur Konstrukte, die bestimmte Fähigkeiten der
menschlichen Motorik darstellen und artverwandte Qualitäten umgrei-
fen. In der Sportpraxis gibt es weder die Ausdauer noch die Kraft, noch

die Schnelligkeit schlechthin. Es gibt lediglich deren Erscheinungsweisen; nur sie sind meßbar.

Die folgende *Abbildung* verdeutlicht die Hierarchie aller konditionellen Grundeigenschaften, deren Unterformen (Subkategorien) und einige Erscheinungsweisen. In der Praxis verbinden sich mehrere dieser Erscheinungsweisen; einzelne Erscheinungsweisen gehen aus der Kombination von zwei oder drei Grundeigenschaften hervor. So sind an der Sprintkraftausdauer Kraft, Schnelligkeit und Ausdauer beteiligt; sie ist eine Kombinationseigenschaft.

Für vier der fünf konditionellen Grundeigenschaften gibt MARTIN (1977) eine sehr nützliche Zuordnung. Er bezieht nämlich

   1. die Kraft auf die Tätigkeit der Muskulatur,

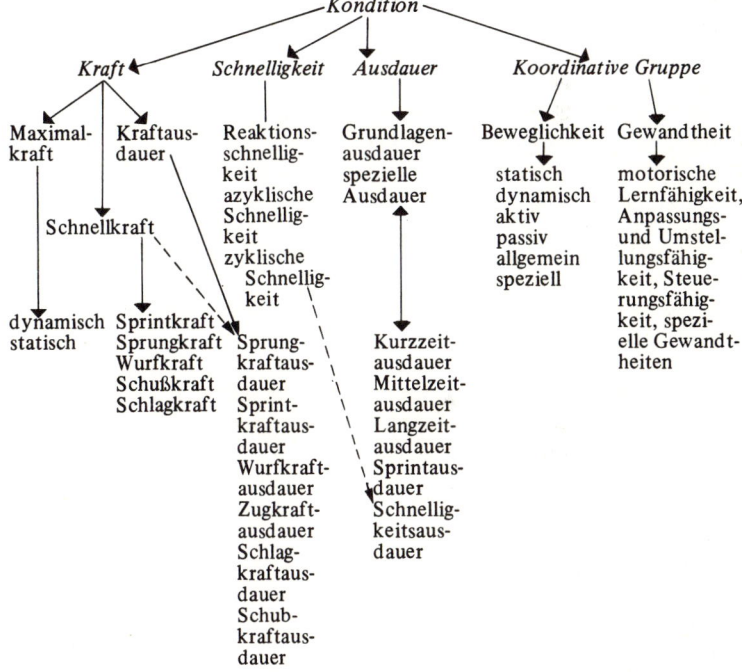

Die einzelnen Erscheinungsweisen kombinieren sich in der Sportpraxis recht unterschiedlich. Daraus entstehen komplexe oder kombinierte konditionelle Eigenschaften und sportartspezifische Erscheinungsweisen.

Abb. 18: Kondition als Summe der konditionellen Eigenschaften und koordinativen Fähigkeiten (LETZELTER)

2. die Schnelligkeit auf Reaktionen des neuromuskulären Zusammenspiels,
3. die Ausdauer auf die Tätigkeit von Herz und Kreislauf,
4. die Beweglichkeit auf den Aktionsradius (Schwingungsweite) der Gelenke.

Demnach werden im Krafttraining Anpassungen des aktiven Bewegungsapparats an Widerstände, im Schnelligkeitstraining Anpassungen des zentralen Nervensystems, im Ausdauertraining solche des kardiopulmonalen Systems sowie des Stoffwechsels und im Beweglichkeitstraining Anpassungen des passiven Bewegungsapparats erzielt. Für die Koordinationsfähigkeit gelten primär zentralnervöse Anpassungserscheinungen, die wie beim Schnelligkeitstraining auf die Muskelarbeit gerichtet sind.

Systematisierung des Konditionstrainings

Geplantes Konditionstraining setzt exakte Angaben der Ziele, Methoden, Inhalte und Organisationsformen voraus. Deshalb wird der derzeitige Erkenntnisstand unter folgenden Gesichtspunkten gegliedert:
1. didaktisch: Die Aufgliederung wird durch das Trainingsziel vorgegeben als die zu trainierende konditionelle Eigenschaft und ihre Erscheinungsweisen.
2. methodisch: Die Aufgliederung wird durch die anzuwendende Trainingsmethode bestimmt. Dabei ist es wichtig, die Abhängigkeit der Methoden von den Zielen zu beachten.
3. inhaltlich: Hier geht es um die Bestimmung der Trainingsinhalte und deren Strukturierung. Da die Trainingsinhalte verschiedene Arbeitsweisen erfordern und Arbeitsweise sowie Kontraktionsform voneinander abhängen, werden diese unter der Inhaltsproblematik diskutiert.
4. organisatorisch: Die Aufgliederung erfolgt nach den Organisationssystemen. Die gewählte Organisationsform, das gewählte Trainingssystem oder das gewählte Trainingsmittel sind maßgeblich für die Gliederung.

Die vier Gliederungspunkte stehen allerdings nicht isoliert nebeneinander. Sie gehen ineinander über und bedingen sich gegenseitig.

Kraft und Krafttraining

Kraft als konditionelle Grundeigenschaft

Sportliche Bewegungen werden durch feinabgestimmten Muskeleinsatz ermöglicht. Chemische Energie wird in mechanische umgewandelt; dabei bewirken chemische Vorgänge die Kontraktion der Muskulatur. Die Impulse kommen aus dem Nervensystem. Deshalb ist Kraft eine Eigenschaft, die durch die Qualität des *neuromuskulären* Systems begrenzt wird.

Die Fähigkeit, Muskeln wunschgemäß zu kontrahieren, wird als ‹motorische Kraft› bezeichnet. Sie ist Grundlage jeder Bewegung. Im weitesten Sinne sind auch Ausdauer und Schnelligkeit Erscheinungsformen der Kraft. Einmal ermöglicht sie länger dauernde, das andere Mal explosive oder hochfrequente Krafteinsätze. Diese weite Definition der Kraft ist in der Trainingslehre nicht üblich.

Die Physik bestimmt Kraft als Masse mal Beschleunigung. Das ist für die meisten sportlichen Aktionen zutreffend; doch läßt diese Definition keine Abgrenzung zur Ausdauer und zur Schnelligkeit zu. Kraft äußert sich physikalisch zudem nicht nur als Beschleunigung, sondern auch als Verformung.

Im Sport werden Körper bewegt: Fremdkörper wie Kugel, Diskus oder Degen, der eigene Körper oder Körperteile wie beim Sprint, Sprung oder Schlag. Deshalb ist es richtig, daß die Trainingslehre sich auch physikalisch (biomechanisch) orientiert. Das schließt aber nicht aus, daß sie gegenstandsbezogen eine eigene Terminologie aufbaut. Diese steht nicht im Widerspruch zu der Biomechanik; sie ist aber auf die Bedürfnisse des Gegenstands der Trainingslehre abgestellt, also auf den trainierenden Sportler und das sportliche Training. Deshalb hält es HOLLMANN auch für notwendig, «Kraft in physikalischer und biologischer Hinsicht zu differenzieren». – Wie sollte man dagegen die Willenskraft physikalisch definieren?

Sportliche Bewegungen haben eine sehr unterschiedliche Struktur. Es ergeben sich neben veränderten Arbeitsweisen unterschiedliche Arbeitswinkel und veränderte äußere Widerstände. Die Bewegung ist von unterschiedlicher Dauer und Geschwindigkeit. In der Sportpraxis gibt es folglich nicht die Kraft an sich, sondern immer nur mehr oder weniger verschiedene Erscheinungsweisen. Ihr sportartspezifisches Mischungsverhältnis macht die Kraft eines Sportlers aus.

Die Erscheinungsweisen sind den drei Krafteigenschaften untergeordnet. Das Mischungsverhältnis dieser Krafteigenschaften – Maximalkraft, Schnellkraft, Kraftausdauer – ist sportartspezifisch. Deshalb ist

die Kraft des Ruderers nicht die des Gewichthebers oder die des
Sprinters.

Kraft ist ein Sammelbegriff, der viele Erscheinungsweisen umfaßt. So
ist Kraft nicht einfach die Summe dreier Krafteigenschaften oder deren
Erscheinungsweisen, sondern genau das, was allen Krafteigenschaften
und Erscheinungsweisen gemeinsam ist, also ihre Substanz. Was die
einzelnen Krafteigenschaften trennt, sind sportartspezifische Ausprägungen. Weil aber diese leistungsbestimmend sein können, dürfen sie
nicht übersehen werden.

Der Anteil der Krafteigenschaften an den Leistungsunterschieden wird
von den Disziplinen bestimmt. Es gibt Disziplinen, die als «reine»
Kraftübungen gelten (zum Beispiel das Gewichtheben). Es gibt Sportarten mit «mittlerem» Krafteinfluß wie Sprung, Sportspiele oder Sprint
und solche, in denen die Kraft kaum eine Rolle spielt. Hier wird dann
auf ein Krafttraining verzichtet, so im Langstreckenlauf.

Die meisten Versuche, Kraft zu definieren, sind einseitig. So bestimmt
NETT (1967) Kraft als «Beanspruchung eines Muskels auf Beugung
oder Streckung gegen einen Widerstand», STOBOY als Fähigkeit, «Spannung zu entwickeln und eine Last im Kräftegleichgewicht zu halten».
Der eine bezieht Kraft nur auf Bewegungs-, der andere nur auf Haltearbeit. Eine einfache und umfassende Definition gibt MEUSEL (1968).
Ihr Vorteil liegt im unmittelbaren Bezug zur Sportpraxis:

● Kraft ist die Grundeigenschaft des Menschen, mit deren Hilfe er eine
   Masse bewegt (den eigenen Körper oder ein Sportgerät), ist seine
   Fähigkeit, einen Widerstand zu überwinden oder ihm durch Muskel-
   einsatz entgegenzuwirken.

Mit dieser Begriffsbestimmung werden sowohl Halte- als auch positive
und negative Bewegungsarbeit erfaßt. Es werden auch die Objekte
angesprochen, mit denen Kraft sich auseinandersetzt. Es wird keine
Vorentscheidung gefällt; keine Krafteigenschaft wird hervorgehoben,
keine wird ausgeschlossen.

Die Kraft ist sehr trainingsintensiv. Kraftverbesserungen können in
relativ kurzer Zeit erreicht werden und sind schon nach vier Wochen
nachweisbar, besonders bei einem geringen Trainingszustand. Zudem
kann mit geringem Aufwand ein für die Arbeits- und Alltagsmotorik
angemessenes Kraftniveau aufrechterhalten werden. Im Leistungssport ist langfristig eine Steigerung der Kraft bis zu 300 Prozent möglich
(CARL 1967). Diese Perspektiven beziehen sich jedoch nicht auf alle
Krafteigenschaften. So läßt die Schnellkraft keine derartig großen Steigerungen zu.

Die relativ kurze Anpassungszeit an Kraftleistungen ist für die Trainingspraxis besonders dort günstig, wo nur ein optimales und kein
maximales Kraftniveau gefordert wird. Da ein optimales Niveau sehr

schnell realisiert werden kann, wird eine Ökonomisierung des Trainings möglich. Zur weiteren Stabilisierung ist nur noch ein geringerer Krafttrainingsumfang nötig.

Biologische Grundlagen

Der Bewegungsapparat des Menschen ist ein System von Knochen, Gelenken, Bändern, Sehnen und Muskeln. Bewegung wird ermöglicht durch die Zugkraft der Muskeln. Weil sich der Muskel auf einen Reiz hin zusammenziehen kann und weil das Skelett gegeneinander beweglich ist, ist der Muskel der «Motor des passiven Bewegungsapparates» (NÖCKER 1971).

Die Zugkraft hängt ab vom physiologischen Durchmesser und von der Muskellänge, von der Zahl der aktivierten Muskelfasern und deren funktionellem Zustand. Was als Muskel bezeichnet und mit Namen belegt wird, ist eine Summe von Einzelfasern, die zu einer anatomischen Einheit gebündelt sind. Die Skelettmuskulatur ist unserem Willen unterworfen. Bei jeder noch so einfachen Bewegung treten immer mehrere Muskeln in Aktion. Dabei kommt es zum Zusammenspiel von Beugern und Streckern (und umgekehrt), damit zum Zusammenwirken von Agonisten (Synergisten) und Antagonisten. Die Antagonisten bremsen die Bewegung und lassen dadurch feinabgestimmte und koordinativ hochwertige Bewegungen zu (intermuskuläre Koordination). Diese Fähigkeit wird im Training verbessert bis zu einem reibungslosen Zusammenspiel.

Bei der quergestreiften Muskulatur gibt es drei Fasertypen:

1. *helle* (weiße) Muskelfasern, die schnell reagieren und schnelle sowie kräftige Kontraktionen ermöglichen; sie ermüden aber auch schneller;
2. *dunkle* (rote) Muskelfasern, die langsam reagieren mit verlängerter Kontraktionszeit und geringerer Erregungsleitfähigkeit; sie ermüden weniger schnell;
3. der *Zwischentyp* (Intermediärtyp).

Zu den Stoffwechselunterschieden kommen unterschiedliche Funktionen. Das ist für die Sportpraxis bedeutsam. Die hellen Muskeln sind vorrangig für Kraft und Schnelligkeit zuständig, die dunklen mehr für die Ausdauer. Auch die Muskelformen sind vielfältig und funktionell ausgerichtet. Lange und kurze spindelförmige sowie gefiederte Muskeln haben unterschiedliche Aufgaben: Gefiederte Muskeln sind mehr für die Kraft, spindelförmige mehr für die Schnelligkeit zuständig.

Kraft ist das Ergebnis einer neuromuskulären Aktion. Der Reiz für eine Kontraktion entsteht in den Ganglienzellen des zentralen Nervensystems und kommt von den motorischen Zellen der Hirnrinde über die Pyramidenbahnen durch das Rückenmark zu den motorischen Vorderhörnern. Diese erhalten zusätzliche Informationen aus anderen Teilen des Nervensystems, vor allem aus der Peripherie. In den Muskeln wirken nämlich Muskelspindeln, die über die jeweilige Lage und Spannung in einem Rückkoppelungssystem informieren. Sensorik und Motorik sind zu einer Funktionseinheit verbunden, wobei die Reize von den Vorderhörnern über den Bewegungsnerv zum Muskel gehen (efferente, also herkommende Fasern). Gleichzeitig kommen über die afferenten (hinführenden) Fasern Signale der sensiblen Endorgane zum zentralen Nervensystem zurück.

Die motorischen Nervenfasern enden in der motorischen Endplatte. Die Nervenfibrillen treten in direkten Kontakt mit den Muskelfibrillen. Zusammen ergeben sie die ‹motorische Einheit›. Nervenzelle, Nervenfaser, motorische Endplatte und die dazugehörigen Muskelfasern bilden die ‹neuromuskuläre Einheit›. An der motorischen Endplatte kommt es zum Übergang der Erregung vom Nerv in den Muskel. allerdings nur dann, wenn die sogenannte *Reizschwelle* überschritten wird.

Ein Reiz muß relativ stark sein; sonst kommt es nicht zur Kontraktion (unterschwelliger Reiz). Je stärker der Reiz (überschwelliger Reiz) ist, desto mehr Muskelfasern werden innerviert. Jede Einzelfaser kontrahiert sich nämlich ganz oder gar nicht (‹Alles-oder-nichts-Gesetz›). Trifft ein geringerer Reiz den Muskel, dann kontrahieren nur wenige Fasern; die Bewegung ist langsam, dafür kann sie aber länger durchgeführt werden. Ist der Reiz stark oder gar maximal, dann wird die Bewegung explosiv, führt aber auch schneller zur Ermüdung.

Die Fähigkeit, gleichzeitig mehr Muskelfasern zu innervieren, kann durch Training verbessert werden (intramuskuläre Koordination) und ist somit der erste Weg zur Kraftverbesserung (Kusnezow 1972). Jeder Muskel ist elastisch und damit dehnbar. Dies schützt ihn auch vor Verletzungen. Ermüdung reduziert die Elastizität, Wärme begünstigt sie. Muskeln sind schon im Ruhezustand vorgedehnt; zusätzliche Dehnung verbessert die folgende Kontraktion. Jeder Skelettmuskel besteht nämlich aus kontraktilen (zusammenziehbaren) und aus elastischen Elementen. Verkürzt sich das kontraktile, dann wird das elastische Element gedehnt. Diese Dehnung ist bedeutsam für die Sportpraxis. Sie bewirkt die «reaktiven Fähigkeiten», welche Werchosanskij (1972) als wesentliches Qualifikationsmerkmal darstellt.

Die chemisch-physikalischen Vorgänge der Muskelkontraktion sind kompliziert. Durch den Abbau der energiereichen hochmolekularen Nährstoffe in energiearme niedermolekulare Stoffwechselzwischen- und -endprodukte wird Energie gewonnen und in mechanische Arbeit umgewandelt. Für die Muskelarbeit ist dabei das *ATP* (Adenosintriphosphat) die direkte Energiequelle. *Abbildung 19* verdeutlicht den

Vorgang des Wiederaufbaus von ATP, welcher zuerst durch Creatin-phosphorsäure, dann durch den anaeroben Stoffwechsel und zuletzt durch den aeroben bewerkstelligt wird. Der ATP-Zerfall erfolgt in den ersten 20 bis 30 Sekunden der Arbeit. Mit dem Ausschöpfen der ATP-Speicher kommt es zum Creatinphosphatzerfall. Mit Beginn der Belastung werden auch schon Energien über die Glykose bereitgestellt; hier wird der Höhepunkt nach etwa 30 bis 40 Sekunden erreicht. Anschließend kommen die oxydativen Vorgänge stärker zur Geltung.

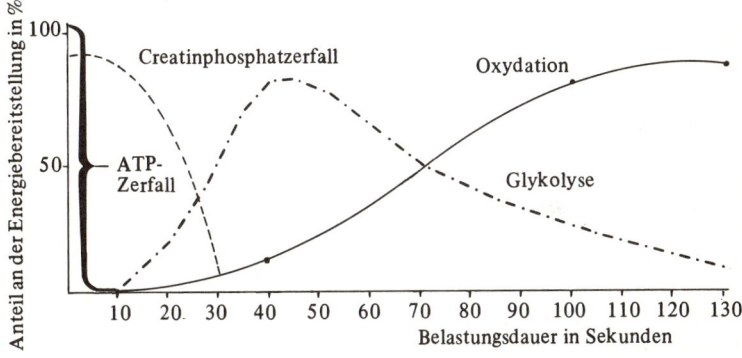

Abb. 19: Energiegewinnung bei Muskelarbeit (nach KEUL)

Ein zweiter Weg zum Kraftgewinn, der zwar später in Erscheinung tritt, dafür aber eine weit bedeutendere Kraftzunahme bewirkt, besteht in der Dickenzunahme der einzelnen Muskelfasern, in ihrer *Hypertro-phie*. Maximalkrafttraining führt zu einer bedeutenden Hypertrophie der Muskelfasern, wohl nicht aber zu einer Vermehrung derselben (Hyperplasie). Bei Tieren wurde allerdings ab einer bestimmten Mus-kelverdickung eine Teilung der Muskelfasern und damit deren Ver-mehrung beobachtet. Den Reiz für die durch Krafttraining entstehen-de Hypertrophie bewirkt eine *Spannungsvermehrung*. Spannung er-folgt durch den Widerstand gegen erzwungene Dehnung.
Es kommt also auf eine erhöhte Arbeitsanstrengung und weniger auf die Dauer der Arbeit an, um Kraftsteigerungen zu erreichen. Alle spannungsbeanspruchenden Trainingsinhalte führen zur Hypertro-phie. Die Spannung wird erreicht durch Kontraktion bei erhöhtem Widerstand. Die Höhe des benötigten Widerstandes ist abhängig vom Trainingszustand. Wenn die Maximalkraft das wesentliche Trainings-

ziel darstellt, wird in der Trainingspraxis mit maximaler oder annähernd maximaler Intensität trainiert.

Für die Trainingspraxis sind die Untersuchungsergebnisse von HETTIN-
GER (1963) kaum brauchbar; er gibt andere trainingsdidaktische Hinweise. Richtig ist allerdings sein Hinweis, daß der für die Hypertrophie
notwendige Spannungsreiz bei verschiedenen Arten der Muskelkontraktion entwickelt werden kann. Voraussetzung sind aber neben In-
tensitätsminima auch solche in der Spannungsdauer und der Span-
nungshäufigkeit.

Die Höhe des Kraftzuwachses ist geschlechtsbedingt und biotypolo-
gisch verschieden. Auch mit dem Lebensalter verändert sich die Trainierbarkeit der Kraft; sie ist im Sommer größer als im Winter (UV-
Strahlung). Zudem ist für die Stabilisierung der Kraft ein geringerer
Trainingsumfang nötig als für ihre Steigerung. Kraftverlust ergibt sich
über Dickenabnahme (Atrophie) und über den Verlust an Koordination.

Topographie der Muskelkraft

Neben den verschiedenen Krafteigenschaften sowie deren unterschiedlicher Bedeutung ist als dritter Komplex der *topographische* Faktor zu
berücksichtigen. Kraft ist verschieden lokalisiert. In manchen Sportarten kommt es zu einseitiger, in anderen zu umfassender Kräftigung.
Sprinter, Springer, Radfahrer und Eisschnelläufer benötigen vorwiegend Beinkraft, ebenso die alpinen Skiläufer und die Skispringer. Boxer und Schützen brauchen Armkraft, Gewichtheber, Volleyballspieler
und Handballspieler, Ringer und Skilangläufer dagegen Arm-, Bein-
und Rumpfkraft.

Topographien der Muskelkraft haben WERCHOSANSKIJ und ZACIORSKIJ
(1972) für ausgewählte Sportarten mit Hilfe elektromyographischer
Untersuchungen vorgelegt. Ähnliche Ergebnisse hat TITTEL für einige
Sportarten veröffentlicht. *Abbildung 20* zeigt für einige Sportarten die
Hauptmuskelgruppen. Alle Ergebnisse zeigen eine Beziehung zwi-
schen Sportart und Grad der Ausbildung bestimmter Muskelgruppen.
Dabei ist es sinnvoll, wie COUNSILMAN (1971) Hauptantriebs- und
unterstützende Muskulatur zu unterscheiden.

Abb. 20: Krafttopographie von Sportlern verschiedener Sportarten (die best- ▶
         entwickelten Muskelgruppen sind durch Striche gekennzeichnet
         (nach MURREY/KARPOVIC)

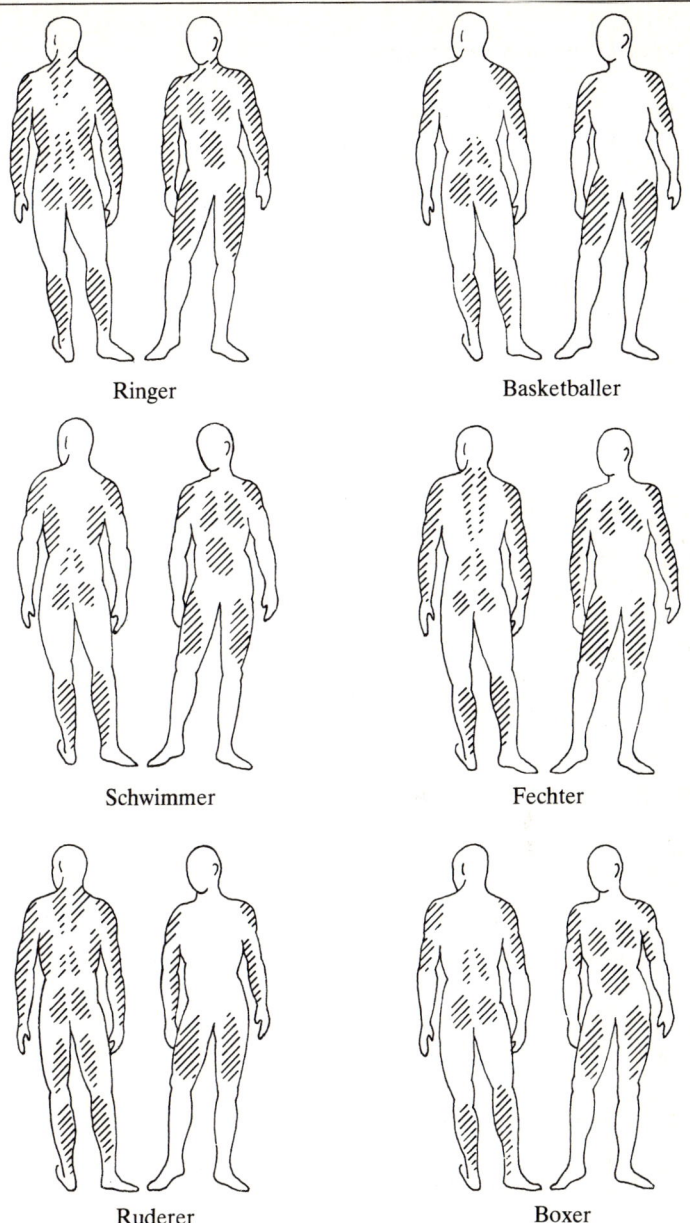

Ringer

Basketballer

Schwimmer

Fechter

Ruderer

Boxer

Krafteigenschaften als Trainingsziele

Die Festlegung der Trainingsziele setzt eine Differenzierung der Kraft in ihre Unterformen und deren Erscheinungsweisen voraus. Im allgemeinen werden drei Subkategorien genannt:

- Maximalkraft,
- Schnellkraft,
- Kraftausdauer.

Sie werden mit *Krafteigenschaften* bezeichnet, haben allerdings noch keinen unmittelbaren Bezug zur Sportpraxis. Sie erleichtern die Planung und Steuerung des Krafttrainings, indem sie ‹funktionell-morphologische› Erscheinungsweisen zusammenfassen, die inhaltlich ähnlich bestimmt, miteinander verwandt sind und sich gegenseitig beeinflussen. Mit der Verbesserung der einen geht eine (Teil)Verbesserung der anderen Erscheinungsweise einher (Übertragung), so daß mit dem gleichen Trainingsinhalt und nach der gleichen Trainingsmethode verschiedene (artverwandte) Trainingsziele realisiert werden.

Die Erscheinungsweisen der drei Krafteigenschaften sind demnach keine motorischen Dimensionen. Sie sind unmittelbar praxisorientiert und als jene ‹Typen› der Kraft bestimmt, die in Training und Wettkampf leistungsbegrenzend wirken. Es sind die direkten Einflußgrößen wie Sprint- oder Sprungkraft, Sprungkraftausdauer oder Stoßkraft.

Die Erscheinungsweisen der drei Krafteigenschaften unterscheiden sich sportartspezifisch in der speziellen Bewegungskoordination. Dadurch wird zugleich ein zweiter Differenzierungsansatz angedeutet, nämlich der in

- allgemeines und
- spezielles Krafttraining.

Trainingsziele sind auch nach den Arbeitsweisen der Muskulatur vorgegeben, so daß ferner in

- statisches und
- dynamisches Krafttraining

gegliedert werden kann. In größerem Ausmaß sind von dieser Gliederung jedoch die Trainingsinhalte betroffen.

Maximalkraft

Der Oberbegriff Kraft wird oft mit Maximalkraft gleichgesetzt. Das ist nicht korrekt; denn die Maximalkraft ist nur eine der drei Krafteigenschaften, deren Einfluß auf die beiden anderen nur teilweise nachzuweisen ist. Maximalkraft (auch Stärke, rohe Kraft, Grundkraft) ist nach HARRE «die höchste Kraft, die das Nerv-Muskelsystem bei maximaler willkürlicher Kontraktion auszuüben vermag».

Diese Definition hat sich allgemein durchgesetzt. Sie bezieht sich sowohl auf statische als auch auf dynamische Arbeit. Maximalkraft ist besonders in den Sportarten wirksam, in denen die zu überwindenden Widerstände besonders groß sind – wie im Gewichtheben. Aber auch das Ringen und die leichtathletischen Würfe sind stark maximalkraftabhängig. Leichtathletische Werfer erzielen oft beachtliche Leistungen in den Wettkampfübungen der Gewichtheber. Entsprechend umfangreich sind auch ihre Trainingseinheiten zur Verbesserung der Maximalkraft.

Überdurchschnittliche Maximalkraftleistungen werden auch bei Schnellkraftathleten festgestellt. Daraus ergibt sich, daß in der Maximalkraft ein wesentlicher Aspekt der Sprung- und Sprintleistung zu sehen ist.

ROTH und GOLD (1969) setzen Maximalkraft und absolute Kraft gleich. Auch ZACIORSKIJ bestimmt die absolute Kraft als höchstmögliche Kraft, die der Sportler entwickeln kann. HETTINGER stellt dagegen ausdrücklich fest, «daß die ausgeübte Maximalkraft nicht mit der tatsächlichen maximalen Muskelkraft übereinstimmt», weil der Mensch nicht alle seine Kräfte mobilisieren kann. Es bleibt immer eine Kraftreserve, die im Normalfall nicht freisetzbar ist.

Absolute Kraft ist mehr als Maximalkraft: Sie ist Maximalkraft plus Kraftreserven. Sie könnte nur eingesetzt werden, wenn sich alle motorischen Einheiten (alle Muskelfasern) gleichzeitig kontrahieren. Diese Situation gibt es normalerweise nicht, sondern nur bei übermäßiger Reizung wie einer elektronischen im Labor. Im Sport kommt deshalb nicht die absolute Kraft zur Auswirkung, sondern nur ein Teil davon, nämlich die Maximalkraft.

Im Zusammenhang mit der Maximalkraft muß ein Begriff erklärt werden, der für die sportliche Leistung einerseits, für die Trainingspraxis andererseits bedeutsam ist. Im sportlichen Wettkampf, etwa beim Sprung, Lauf oder Gerätturnen, müssen keine Fremdgewichte, sondern nur das eigene Körpergewicht bewegt werden. Deshalb ist ein Vergleich der Maximalkraft meist ungeeignet, während der Quotient aus Maximalkraft und Körpergewicht als *relative Kraft* eine zuverlässigere Auskunft gibt. Die relative Maximalkraft ist also «die höchstmögliche Kraft, die ein Sportler im Verhältnis zu seinem Körpergewicht entwickeln kann» (FETZ 1969).

Die relative Kraft kann durch zweierlei Maßnahmen verändert werden: durch Zu- oder Abnahme der Maximalkraft oder durch Zu- oder Abnahme des Körpergewichts. HARRE hat dies eindrucksvoll am Last-Kraft-Verhältnis einer erfolgreichen Weitspringerin demonstriert. Der Athlet mit der größten Maximalkraft hat noch lange nicht die größte relative Kraft. Die relative Kraft ist bei Gewichthebern der unteren Klassen zum Beispiel weitaus größer als bei denen der oberen. Diese haben ein ungünstiges Last-Kraft-Verhältnis, weil sie in Relation zu ihrer Maximalkraft zu schwer sind. Das hängt damit zusammen, daß eine Maximalkraftsteigerung in sehr großem Ausmaß mit einer Gewichtszunahme einhergeht. Zudem haben die schwereren und größeren Gewichtheber ungünstige Hebelverhältnisse. Während die Maximalkraft der Superschwergewichtler mehr als 90 Prozent über der der Bantamgewichtler liegt, können diese eine um etwa 80 Prozent höhere relative Kraft vorweisen.

Die Abhängigkeit der Maximalkraft von der Körpermasse ist offensichtlich. Dies darf aber nicht im Sinne eines idealen Zusammenhangs interpretiert werden, sondern nur als Trend. So zeigt sich ein sehr enger Zusammenhang zwischen Körpergewicht und Kugelstoßweite bei Kugelstoßern mit sehr unterschiedlichem Leistungsniveau. Innerhalb der Weltspitzenklasse aber besteht kein überzufälliger Zusammenhang zwischen Leistung und Körpergewicht. Die gleiche Aussage gilt für *alle* anderen leichtathletischen Wurf- und Stoßübungen; doch ist die Überlegenheit im Körpergewicht gegenüber anderen Leichtathleten (Läufern und Springern) und gegenüber Normalpersonen statistisch nachweisbar (LETZELTER 1976).

ZACIORSKIJ (1972) hat belegt, daß der Einfluß des Körpergewichts auf die Maximalkraft insbesondere bei Sporttreibenden sehr hoch ist: Je stärker die Sportler sind, desto enger wird der Zusammenhang. Bei hochqualifizierten Gewichthebern können rund 86 Prozent der Unterschiede in der klassischen Gewichtheberübung Drücken mit Unterschieden in der Körpermasse erklärt werden, bei anderen Sportlern zu etwa 64 Prozent. Bei Nichtsportlern trifft dieser Zusammenhang nicht zu; eigene Untersuchungen an Sportstudenten bestätigen diese Tendenz.

Daß die relative Kraft mit zunehmendem Körpergewicht immer schlechter wird, hat ZACIORSKIJ verdeutlicht. Er hat die Leistungen früherer Weltklassegewichtheber mit deren Körpergewicht verglichen. Unter Verwendung der Zweikampfleistungen der jeweils sechs besten Gewichtheber pro Klasse bei den Olympischen Spielen 1976 und deren Körpergewicht wird dies bestätigt. Die Leistungen im Reißen und Stoßen nehmen mit zunehmendem Körpergewicht zu, die relativen Leistungen fallen ab. Eine Ausnahme bilden die beiden leichtesten Gewichtsklassen. Besonders deutlich ist der starke Abfall bei den schwersten Gewichthebern (siehe *Abbildung 21*).

Die trainingsdidaktische Konsequenz ist einleuchtend. Geht eine Maximalkraftzunahme mit einer überproportionalen Gewichtszunahme einher, dann vermindert sich die relative Kraft. Deshalb halten viele Sportler das Körpergewicht möglichst niedrig und versuchen, zumindest teilweise einen Kraftgewinn zu realisieren, der ohne Gewichtszu-

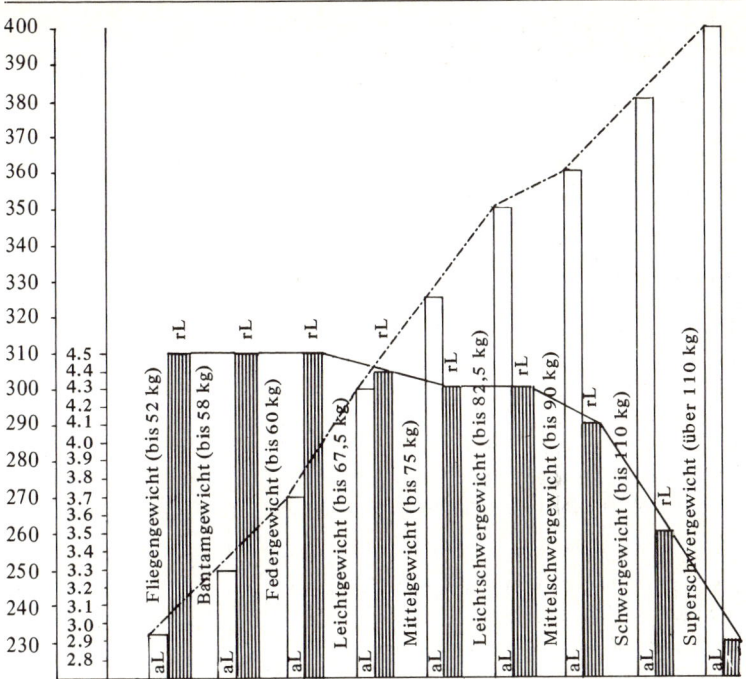

Abb. 21: Absolute (aL) und relative Leistungen (rL) in den verschiedenen Gewichtsklassen der Gewichtheber der OS 1976 (LETZELTER)

nahme möglich ist.

Die relative Kraft spielt auch dort eine gravierende Rolle, wo Gewichtslimits für Einschränkungen sorgen: im Gewichtheben, Ringen und Boxen. Eine Maximalkraftzunahme durch Massenvermehrung darf nur begrenzt erfolgen, weil der Sportler sonst in eine höhere (schwerere) Gewichtsklasse überwechseln muß. Wenn überhaupt die Maximalkraft das Niveau der Schnellkraft oder Kraftausdauer beeinflußt, dann ist in erster Linie die relative und nicht die Maximalkraft entscheidend. Dies gilt zumindest für Sportarten, in denen nur das eigene Körpergewicht bewegt oder gehalten werden muß.

Relativkraft kann leicht mit ‹relativer Kraft› verwechselt werden. Bei GROH (1972) ist Relativkraft das jeweils während eines Trainingsprozesses erreichte Maximalkraftniveau. Es verändert sich beständig und hat seinen Ausgangspunkt als Anfangskraft und den Endpunkt als End- oder Grenzkraft. Relativkraft ist somit nichts anderes als die ‹aktuelle› Maximalkraft. Die Grenzkraft ist das durch Training erreichbare ‹Maximum der Maximalkraft›. Nach HOLLMANN ist Relativkraft das Verhältnis von Grenzkraft zur Anfangskraft, also der Trainingsgewinn.

Schnellkraft und Kraftschnelligkeit

Maximalkraft wird oft mit dem physikalischen Begriff Arbeit gleichgesetzt. Analog versucht man, *Schnellkraft* durch den Begriff Leistung zu interpretieren als Masse mal Weg in der Zeit (NETT 1970). Die Schnellkraft zielt auf Beschleunigung des eigenen Körpergewichts oder eines Geräts. Ein Gewicht wie die Kugel soll nicht nur gehoben werden, sondern in möglichst kurzer Zeit einen weiten Beschleunigungsweg zurücklegen. Hohe Beschleunigung bewirkt hohe Abfluggeschwindigkeit und damit eine gute Weite – wie beim Sprung, Wurf oder Stoß – oder hohe Geschwindigkeiten – wie beim Stoß des Fechters oder beim Schlag des Boxers.

Schnellkraft ist also Kraft plus Schnelligkeit. Diese Definition deckt die ersten zwei Unterformen der dynamischen Kraft nach KUSNEZOW:

(1) die Explosivkraft, welche sich bei der Überwindung von Widerständen zeigt, die unter dem maximalen Leistungsvermögen liegen und bei denen die Überwindung mit maximaler Beschleunigung erfolgt.

(2) Die Schnellkraft im Sinne KUSNEZOWS, die nötig ist für die Überwindung von Widerständen mit einer Beschleunigung, die niedriger ist als die maximale.

(3) Die langsame Kraft hingegen zeigt sich als dynamische Maximalkraft, wenn höchste Widerstände mit konstanter Geschwindigkeit überwunden werden.

Schnellkraft äußert sich im Unterschied zur Maximalkraft und zur Kraftausdauer ausschließlich *dynamisch*. Sie steht als Krafteigenschaft zwischen Maximalkraft und Schnelligkeit und neigt je nach Größe der äußeren Widerstände mehr zur Schnelligkeit oder mehr zur Maximalkraft. Sie ist immer disziplin-spezifisch und zeigt sich zyklisch, etwa als Sprintkraft, oder azyklisch, beispielsweise als Sprung-, Stoß-, Wurf-, Schuß-, Schlag-, Schwung- oder Zugkraft.

Schnellkraft ist nach SCHOLICH (1974) eine Komplex- bzw. eine Kombinationseigenschaft aus Kraft und Schnelligkeit. FETZ betont, daß es beim Schnellkrafteinsatz auf gute Koordination und möglichst schnelle Kontraktion der Muskeln (Muskelgruppen) ankommt. Die Schnellkraft hat in der Sportpraxis einen großen Wirkungsraum, bedingt durch die Unterschiede in der Höhe der äußeren Widerstände. Sie pendelt zwischen zwei Extremen und tendiert einmal mehr zur Schnelligkeit, einmal mehr zur Kraft.

Maximalkraft ←——————————→ Schnelligkeit
　　　　　　　Schnellkraft

Abb. 22: Wirkungsraum der Schnellkraft (LETZELTER)

Um das große Spektrum der Schnellkraft überschaubar zu machen, kann nach FETZ zusätzlich der Begriff *Kraftschnelligkeit* Verwendung finden. Schlägt das Pendel mehr zur Maximalkraft, ist die Schnellkraft, schlägt es mehr zur Schnelligkeit, ist die Kraftschnelligkeit zuständig. Probleme entstehen freilich bei der Abgrenzung; denn der Übergang ist fließend. Als Grobraster ist diese Trennung aber durchaus informativ: Die Kraft des Sprinters (Sprintkraft) oder die des Volleyballspielers (Schlagkraft) wäre dann die Kraftschnelligkeit, die des Kugelstoßers, des Hochspringers oder des Gewichthebers die Schnellkraft.

Abb. 23: Abgrenzung von Schnellkraft und Kraftschnelligkeit (LETZELTER)

Schnellkraft und Kraftschnelligkeit sind eng miteinander verwandt. Beide sind gekennzeichnet durch explosive und/oder hochfrequente Muskelkontraktionen. Dies ist auch für die Trainingspraxis entscheidend: Beide Formen setzen eine explosive Bewegungsausführung voraus. Es werden Maximalkraft (wenn auch nicht in dem Ausmaß wie beim Maximalkrafttraining) und Muskelkontraktionsschnelligkeit gleichzeitig verbessert. Dies hängt wiederum von der inter- und der intramuskulären Koordination ab.
Nach STEINBACH (1968) wirkt die intramuskuläre Koordination als «geballte Ladung» und ermöglicht so eine hohe Beschleunigung. Je mehr Muskelfasern innerviert werden, desto ausgeprägter ist der Kraftstoß und damit die Beschleunigung.
Weil die Schnellkraft in sehr vielen Sportarten leistungsbegrenzend wirkt – nach HARRE sind Schnellkraft und Kraftausdauer in den meisten Sportarten die führenden konditionellen Eigenschaften –, ist die sinnvolle Gestaltung des Schnellkrafttrainings besonders wichtig. Schnellkraft setzt immer eine optimale Bereitschaft voraus.
Schnellkraft ist ohne eine ausgeprägte Koordination undenkbar. Schnellkrafttraining ist zugleich Koordinationstraining; denn Schnell-

kraft ist eine ‹koordinierte Form der Kraft›. Für die Trainingspraxis ist wichtig: Schnellkraftbegrenzend ist das zentrale Nervensystem. Bedeutende Krafteinsätze erfolgen in sehr kurzer Zeit. Beim Absprung zum Weitsprung muß in etwa 0,10 bis 0,12 Sekunden möglichst viel Kraft freigesetzt werden; im Hochsprung sind es je nach Sprungtechnik 0,14 bis 0,22 Sekunden. Die sportlichen Techniken lassen nur eine begrenzte Zeit für die Kraftentfaltung zu. WERCHOSANSKIJ hat deshalb den Begriff Explosivkraft durch den der Startkraft ergänzt.

Die Bedeutung der *Explosivkraft* hat WERCHOSANSKIJ verdeutlicht. Der Anstieg der Kraft in der Zeit ist aufgegliedert in zwei Phasen mit zwei Kraftmaxima. Die erste Phase charakterisiert die Fähigkeit der Muskeln zu einer explosiven Kraftentwicklung; die zweite Phase verdeutlicht die Maximalkraft. Je höher der Trainingszustand, desto geringer ist die Differenz beider Kraftpotentiale. Bei Untrainierten steigt die Kraft weniger steil an, und der Unterschied zwischen Explosiv- und Maximalkraft ist beträchtlich. Der Trainierte erzielt ein größeres Kraftmaximum in einer geringeren Zeit; er hat mehr Maximalkraft und kann diese auch schneller mobilisieren. Der Mehrzahl der sportlichen Übungen liegen explosive Bewegungen zugrunde. Das setzt die Entwicklung hoher Kraftwerte in kurzer Zeit voraus.

Startkraft ist eine Unterform der Explosivkraft. Sie umfaßt die Fähigkeit, im Anfangsmoment der Anspannung den Krafteinsatz schnell zu entwickeln. Das bedeutet, daß die Startkraft besonders dort wirkungsvoll ist, wo nur minimale Zeitspannen zur Verfügung stehen, um die Kraft zu entwickeln. Die Stützzeiten im leichtathletischen Sprint betragen nur etwa 0,08 Sekunden. Startkraft ist also die Fähigkeit, eine bestimmte Geschwindigkeit zu Beginn der Kontraktion zu entwickeln. Dafür sind maximale Willenseinsätze Voraussetzung.

Dynamometrische Kraftprofile erfassen die Startkraft, die Explosivkraft und die Maximalkraft. Indikator für das Niveau der Explosivkraft ist das Maß des Kraftzuwachses pro Zeiteinheit, also der *Kraftgradient* der Zeit. Die Startkraft wird lediglich durch den Kraftgradienten der Zeit im Anfangsabschnitt bestimmt. Bei geringeren Widerständen dominiert die Startkraft, bei einer Erhöhung der Lasten und damit bei längerem Krafteinsatz die Explosivkraft und bei sehr großen Lasten die Maximalkraft.

Kraftausdauer

Kraftausdauer ist – wie die Schnellkraft – eine Kombinationseigenschaft. Sie ist ‹gemischt› aus Kraft und Ausdauer. Zwei verschiedene motorische (konditionelle) Grundeigenschaften werden zu einer speziellen, aber eigenständigen Fähigkeit verbunden. Auch hier besteht eine große Bandbreite zwischen zwei Grundeigenschaften mit der Tendenz zur Kraft oder zur Ausdauer. Im einen Fall kann man von Kraftausdauer, im anderen von Ausdauerkraft sprechen. Dabei ist der Begriff Ausdauerkraft nicht identisch mit demjenigen von KUSNEZOW, der darunter die Ausdauer im Bereich der Schnellkraft, also *Schnellkraftausdauer*, versteht.

Kraft ⟵――――――――⟶ Ausdauer
　　　　Kraftausdauer

Abb. 24: Wirkungsraum der Kraftausdauer (LETZELTER)

HARRE definiert Kraftausdauer als «Ermüdungswiderstandsfähigkeit des Organismus bei langandauernden Kraftleistungen». Diese Eigenschaft ist beim Rudern, Kanufahren oder beim Boxen und Schießen wichtig. Kraftausdauer ist demnach die Fähigkeit, Kraftleistungen über einen durch die Wettkampfdauer bestimmten Zeitraum aufrechtzuerhalten oder den Abfall des Kraftniveaus möglichst gering halten zu können. Eine Einschränkung auf ‹langandauernde Kraftleistungen› ist aber unangebracht, weil Kraftausdauer auch kurzfristig benötigt wird. Kraftausdauer äußert sich statisch und dynamisch. In der Sportpraxis überwiegt die Kraftausdauer bei *dynamischer* Arbeitsweise. Die *statische* Kraftausdauer wird nur in wenigen Sportarten wirksam, so im Abfahrtslauf oder beim Schießen. Dabei muß berücksichtigt werden, daß beide Varianten häufig kombiniert vorkommen. So müssen Boxer oder Turner statische und dynamische Kraftausdauer haben.
Die Kraftausdauer pendelt nicht nur zwischen den beiden Grundeigenschaften, sondern auch zwischen verschiedenen Subkategorien bzw. deren Erscheinungsweisen. Kraftausdauer kann mehr auf Maximalkraft oder mehr auf Schnellkraft orientiert sein. Sportspieler benötigen Sprintkraft- und Sprungkraftausdauer, Volleyballspieler zusätzlich Schlagkraftausdauer, während für den Fußballer Schußkraftausdauer notwendig ist. Sie alle müssen nicht nur ein- oder zweimal, sondern sehr oft sprinten, springen, schießen oder schlagen.

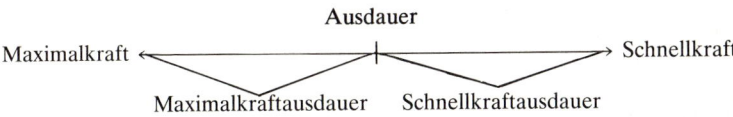

Abb. 25: Ausdauer bei hohen und bei schnellen Krafteinsätzen (LETZELTER)

NETTS Aussage hinsichtlich der Schnellkraft gilt auch für die Kraftausdauer: Sie ist nicht absolut, sondern immer relativ zu sehen. Die Höhe, die Schnelligkeit und Frequenz oder die Zeitdauer der Krafteinsätze sind unterschiedlich. Liegt der Akzent mehr auf der Ausdauer, sind keine sehr hohen und keine explosiven Krafteinsätze möglich. Liegt die Betonung mehr auf Kraft und Frequenz, dann sind keine langandauernden Krafteinsätze realisierbar.

SCHRÖDER (1969) wird der großen Bandbreite gerecht und unterteilt in:

- Kurzzeitkraftausdauer (Belastungen bis zu 2 Minuten),
- Mittelzeitkraftausdauer (Belastungen von 2 bis 8 Minuten),
- Langzeitkraftausdauer (Belastungen über 8 Minuten).

Diese Einteilung findet sich auch bei der Grundeigenschaft Ausdauer wieder.

Langzeitausdauerkraft ist nur in sehr lang andauernden sportlichen Übungen wirksam, bei denen keine nennenswerten Widerstände zu überwinden sind. Deshalb ist sie eher eine Unterform der Ausdauer, zumal die Dauer der Übungen so lange ist, daß die aerobe Energiegewinnung dominiert.

Als Grundregel wird davon ausgegangen, daß entweder die zu überwindenden Widerstände in Kraftausdauerdisziplinen so groß sind oder der Krafteinsatz so explosiv ist, daß eine anaerobe Energiegewinnung im Vordergrund steht. Die meisten Sportarten, in denen Kraftausdauer eine Rolle spielt, sind nach SCHRÖDERS Aufteilung durch Kurz- und Mittelzeitkraftausdauer gekennzeichnet.

NÖCKER (1971) sieht in der Kraftausdauer eine Unterform der «lokalen Muskelausdauer», als Muskelausdauer bei Sauerstoffschuld. Die Höhe der Widerstände führt aber auch zur Unterscheidung von Kraft- und Schnelligkeitsausdauer. Die Kraftausdauer spielt eine Rolle, wenn Widerstände groß sind, die Schnelligkeitsausdauer, wenn sie klein sind, aber dafür sehr oft und hochfrequent überwunden werden müssen. Sind große Widerstände sehr schnell und oft zu überwinden, dann ist die Schnellkraftausdauer wichtig.

Eine Verbesserung des Kraftausdauerniveaus ist theoretisch auf drei Wegen möglich: durch Verbesserung der Maximalkraft, der Ausdauer oder der Schnellkraft. In der Sportpraxis wird die Kraftausdauer aber nicht nur isoliert geschult, indem einer der genannten Faktoren verbessert wird, sondern komplex durch Methoden für die Kraftausdauer. Die Spezifik der Kraftausdauer erfordert dabei unterschiedliche Trainingsverfahren.

Allgemeine und spezielle Kraft

Abhängig von der Differenzierung der Krafteigenschaften ist die Trennung der Trainingsziele nach allgemeiner und spezieller Kraft. Dies ist bedeutsam, weil damit einerseits verschiedene Zielgruppen angesprochen werden, andererseits der Aufbau des Krafttrainings betroffen ist. Die *allgemeine Kraft* ist Trainingsziel aller Fitnesssportler. Ihnen geht es weniger um eine gezielte Kraftsteigerung einzelner Muskelgruppen als um eine vielseitige und allseitige Kräftigung, unabhängig von der sportlichen Spezialisierung. Im Leistungssport wird das allgemeine Kraftniveau zur Grundlage des speziellen und erreicht im langfristigen Training ein hohes Entwicklungsniveau. Im Leistungstraining ist es als Basistraining einzuordnen und nur mittelbar leistungsrelevant.

Unter allgemeiner Kraft wird hier ausdrücklich das Niveau der Maximalkraft, Schnellkraft und Kraftausdauer aller Muskelgruppen verstanden. Damit wird gerade der Aspekt hervorgehoben, der im Breitensport Bedeutung hat. Eine einseitige Maximalkraftorientierung macht das allgemeine Krafttraining wertlos, weil die Maximalkraft kein hervorragendes Trainingsziel des Breitensportlers darstellt.

Allgemeine Kraft ist mehr als Maximalkraft. Wenn die allgemeine Kraft die Basis darstellt, dann ist eine allgemeine Schnellkraft und eine allgemeine Kraftausdauer für viele Sportarten ebenso wichtig wie eine allgemeine Maximalkraft. Nur unter diesem Gesichtspunkt ist auch die Bedeutung des *Circuittrainings* verständlich, welches mit Recht einen besonderen Stellenwert im Fitnesssport und im Vorbereitungstraining vieler Leistungssportler hat. Im Leistungssport lockern allgemeine Kraftübungen das Krafttraining physisch und psychisch auf. Sie verhindern vor allem die ‹Kraftbarriere›, die bei einseitiger Anwendung ausgewählter Trainingsinhalte entstehen kann. KUSNEZOW will deshalb gerade im Krafttraining eine langfristige und eine kurzfristige Variation der Belastung:

● Um eine Effektivitätseinbuße durch Anpassung des neuromuskulären Systems an langjährige konstante Belastungsgrößen, -formen und -methoden zu vermeiden, sind Variationen der Belastung unbedingt erforderlich.

Die *spezielle Kraft* ist die Kraft, die in der Spezialsportart wirksam wird. In vielen Sportarten sind mehrere Krafteigenschaften kombiniert wirksam. TSCHIENE (1975) in Anlehnung an KUSNEZOW nennt zwei Faktoren der speziellen Kraft:

● strukturelle Zielrichtung: vorrangige Entwicklung der spezifischen Muskelgruppen und damit der technischen Vervollkommnung; Belastung in der für die Sportart typischen neuromuskulären Anspannungsweise;
● gleichzeitige Entwicklung der Kraft mit einer anderen führenden Bewegungseigenschaft (konditionellen Eigenschaft), die in der gegebenen Sportart charakteristisch ist – wie Kraft plus Schnelligkeit.

Mit dem ersten Faktor wird die (innere) Bewegungsdynamik (Kraft-Zeit-Verlauf) und die (äußere) Bewegungsstruktur (Raum-Zeit-Verlauf) angesprochen, mit dem zweiten die Tatsache, daß in der Sportpraxis die Kraft nicht in Reinform, sondern kombiniert mit anderen konditionellen Eigenschaften vorkommt.

Nach Kusnezow muß das allgemeine und das spezielle Krafttraining
ergänzt werden durch das «vielseitig zielgerichtete», welches auf die
Hauptmuskeln orientiert ist und den Charakter der neuromuskulären
Anforderungen der Spezialdisziplin berücksichtigt, aber noch nicht die
spezielle Struktur der Bewegungsvollzüge imitiert. Es stellt das Verbin-
dungsglied zwischen allgemeinem und speziellem Krafttraining dar.

Das spezielle Krafttraining bezweckt «spezielle Funktionsverbesserun-
gen», wobei hauptsächlich «das Nerv-Muskelsystem eine bedeutende
Rolle spielt» (Schröder) und somit die inter- und die intramuskuläre
Koordination. Deshalb gilt als Grundsatz, daß die typischen neuromuskulären Arbeitsvorgänge der Wettkampfbewegung in entsprechenden
Trainingsinhalten nachvollzogen werden. Spezielle Kraft betrifft sowohl die Krafteigenschaft als auch die Erscheinungsweisen, die Arbeitsweise sowie Art und Typen der Muskelspannungen. Ihre Bedeutung ist hinreichend bewiesen, weil die Kraftzunahme eng an die Arbeitsweise gekoppelt ist, indem es zu spezifischen Anpassungen
kommt. Das ist für die Wahl der Trainingsinhalte von großer Bedeutung.

Methodik des Krafttrainings

Die Methodik des Krafttrainings bezieht sich auf
- Trainingsinhalte,
- Trainingsmittel,
- Organisationsformen,
- Trainingsmethoden (in engerem Sinne)

Zu den Trainingsinhalten zählen die Abläufe der Muskelarbeit, also
ihre Arbeitsweisen und damit die Kontraktionsformen, sowie die
Strukturierung innerer und äußerer Art. Zu den Methoden im engeren
Sinne rechnet man die Angaben der Belastungsnormative, also Größe
der Widerstände, Wiederholungszahl, Serienzahl, Art und Dauer der
Erholung.

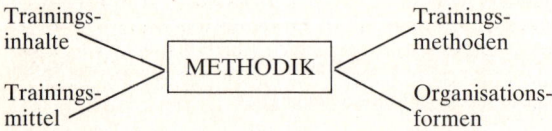

Abb. 26: Faktoren der «Methodik des Krafttrainings» (Letzelter)

Trainingsinhalte

Für die Beschreibung der Trainingsinhalte eignen sich verschiedene Gliederungsansätze. Entsprechend der Zielsetzung können unterschieden werden: Trainingsinhalte eines allgemeinen, eines vielseitig zielgerichteten und eines speziellen Krafttrainings. In engerem Zusammenhang mit dieser Ausrichtung steht die bereits beschriebene Gliederung der Trainingsinhalte. Bezogen auf das Krafttraining teilt man ein in:

- allgemein entwickelnde Kraftübungen,
- spezielle Kraftübungen,
- Wettkampfübungen mit Zusatzbelastung.

Nach KUSNEZOW betreffen die allgemeinen Kraftübungen das gesamte Muskelsystem, aber auch einzelne Muskelgruppen. Die Widerstände bestehen in der Schwerkraft oder im Eigengewicht des Sportlers (Hangübungen), in der Gegenwirkung einer Stützfläche (Sprung- und Laufübungen), im Widerstand eines äußeren Mediums (Zugübungen beim Rudern, Kanufahren, Schwimmen), in Belastungsgewichten, der Gegenwirkung eines Partners oder eines elastischen Gegenstands (Expander, Gummiseil).

Krafttraining erfordert also Zusatzlasten in Form der Trainingsmittel. Diese können unterteilt werden in:

- variable Zusatzbelastungen (Scheibenhantel, Kraftmaschine, Bleiweste etc.),
- invariable Zusatzbelastungen (Medizinball, Kurzhanteln, Sandsack, Partner, Gelände, Expander etc.),
- ohne Zusatzbelastung (eigenes Körpergewicht).

Zusätzliche Kraftanforderungen können auch durch das Gelände erreicht werden: Läufe und Sprünge bergauf oder im tiefen Sand sind ‹Kraftübungen mit Zusatzbelastungen› als Wettkampf- oder Spezialübung. Das eigene Körpergewicht bildet einen Widerstand bei allen Sprungübungen.

KUSNEZOW hat die Trainingsinhalte an den Widerständen ausgerichtet. Auf der Basis des Prinzips der Variation hat er mehrere Trainingsgeräte entwickelt, die zur Vermeidung eines frühzeitigen dynamischen Stereotyps dienen. Ebenso hat RATOW (1977) Veränderungen des Trainings durch die Verwendung von technischen Mitteln (Elektrostimulation ausgewählter Muskelgruppen) und von Trainingsapparaten vorgeschlagen. Hier handelt es sich sowohl um Zusatzbelastungen als auch um ‹erleichterte Bedingungen›.

Die Trainingsinhalte des *allgemein entwickelnden* Krafttrainings beziehen sich weder auf die innere noch auf die äußere Struktur der Wettkampfbewegung. Sie können lokal (weniger als $1/3$ der Muskulatur), teilweise ($1/3$ bis $2/3$) und gesamt (mehr als $2/3$) wirksam werden.

Im vielseitig *zielgerichteten* Krafttraining ist die Einwirkung der Trainingsinhalte auf jene Muskelgruppen ausgerichtet, ‹die die Haupt- und Zusatzbelastung bei der Spezialübung› tragen. Sie kommen «dem Charakter der neuromuskulären Bedingungen der Spezialübung» nahe. Auch diese Inhaltsgruppe kann lokal, teilweise und gesamt auf das Muskelsystem des Sportlers einwirken. Die Arten der Widerstände sind mit den zuvor beschriebenen identisch.

Im speziellen Krafttraining sind die Inhalte auf die Kraft der Hauptmuskelgruppen ‹in enger Verbindung mit anderen Bewegungseigenschaften› bezogen, wobei die Struktur mit der Wettkampfbewegung (innerlich und äußerlich) identisch ist. Dazu gehören neben der Wettkampfübung und den Spezialübungen spezifische Hilfsübungen. Diese entwickeln lokal die Kraft einzelner Muskelgruppen «in enger Verbindung mit einer anderen führenden Bewegungseigenschaft», und zwar entsprechend der ‹inneren Struktur› der sportlichen Wettkampfbewegung. Sie spielen besonders im Schnellkrafttraining eine wichtige Rolle.

Im Zusammenhang mit den speziellen Inhalten des Krafttrainings muß das *Prinzip der dynamischen Übereinstimmung* der Trainingsinhalte mit der Wettkampfübung besprochen werden. Dieses bezieht sich sowohl auf die kinematische (äußere) als auch auf die dynamische (innere) Struktur der Trainingsinhalte, welche der Wettkampfbewegung zumindest angenähert sein müssen. Das gilt vor allem für die Arbeitsweise und für Art und Charakter der Muskelspannung, also die biomechanischen Besonderheiten der Muskelarbeit bei Wettkampfbewegungen. Als Kriterien der Übereinstimmung nennt WERCHOSANSKIJ:

● Amplitude und Richtung der Bewegung,
● akzentuierte Phasen der Bewegungsamplitude,
● Größe der dynamischen Krafteinsätze,
● Schnelligkeit der Entwicklung des maximalen Krafteinsatzes,
● Art und Weise der Muskelarbeit.

Ein zweiter Gliederungsaspekt der Trainingsinhalte ergibt sich aus den Arbeitsweisen der Muskulatur. Sportliche Bewegungen setzen Bewegungsarbeit voraus. Daneben kommt aber auch Haltearbeit vor: Ein Gewichtheber setzt die Hantel zuerst um (Bewegungsarbeit), fixiert sie vor der Brust (Haltearbeit), stößt sie dann aus (Bewegungsarbeit) und fixiert sie erneut (Haltearbeit). Dann läßt er sie absinken, wobei der Fall der Hantel durch Muskelarbeit gebremst wird (Bewegungsarbeit). Demnach lassen sich drei verschiedene Arbeitsweisen unterscheiden:
● überwindende Arbeit (positiv-dynamisch)
● Haltearbeit (statisch)
● nachgebende Arbeit (negativ-dynamisch).
Diese drei Arbeitsweisen kommen in der Sportpraxis nur selten isoliert vor; meist sind sie kombiniert. Vorrangig wird die überwindende Ar-

beitsweise und damit die positiv-dynamische Kraft gebraucht. Beim Lauf und Sprung, Schlag und Stoß, Wurf und Schuß wird sie häufig in Verbindung mit negativ-dynamischer Kraft benötigt. Die positiv-dynamische Arbeitsweise wird nämlich oft durch eine negativ-dynamische eingeleitet. Der Hochspringer bremst im Absprung die aus dem Anlauf gewonnene horizontale Anlaufgeschwindigkeit in einer Amortisationsphase ab, gibt also im Sprungbein nach (negativ-dynamische Arbeit), und benutzt die optimale Vordehnung und Vorspannung im Sinne der Anfangskraft zu einer explosiven positiv-dynamischen Muskelkontraktion. Bremsstöße werden durch Beschleunigungsstöße abgelöst.

Die Fähigkeit, von der nachgebenden zur überwindenden Arbeitsweise überzuleiten, wird reaktive Fähigkeit des Nerv-Muskelapparats genannt. Es ist die spezifische Fähigkeit zur Entwicklung einer starken motorischen Kraft nach einer intensiven mechanischen Muskeldehnung. Diese wird dabei nutzbar gemacht, damit sie «zusätzlich zur Zugkraft der Muskeln den Arbeitseffekt erhöht» (WERCHOSANSKIJ).

Die reaktiven Fähigkeiten sind besonders in Sportarten wirksam, bei denen bedeutende Krafteinsätze in minimaler Zeit bei schnellem Umsetzen von nachgebender zu überwindender Arbeitsweise charakterisiert sind, also bei allen Sprüngen (z. B. im Volleyball und Basketball), im Eiskunstlauf und außerdem auch bei allen Würfen.

Die Entwicklung der reaktiven Fähigkeiten erfolgt am besten über die sogenannte *Schlagmethode*, die eine besondere Struktur der Trainingsinhalte erfordert: Die Muskeln werden durch eine «schlagartige Dehnung» stimuliert, auf die dann ein aktiver Krafteinsatz erfolgt. Dazu eignen sich Zusatzlasten, aber auch das eigene Körpergewicht beim freien Fall aus einer bestimmten Höhe. Das Abfangen der fallenden Masse gewährleistet:

• den Übergang der Muskeln in einen aktiven Zustand im Augenblick der Amortisation;

• die schnelle Entwicklung des Krafteinsatzes, dessen Maximum um so höher ist, je kürzer Zeit und Weg des Bremsens sind;

• ein hohes Potential der Anspannung, wodurch Intensität und Schnelligkeit der nachfolgenden Bewegung sowie der schnelle Übergang von nachgebender zu überwindender Arbeit erhöht wird.

Für die Trainingsinhalte resultieren daraus folgende Forderungen:

1. Die Größe der Schlagbelastung wird durch Gewicht und Höhe des freien Falls reguliert und ist vom Trainingszustand abhängig. Der Olympiasieger im Dreisprung, Sanejew, springt aus 1,30 m Höhe mit einer 10 kg schweren Bleiweste nach einbeiniger Landung mühelos wieder mit der Hand zum Basketballkorb.

2. Der Amortisationsweg soll möglichst kurz gehalten werden, aber doch so lang, daß eine schlagartige Muskelspannung provoziert wird.

3. Dem Schlagtraining muß ein Aufwärmen vorangehen.
4. Die Dosierung darf fünf bis acht Wiederholungen nicht übersteigen.

Explosivkraft und reaktive Fähigkeiten werden vor allem durch *Tiefsprünge* (u. a. plyometrische Sprünge) (ZANON 1974) mit und ohne Zusatzbelastungen verbessert. Deshalb ist die Schlagmethode im Sprungtraining besonders beliebt.

ZANON (1973 und 1974) stellt sowohl für das Sprungkrafttraining als auch für das der Wurfkraft eine Übungsreihe vor, welche den optimalen Zuwachs der «explosiv-reaktiv-ballistischen» Muskelanspannung erlaubt, wobei er drei «Hauptprinzipien» herausstellt:

1. Prinzip der Anfangskraft,
2. Prinzip des optimalen Beschleunigungswegs,
3. Prinzip der Koordination von Teilimpulsen.

Ausgangspunkt der Überlegungen ist, daß eine Körperbewegung, die eine hohe Endgeschwindigkeit verwirklichen muß, «durch eine entgegengesetzt gerichtete Bewegung» eingeleitet werden soll (HOCHMUTH 1967). Durch das Abbremsen dieser Gegenbewegung ist zu Beginn der ‹eigentlichen› Bewegung bereits eine ‹positive Kraft für die Beschleunigung› vorhanden. Wenn der Übergang von der nachgebenden zur überwindenden Arbeit sich nun reibungslos vollzieht, wird der Beschleunigungsstoß insgesamt größer.

Wesentlich ist das Verhältnis von Brems- und Beschleunigungsstoß. Daraus resultieren jeweils unterschiedliche Verhaltensweisen bei der Realisierung von Trainingsinhalten nach der Schlagmethode, zum Beispiel in der Höhe des Absprungs bei Tiefsprüngen. Durch das Fallen des Körpers und der darauf folgenden Amortisation wird in der Streckmuskulatur Energie gespeichert, die als ‹Prinzip der Aufspeicherung der kinetischen Kraft› wirksam wird und den Streckvorgang begünstigt.

Die Charakteristik der drei Arbeitsweisen ist durch das Verhältnis der inneren (motorischen) und äußeren Kraft (äußere Widerstände) bestimmt. Bei der dynamischen Arbeitsweise entsprechen sich innere und äußere Kraft nicht. Ist die innere größer als die äußere, kommt es zu positiv-dynamischer Arbeit, bei umgekehrtem Verhältnis zu negativ-dynamischer Arbeit. Bei der statischen Arbeitsweise sind innere und äußere Kraft im Gleichgewicht: Der Sportler setzt so viel Kraft frei, wie für die Haltearbeit benötigt wird. Das ist nur in den seltensten Fällen das Kraftmaximum.

Den verschiedenen Arbeitsweisen entsprechen unterschiedliche Arten der Muskelkontraktion, welche wiederum mit verschiedenen Muskelspannungen einhergehen. Diese Unterschiede sind maßgeblich für das spezielle Krafttraining. Die Trainingsinhalte müssen entsprechend der Kontraktionsarten und der Art der Muskelspannung gewählt werden.

Als ‹Arten› werden genannt: isotonische, isometrische, auxotonische, isokinetische, konzentrische und exzentrische Kontraktionen.

Isotonisch bedeutet gleichbleibende Spannung,
isometrisch gleichbleibende Länge des Muskels: Bei der isotonischen Muskelkontraktion verändert sich die Muskelspannung nicht, bei der isometrischen bleibt die Muskellänge gleich. Entsprechend verändert sich bei der isometrischen Muskelkontraktion die Spannung und bei der isotonischen die Länge des Muskels.
Auxotonisch bedeutet spannungsveränderlich. Mit Recht wird darauf hingewiesen, daß im Sport isotonische Muskelkontraktionen nicht vorkommen. Es kommt immer zu Spannungsveränderungen. Auxotonisch bedeutet wörtlich zwar «vermehrend»; die Literatur nennt aber sowohl positive als auch negative Veränderungen auxotonisch. Diese Veränderungen ergeben sich durch die Anpassung des neuromuskulären Systems durch ‹sehr differenziertes Zu- und Abschalten neuromuskulärer Einheiten›, entsprechend den veränderten Kraftanforderungen. So verändern sich die Arbeitswinkel oder die Geschwindigkeit der zu bewegenden Körper.
Isokinetisch zielt auf eine gleichbleibende Geschwindigkeit während der Bewegungsführung, wobei der äußere Widerstand maschinell geregelt wird. Er wird so der Bewegung angepaßt, daß eine Geschwindigkeitszu- oder -abnahme nicht möglich ist. Da bei auxotonischen Kontraktionen der Widerstand in der Regel abnimmt und der maximale Spannungsreiz nur kurzfristig wirkt, ist die maximale Anspannungsdauer sehr kurz. Gerade dies wird beim isokinetischen Krafttraining ausgeschlossen. So muß während der gesamten Bewegung die Maximalkraft eingesetzt werden (KRÜGER 1971). Das isokinetische Krafttraining wurde zuerst in der Rehabilitation, dann besonders von den Schwimmern der USA eingesetzt. In anderen Sportarten hat es nur die Funktion eines Ergänzungstrainings, auch im Sinne der beständigen Variation des Krafttrainings. Die erforderlichen Kraftmaschinen sind zudem nur selten vorhanden.
Die *exzentrische* Muskelkontraktion ist dadurch gekennzeichnet, daß bei nachgebender Arbeitsweise «ein aktiv hochtrainierter Muskel gegen dessen eigenen Widerstand gedehnt wird. Dies erfolgt durch eine Last oder durch Zug» (HETTINGER). Wird etwa der gebeugte Unterarm gegen den Widerstand des Sportlers gestreckt, so liegt eine exzentrische Muskelkontraktion vor. Demgegenüber steht die *konzentrische* Kontraktion. Dies ist die Beugung gegen einen Widerstand

Die Charaktere der Muskelspannungen im Sport sind:

- der *tonische* Typ bei starker und relativ langsamer (Ringen, Tauziehen, Turnen), vor allem aber bei isometrischer Muskelspannung (Schießen).
- der *phasenhafte* Typ bei dynamischer Muskelarbeit, in der Regel bei rhythmischen, zyklischen Bewegungen, die durch einen Wechsel von Spannung und Entspannung gekennzeichnet sind. Die Geschwindigkeit des Krafteinsatzes spielt keine Rolle, wohl aber die Kraft und die Schnellkraftausdauer. Dieser Typ trifft also zu für das Rudern, Schwimmen, den Eisschnellauf, den Kanusport oder das Radfahren.

- der *explosiv-tonische,* der *explosiv-ballistische* und der *explosiv-reaktiv-ballistische* Typ erfordern ‹bedeutende Krafteinsätze in minimaler Zeit›. Explosiv-tonisch bezieht sich auf bedeutende Widerstände (Gewichtheben), explosiv-ballistisch auf maximalen Krafteinsatz bei geringeren Widerständen (Kugelstoß oder Wurf, Schmetterschlag im Volleyballspiel). Nimmt die Last zu, dann geht die Spannung in eine explosiv-tonische über. Explosiv-reaktiv-ballistisch ist zusätzlich durch die Verbindung von nachgebender und überwindender Arbeitsweise gekennzeichnet, wie bei Sprüngen oder im Training nach der Schlagmethode.
- Der *schnelligkeits-azyklische* Typ ist durch eine schnelle und einmalige Kontraktion (Boxen, Tennis, Fechten) bestimmt. Der *schnelligkeits-zyklische* Typ setzt mehrmalige Kontraktionen in einer bestimmten Frequenz voraus bei geringen Widerständen (Sprint).

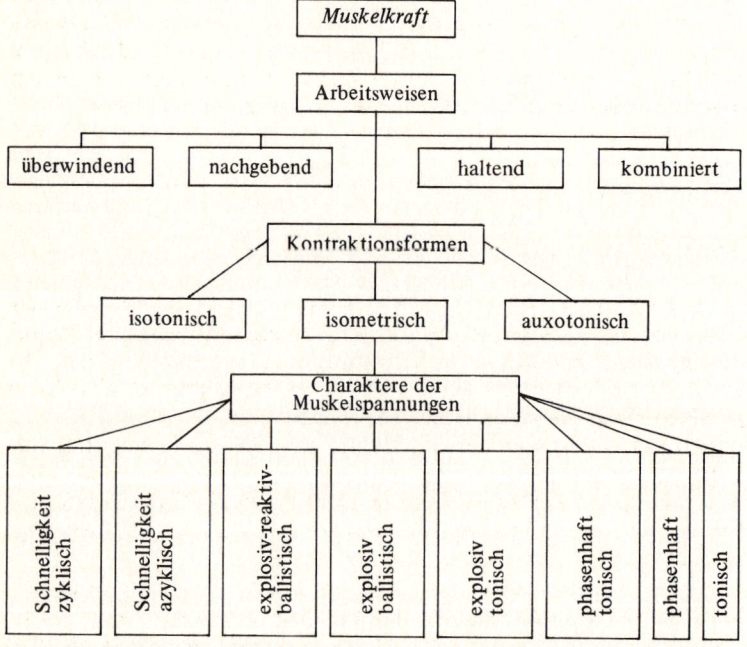

Abb. 27: Arbeitsweisen und Kontraktionsformen der Muskulatur und die Charaktere der Muskelspannungen (nach WERCHOSANSKIJ)

Ein dritter systematischer Ansatz zur Strukturierung der Trainingsinhalte hat sich aus der Trainingspraxis entwickelt. Man unterscheidet in
- Ganzkörperübungen und
- Teilkörperübungen.

Diese Unterscheidung ist besonders wichtig hinsichtlich der Anordnung der Belastungsnormative, weil Ganzkörperübungen mehr ermüden als Teilkörperübungen. Probleme ergeben sich, wenn beide Arten kombiniert werden.

Im Bereich des Fitnesstrainings sind Ganzkörperübungen zu bevorzugen. Teilkörperübungen lassen dagegen eine gezielte Belastung zu, vor allem im statischen Krafttraining. Sie ermöglichen außerdem eine kürzere Pausengestaltung, weil die einzelnen Muskelgruppen abwechselnd trainiert werden können; die lokale Ermüdung ist geringer.

Die Trainingsinhalte sind sehr vielfältig. Allein aus dem Sprungkrafttraining sind mehrere Sprungübungen bekannt, die die Verschiedenheit der Sprungkraft kennzeichnen. Im allgemeinen ist das Angebot ungleich größer als im vielseitig zielgerichteten oder gar im speziellen Krafttraining. Mit zunehmender Spezialisierung werden die Auswahlmöglichkeiten eingeengt. Einige Sprungkraftübungen und Übungen mit der Scheibenhantel werden im «Anhang» aufgeführt; sie dienen gleichzeitig zur Überprüfung verschiedener Krafteigenschaften.

Trainingsmethoden

Wiederholungs- und Intervallmethode

Von den eingangs genannten vier Grundmethoden sind drei für das Krafttraining uneingeschränkt geeignet. Sie können zielorientiert auf die drei Krafteigenschaften ausgerichtet werden:
- die Wiederholungsmethode für die Verbesserung der Maximalkraft allgemein und der Explosivkraft speziell;
- die Methode der intensiven Intervallarbeit für die Schnellkraft und eingeschränkt für die Kraftausdauer;
- die Methode der extensiven Intervallarbeit für die Kraftausdauer.

Die Dauermethode dient der Schulung der Ausdauer. Die Übergänge zwischen den einzelnen Methoden sind fließend.

Die folgende Zusammenstellung charakterisiert die drei Methoden im Bereich des Krafttrainings, wobei jeweils zwei Varianten für jede Methode angegeben werden. In Anlehnung an HARRE werden die Methoden mit ihren Belastungsnormativen dann entsprechenden Bewegungstempo verdeutlicht. Die Reizintensität bezieht sich prozentual auf die Bestleistung des Sportlers, wobei die Angaben für das Krafttraining mit der Scheibenhantel gelten. In der Trainingspraxis kommt es vielfach zu Kombinationen, Variationen und Überlagerungen, bedingt durch das jeweils aktuelle Trainingsziel.

Methode	Reizintensität	Wiederholungen	Pause	Serien	Bewegungstempo	Trainingsziel
Wiederholungsmethode (I)	85–100 %	1– 5	2–5 Min.	3–5 5–8	zügig/ explosiv	Maximalkraft und Explosivkraft
Wiederholungsmethode (II)	70– 85 %	6–10	2–4 Min.	3–5	zügig/ langsam	Maximalkraft (Hypertrophie)
Intensive Intervallmethode (III)	50– 75 %	6–10	3–5 Min.	4–6	explosiv	Explosivkraft/Schnellkraft (azyklisch)
Intensive Intervallmethode (IV)	30– 50 %	6–10	2–5 Min.	4–6	explosiv	Schnellkraft und Kraftschnelligkeit (azyklisch und zyklisch)
Extensive Intervallmethode (V)	40– 60 %	10–20	30–90 Sek.	3–5	schnell oder sehr schnell	Maximalkraftausdauer und Schnellkraftausdauer
Extensive Intervallmethode (VI)	25– 40 %	über 30	30–60 Sek.	4–6	zügig/ schnell	Kraftausdauer und Ausdauerkraft

Tab. 5: Belastungsnormative im Krafttraining bei unterschiedlichen Trainingsmethoden (modifiziert nach HARRE)

Im Krafttraining haben sich einige trainingsmethodische Hinweise bewährt:

1. Im Maximalkrafttraining sind höchste Widerstände erforderlich; daraus ergeben sich geringe Wiederholungszahlen pro Serie.
2. Wenn die maximalkraftabhängige Explosivkraft verbessert werden soll, müssen wie beim Schnellkrafttraining alle Wiederholungen explosiv und mit höchster Bewegungsgeschwindigkeit durchgeführt werden. Die Wiederholungen bzw. die Serien müssen abgebrochen werden, wenn diese nachläßt.
3. Die Höhe der Widerstände im Schnellkrafttraining ist abhängig von der Spezifik der Wettkampfübung.

4. Für das Kraftausdauertraining ist ebenfalls der Kraftanteil im Wettkampf ausschlaggebend: Bei großen Widerständen (Rudern, Kanu) wird eine andere Variante verlangt als bei geringeren Kraftanteilen (Mittelstreckenlauf). Im allgemeinen Konditionstraining ist eine geringere Belastung bei einem größeren Umfang günstiger; dasselbe gilt für das Anfängertraining.
5. Die Pausen sind passiv und/oder auch aktiv zu gestalten. Dehn- und Lockerungsübungen verkürzen die benötigte Erholungszeit.
6. Durch die Kombination zweier Methoden innerhalb einer Trainingseinheit wird das Prinzip der Variation der Belastung erfolgreich realisiert. So kann zur Verbesserung der Bewegungsgeschwindigkeit nach einer Serie mit sehr hoher Belastung eine andere mit geringerer folgen.
7. Bei maximaler Anstrengung (bewirkt durch die Widerstände oder die maximale Kontraktionsgeschwindigkeit) kommt es nicht nur zu lokaler, sondern auch vor allem zu zentraler Ermüdung. Dies ist wiederum abhängig vom Trainingszustand und von den Trainingsinhalten. Bei Ganzkörperübungen müssen die Pausen deshalb größer sein als bei Teilkörperübungen.
8. Die genannten Belastungsnormative sind lediglich Richtwerte; sie beziehen sich auch nur auf das dynamische Krafttraining.
9. Abhängig vom Trainingszustand ist auch die unterschiedliche äußere Belastung. Anfänger und Fortgeschrittene trainieren zuerst mit geringeren Lasten, weil am Anfang die allgemeine Basis und vor allem die Technik der Bewegungsausführung erlernt werden muß. Das erfordert umfangreiche Wiederholungszahlen, die bei einer zu hohen Belastung nicht möglich sind.
10. Eine simultane Verbesserung von Maximalkraft, Schnellkraft und Kraftausdauer ist im Anfängerbereich möglich, da auf diesem Niveau (noch) Übertragungseffekte wirksam werden können. Der Trainingsumfang muß jedoch bei einer Verschlechterung der Technik eingegrenzt werden.

Methoden der wiederholten, progressiv ansteigenden, maximalen und isometrischen Muskelspannung

Sowjetische Autoren führen übereinstimmend drei Methoden des Krafttrainings an: die der wiederholten, der maximalen und der dynamischen Krafteinsätze. Als Modifikation der Methode der wiederholten Krafteinsätze wird die des ‹progressiv ansteigenden Widerstandes› genannt. Hinzu kommt die der ‹isometrischen Anspannungen›.
Die Verbesserung der Maximalkraft verlangt eine sehr hohe und lange Spannungsdauer, wenn die Hypertrophie das Trainingsziel darstellt. Fähigkeiten der intramuskulären Koordination sind hingegen:
● gleichzeitige Einbeziehung der größten Zahl von Bewegungseinheiten;
● maximale Frequenz der effektorischen Impulse;
● synchronisierter Rhythmus der Aktivität der Bewegungseinheiten.
Dies spielt dort eine wichtige Rolle, wo eine Maximalkraftzunahme ohne Hypertrophie angestrebt wird, also vorrangig die relative Kraft

ansteigen soll. Daraus resultieren die beiden verschiedenen Wege zur Verbesserung der Maximalkraft.

Die *Methode der wiederholten Krafteinsätze* (sie ist nicht oder nur bedingt mit der Wiederholungsmethode identisch) besteht in einem «wiederholten Heben der Last, deren Gewicht allmählich entsprechend dem Anwachsen der Muskelkraft vergrößert wird» (WERCHOSANSKIJ). Sie ist vor allem in den Anfangsetappen der Kraftentwicklung zweckmäßig und in Sportarten, in denen die Größe der Maximalkraft eher eine Rolle spielt als die Kontraktionsgeschwindigkeit. Eine besonders günstige Entwicklung der *Muskelmasse* erfolgt bei «gemäßigt hoher» Last von etwa 50 bis 60 Prozent des Maximums mit vielen Wiederholungen. Bei maximaler oder submaximaler Last (über 90 Prozent) steigt jedoch die *Maximalkraft* schneller, die Zunahme der Muskelmasse ist geringer. Diese zweite Variante ist für die Trainingspraxis deshalb effektiver.

Die Stimulation der Kraftentwicklung nach der Methode der wiederholten Krafteinsätze erfolgt hauptsächlich durch die letzten Wiederholungen innerhalb der Serien. Wegen der vielen Wiederholungen kommt es zu Ermüdungen; somit wird der zuerst (noch) nicht maximale Reiz zu einem maximalen. Deshalb nennt man diese Methode auch ‹Methode bis zur Erschöpfung›.

Nach KUSNEZOW entwickelt sich auf diese Weise auch die «Fähigkeit zur optimalen Nutzung mehrfacher optimaler Anstrengungen», also die *Maximalkraftausdauer*. ZACIORSKIJ hebt den hohen Nutzen dieser Methode gerade für den Gesundheitssportler hervor. Darüber hinaus hat sie eine Basisfunktion:

- Sie ermöglicht eine Verringerung der Anstrengungen, die bei Maximalbelastungen entstehen.
- Bei nicht maximalen Krafteinsätzen sind eine bessere Kontrolle der technischen Ausführung möglich und die Verletzungsgefahr geringer.

Die Methode der maximalen Krafteinsätze ist nach ZACIORSKIJ die «Hauptmethode» im Training der Leistungssportler. Sie läßt nach KUSNEZOW nur eine einzige, nach ZACIORSKIJ zwei Wiederholungen zu. Sie wird auch als «Methode der kurzzeitigen Anstrengung» bezeichnet und hat keinerlei Varianten. Sie sichert den Kraftzuwachs hauptsächlich durch Verbesserung der neuromuskulären Koordination.

Wegen der unterschiedlichen Aufgabenstellung und der veränderten Anordnung der Belastungsdosierung, aber auch wegen der unterschiedlichen Anpassungserscheinungen ist die Methode der maximalen Krafteinsätze keine Variante der Methode der wiederholten Krafteinsätze. Im Trainingsprozeß folgt sie in der Regel vielmehr dieser nach. Sie ist besonders in den Sportarten bedeutsam, wo es auf relative Kraft ankommt.

Wenn es um eine schnelle Entwicklung der Kraft (Explosiv- und Startkraft) geht, ist das Training nach dieser Methode zu bevorzugen. Sie gewährleistet die Konzentration der Nerv-Muskeleinsätze und führt zu einer Erhöhung des speziellen Leistungsvermögens, in dem sich «die Fähigkeit ausdrückt, kurzzeitige, konzentrierte Krafteinsätze von hoher Intensität zu entwickeln» (WERCHOSANSKIJ). Das wirkt sich etwa beim Abdruck im Sprung oder Sprint leistungspositiv aus.

Abweichend von ZACIORSKIJ und KUSNEZOW nennt WERCHOSANSKIJ auch für diese Methode einen Intensitätsbereich von 85 bis 95 Prozent des Belastungsmaximums bei drei bis fünf Wiederholungen. Demnach ist mit dieser Anweisung eine Mittelstellung zwischen den Reinformen der beiden Methoden gegeben; diese Zwischenform spielt im Training der Gewichtheber eine große Rolle.

Die *Methode der progressiv ansteigenden Widerstände* ist besser unter *Pyramidentraining* bekannt. Sie ist gekennzeichnet durch eine beständige Zunahme der äußeren Belastung (Reizintensität) bei einer gleichzeitigen Abnahme der Wiederholungszahlen pro Serie (Reizdauer). Das Prinzip des Pyramidentrainings wird in *Abbildung 28* illustriert: Mit zunehmendem Gewicht der Hantel werden weniger Muskelkontraktionen durchgeführt.

Für die Pausen zwischen den Serien gelten die schon bekannten Hinweise; sie sind vom Trainingsziel abhängig. Nach einer längeren Pause kann eine zweite Pyramide mit einem zweiten Trainingsinhalt aufgebaut werden, dann eine dritte und vierte.

Man unterscheidet ‹einfache› und ‹akzentuierte› Pyramiden. Es kann die Basis oder die Spitze stärker betont werden, indem man entweder die Stufen der Basis oder die der Spitze zweimal durchläuft. Auch kann man akzentuieren, indem die Schritte der Belastungssteigerung oben oder unten kleiner gehalten werden. Bei der Betonung der Basis und bei explosiver Muskelkontraktion liegt das Trainingsziel in der Explosivkraft, bei langsamerer Bewegungsausführung in der Hypertrophie. Bei Betonung der Spitze kommt man mehr in den Bereich der Methode der maximalen Krafteinsätze.

Pyramidentraining ist auch im Schnellkraft- und Kraftausdauertraining sinnvoll, weil es dem Prinzip der Variation entspricht. Allerdings sind bei diesen Trainingszielen keine ganzen Pyramiden bis zum 100-Prozent-Niveau üblich, sondern vorwiegend Pyramiden*stümpfe*. Auch kann die Belastung gesteigert und vermindert werden (regressive Belastung). Durch zusätzliche Variation der Trainingsinhalte kann in noch

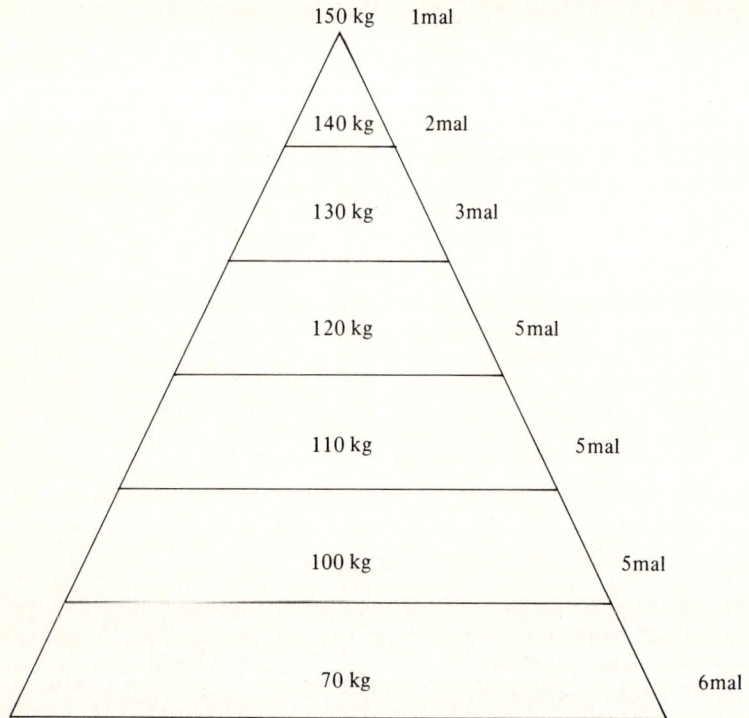

Abb. 28: Krafttraining des Olympiasiegers im Speerwurf Wolfermann nach der
«Methode der progressiven Belastung» (Pyramidentraining)
Trainingsinhalt: Bankdrücken (nach RIEDER)

größerem Ausmaß das Prinzip der Variation verwirklicht werden.
Entscheidend für den Trainingserfolg ist die Bestimmung der optimalen Reizintensität und damit der äußeren Belastung, und zwar in Verbindung mit der jeweiligen optimalen Anzahl der Wiederholungen
und der Serien (Sätze). Aus dem Training der Gewichtheber hat hierzu FESER (1977) detailierte Vorschläge unterbreitet.
Ausgangspunkt ist, daß der Bereich zwischen 70 und 100 Prozent,
bezogen auf die *absolute* Bestleistung, am wirkungsvollsten ist. Als
günstigste Anzahl der Wiederholungen gelten 1 bis 8, maximal 10. Für
die Festlegung der Belastung muß nun ermittelt werden, welche Lasten
bei welchen Wiederholungszahlen gehoben werden können. Dadurch
werden die *relativen* Bestleistungen festgestellt, und zwar bei 1 bis 10

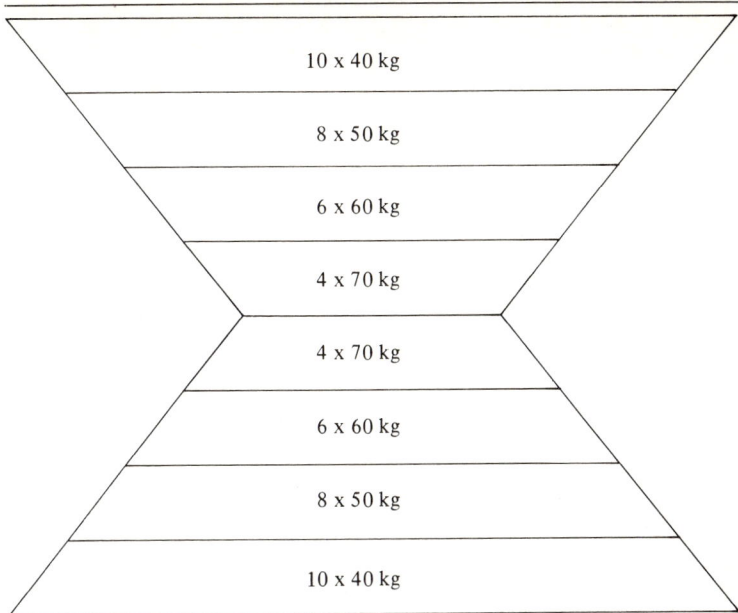

Abb. 29: Allgemeines Schnellkrafttraining qualifizierter Sprinter nach der Methode der progressiven und der regressiven Belastung
Trainingsinhalt: Strecksprünge mit der Scheibenhantel (LETZELTER)

Wiederholungen. Ein solches Schema beinhaltet *Tabelle 6*, bezogen auf einen Sportler, der in der Tiefkniebeuge 200 kg Bestleistung (bei einer Wiederholung) vorweist.

Wh	1	3	5	7	10
BL	200	188	170	156	140
Prozent aBL	100	94	85	78	70

Tab. 6: Absolute und relative Bestleistungen (BL) bei verschiedenen Wiederholungen (Wh) sowie Prozentwerte der relativen von der absoluten Bestleistung (% a BL)

Im vorliegenden Beispiel ergibt sich bei einer Last von 170 kg und 5 Wh ein Belastungsgrad von 100 Prozent, ebenso bei 10 Wh und einer Last von 140 kg. Für die Planung des Krafttrainings wird nun von diesen

Werten ausgegangen, indem verschiedene Belastungsgrade festgelegt werden. Feser hält bei 10 Wh einen Belastungsgrad von 70 bis 80 Prozent, bei 5 Wh von 80 bis 90 Prozent und bei 3 Wh von 85 bis 95 Prozent für besonders trainingseffektiv. Im konkreten Beispiel wären also 10 Wh mit 98 bis 112 kg, 5 Wh mit 136 bis 153 kg und 3 Wh mit 160 bis 180 kg am wirksamsten. Bezogen auf die absolute Bestleistung entsprächen dem etwa 50 bis 55 Prozent (10 Wh), 70 bis 75 Prozent (5 Wh) und 80 bis 90 Prozent (3 Wh). Im Training der Spitzengewichtheber werden in der Regel «pro Übung mindestens 10 Sätze durchgeführt», und zwar bei 3 bis 4 Übungen. Demnach besteht eine Trainingseinheit aus etwa 40 Sätzen. Für ‹andere› Sportarten empfiehlt Feser 30 bis 35 Sätze pro Trainingseinheit bei noch höheren Intensitätsbereichen: 75 bis 85 Prozent (10 Wh), 85 bis 95 Prozent (5 Wh) und 90 bis 100 Prozent (3 Wh).

Die *Methode der isometrischen Anspannungen*, also das statische Krafttraining, wird vor allem als Ergänzung und im Sinne des Prinzips der Variation eingesetzt. Es kann zur Entwicklung der Maximalkraft nützlich sein, wenn keine schnellkräftigen Bewegungen erforderlich sind. Anscheinend besteht im Maximalkraftgewinn zwischen dynamischem und statischem Krafttraining kein wesentlicher Unterschied. Allerdings sind die Kraftgewinne spezifisch – dynamische Kraft bei der einen Methode, statische bei der anderen. Geeignet ist das statische Krafttraining zur Stabilisierung der Kraft; eine Erhöhung des Trainingseffektes wird hauptsächlich durch ein Maximum an *Anspannung* erreicht.

Martin bemerkt, daß auch isometrisches Krafttraining «nur im funktionell-statischen Sinne» angewandt werden soll. Vorteile des isometrischen Krafttrainings sind nach Werchosanskij:

1. Die Muskeln können lokal und zielgerichtet bei einem bestimmten geforderten Gelenkwinkel trainiert werden.
2. Isometrische Anspannungen sind «allgemein zugänglich»; und benötigen keinen Aufwand an Geräten.
3. Das Training ist gestrafft und kurzdauernd.
4. Es erzeugt nur einen geringeren Zuwachs an Muskelmasse.

Dagegen stehen folgende Nachteile:

1. Ermüdung des zentralen Nervensystems und ein schädlicher Einfluß auf das Herz-Gefäßsystem;
2. Abfall der Koordinationsfähigkeit;
3. Verschlechterung der Muskelelastizität.

Durch wohlabgestimmte Dosierung und angemessene Atmung können diese Nachteile teilweise aufgehoben werden.

Zur konkreten Durchführung des isometrischen Krafttrainings und somit zur Ausprägung der Belastungsnormative liegen unterschiedliche Angaben vor. HARRE empfiehlt für Hochleistungssportler Reizintensitäten von 80 bis 100 Prozent und Haltezeiten von 12 Sekunden. Für Anfänger und Fortgeschrittene verringern sich beide Werte. Über die Anzahl der geeigneten Wiederholungen und Serien besteht keine Übereinstimmung. Es ist davon auszugehen, daß einmalige Muskelkontraktionen keinen optimalen Trainingserfolg ermöglichen. Für ein Leistungstraining sollen die einzelnen Kontraktionen bei ‹unterschiedlicher Winkelstellung›, also bei unterschiedlichen Arbeitswinkeln, durchgeführt werden. Dabei ist dann eine Anspannung pro Winkelstellung ausreichend.

WERCHOSANSKIJ nennt eine kürzere Reizdauer als HARRE und fordert:

- die maximale Anspannung nicht länger als sechs Sekunden zu halten;
- den Krafteinsatz allmählich zu entwickeln;
- die Gesamtdauer des isometrischen Trainings auf zehn Minuten zu beschränken;
- das Training mit Lockerungsübungen abzuschließen.

Erste Hinweise zur Wirksamkeit des statischen (isometrischen) Krafttrainings hat HETTINGER gegeben. Seine Untersuchungsergebnisse wurden vielfach fehlinterpretiert und unüberlegt aus dem Bereich des Fitnesssports auf den Leistungssport übertragen. Zudem lassen sich Trainingsinhalte, die im Labor erprobt wurden, nicht immer in der konkreten Situation der Trainingspraxis anwenden, weil dort statische Arbeit kaum benötigt wird. Deshalb hat sich diese Trainingsmethode auch nur bedingt durchgesetzt.

Methoden des speziellen Krafttrainings

Das spezielle Krafttraining ermöglicht, «entweder die Muskelkraft gleichzeitig mit einer spezifischen und einer führenden Bewegungseigenschaft zu entwickeln oder vorrangig mit einer dieser Eigenschaften». Die erste Methode nennt KUSNEZOW *Methode der synthetischen Einwirkung*, die zweite *Methode der analytischen Einwirkung*.

Wenn die Entwicklung der spezifischen Krafteigenschaften und eine technische Vervollkommnung angestrebt wird, spricht DJATSCHKOW von der *Methode der gekoppelten Einwirkung*.

Die Festlegung der äußeren Widerstände (und damit der Zusatzbelastungen bei Spezial- oder Wettkampfübungen) ist die Hauptfrage des speziellen Krafttrainings. So sollen die Zusatzbelastungen bei Sprung-, Lauf-, Hang- oder Schwungübungen drei bis fünf Prozent nicht überschreiten. Zu große Widerstände schließen eine technische Vervollkommnung nahezu aus. Fast unmöglich werden dann die spezielle Kraftentwicklung und vor allem die Verbesserung der Bewegungsgeschwindigkeit unter Wettkampfbedingungen.

Die Methode der analytischen Einwirkung gestattet es, jede einzelne Krafteigenschaft bzw. deren Unterformen gezielt zu trainieren. Zudem erlaubt sie einen wesentlichen Zuwachs des Trainingsumfangs. Bei technisch hochqualifizierten Sportlern ist sie aber nur begrenzt einsetzbar. Vor allem für die Entwicklung der Explosiv- und der Schnellkraft empfiehlt KUSNEZOW die *Methode der variablen Einwirkung.*

Schnellkrafttraining

Für die maximalkraftorientierte Schnellkraft (z. B. die Explosivkraft) sind die zuvor erläuterten Methoden von großer Bedeutung. Sie sind jedoch kaum anwendbar für jene Schnellkraftsportarten, in denen die äußeren Widerstände geringer sind. MARTIN stellt fest, daß es trainingsmethodisch sehr schwierig ist, das Schnellkrafttraining zu systematisieren.

Eine erste Überlegung ist, ob Schnellkraft durch eine Steigerung der Maximalkraft verbessert werden kann. Von den maximalkraftorientierten Sportarten, für die die Explosivkraft ausschlaggebend ist – etwa bei den leichtathletischen Würfen –, weiß man, daß ein hohes Maximalkraftniveau notwendig ist. Wenn bei azyklischer Bewegungsführung große äußere Widerstände überwunden werden müssen, hat also die Maximalkraft einen großen Einfluß auf die Schnellkraft. Die Übertragung der antrainierten Maximalkraft in Schnellkraft geht allerdings mit Transformationsverlusten einher. Maximalkrafttraining allein führt nicht zu einer ausreichenden Schnellkraftzunahme: Das höhere Maximalkraftniveau muß zunächst umgesetzt werden. Dieser Prozeß kann nacheinander oder gleichzeitig erfolgen, und zwar durch allgemeines und spezielles Schnellkrafttraining mit Hilfe von Spezialübungen und Wettkampfübungen mit Zusatzbelastungen.

Zur Umsetzung der Maximalkraft in Schnellkraft ergeben sich folgende Wege: Die Maximalkraft kann zuerst durch allgemeines und dann durch spezielles Schnellkrafttraining umgewandelt werden. Dabei kommt es zweimal zu Transformationsverlusten. Hier wäre zu fragen, ob man nicht eine der beiden Stufen auslassen kann. Bei weniger maximalkraftorientierten Schnellkraftsportarten muß geprüft werden, ob ein Maximalkrafttraining überhaupt noch nötig ist.

HARRE hebt mit Recht hervor, daß das «optimale Verhältnis zwischen Maximalkrafttraining und Schnellkrafttraining noch nicht genügend erkannt ist». Es wird gefolgert, daß kleine äußere Lasten schnelle und große Lasten langsamere Muskelkontraktionen ermöglichen. Demnach muß je nach Bedarf der Kraft- bzw. der Schnelligkeitsanteil betont verbessert werden.

Diese Verbesserung hat auf alle Fälle sportartspezifisch zu erfolgen nach dem ‹Prinzip der dynamischen Übereinstimmung›. Ein Training mit hohen Lasten führt nicht zu einer Verbesserung der Kontraktionsgeschwindigkeit bei geringeren Widerständen. Ebenso führt ein Training mit geringeren Lasten nur zu einer höheren Kontraktionsgeschwindigkeit unter annähernd gleichen Bedingungen, jedoch nicht auch zur schnellkräftigen Überwindung größerer äußerer Widerstände. In der Trainingspraxis besteht derzeit die Tendenz, Maximalkraft und spezielle Schnellkraft gleichzeitig zu verbessern, also Maximalkraft unmittelbar in Schnellkraft umzusetzen. Das beinhaltet die Berücksichtigung der Bewegungsdynamik und der -struktur, wie sie bei der Darstellung des speziellen Krafttrainings beschrieben wurde. WERCHOSANSKIJ hat dies so zusammengefaßt:

«Bis jetzt kann für die Abhängigkeit Kraft – Geschwindigkeit nur so viel gesagt werden, daß sich der Sportler bei der Wahl der Mittel für die Kraftvorbereitung deutlich vorstellen muß, welche Spezifik und Bedingungen für die Entwicklung der Kraft bei der sportlichen Übung notwendig sind.»

Die bisherigen Untersuchungsergebnisse sind sehr unterschiedlich. So haben BÜHRLE und SCHMIDTBLEICHNER (1977) einen sehr engen Zusammenhang zwischen Maximalkraft und Bewegungsschnelligkeit auch bei geringen äußeren Belastungen festgestellt, wenn die Bewegungsausführung ähnlich ist. DJATSCHKOW hat zwischen Indizes dynamischer Arbeit (Hochsprünge aus dem Stand und Tiefkniebeugen) sowie Indizes statischer Arbeit (Polydynamometrie) enge Zusammenhänge mit der Hochsprungleistung ermittelt. Eigene Untersuchungen haben ergeben, daß zwischen der statischen Maximalkraft der Beinstrecker und den speziellen Erscheinungsweisen der Kraft (Sprintkraft, vertikale und horizontale Sprungkraft) nur bei relativ unausgeglichenen Sportgruppen geringe Zusammenhänge nachweisbar sind.

Bei relativ ausgeglichenen Kollektiven (Sprintern und Sprinterinnen der deutschen Spitzenklasse und bei homogenen Gruppen von Sportstudenten oder von Untrainierten) lassen sich keine Zusammenhänge nachweisen. Dagegen beeinflussen sich die Erscheinungsweisen der Schnellkraft gegenseitig in hohem Ausmaß, sowohl in homogenen als auch in inhomogenen Leistungsgruppen. Im Bereich des Schulsports kann von ähnlichen Befunden ausgegangen werden (H. LETZELTER 1978). Allerdings nimmt eine Übertragung von einer Eigenschaft auf die andere mit zunehmender Qualifikation ab.

Die Schnellkraft muß unterschieden werden bei azyklischer und bei zyklischer Bewegung. Bei zyklischen Bewegungen unterbrechen Phasen der Lockerung die Phasen der Arbeit. KUSNEZOW nennt für das Training der Explosivkraft bei azyklischen Bewegungen die Methoden der synthetischen, analytischen und variablen Einwirkung, aber auch die Wiederholungsmethode. Bei Sportarten mit zyklischer Bewegungsstruktur kommt noch die Intervallmethode hinzu.

Unter den vier genannten ‹Grundmethoden› ist primär die *intensive Intervallmethode* für die Schnellkraft zuständig. Als komplexe Methode wird sie der großen Bandbreite der Schnellkraft gerecht und ist deshalb vielfältig einsetzbar. Entsprechend der beiden Schnellkraftkomponenten ist auch die Dosierung, vor allem die Intensität, unterschiedlich.

Kraftausdauertraining

Während beim Maximalkrafttraining der Akzent auf der Höhe der äußeren Belastung und beim Schnellkrafttraining auf der Geschwindigkeit der Bewegungsausführung liegt, ist das Kraftausdauertraining auf den Trainingsumfang ausgerichtet. Als wichtigste Methode gilt neben der ‹intensiven› die ‹extensive Intervallmethode›.

Die Auswahl der geeigneten Variante ergibt sich aus der Spezifik der Sportart mit ihren äußeren Widerständen, welche zum Beispiel im Rudern oder Skilanglauf verschieden sind. Im Kraftausdauertraining sind höhere Widerstände nötig, als sie im Wettkampf zu überwinden sind. Beim Simulatortraining der Ruderer, bei der Benutzung von paddels im Schwimmen oder bei der Auswahl des Geländes zum Laufen wird der Widerstand deutlich erhöht.

Nach ZACIORSKIJ besteht ein enger Zusammenhang zwischen Maximalkraft und Kraftausdauer. Andere und eigene Untersuchungen haben gezeigt, daß dieser Befund nur für Kraftausdauerleistungen bei hoher äußerer Belastung zutrifft. Zwischen der Anzahl der Kniebeugen ohne Belastung und der Leistung in der Kniebeuge mit Belastung besteht kein statistisch nachweisbarer Zusammenhang.

Auch Kraftausdauertraining kann mit allen drei Trainingsinhalten erfolgen, also mit allgemeinen und speziellen sowie mit der Wettkampfübung mit Zusatzbelastung. Es ist das hervorragende Trainingsziel der Breitensportler und gleichzeitig Basistraining der Leistungssportler. Eine besonders bewährte Organisationsform ist das *Circuittraining*.

Im Leistungstraining wird die Kraftausdauer vorrangig unter Verwendung der Spezial- und Wettkampfübung trainiert. Dabei werden die Bedingungen der Übungsausführung erschwert, so daß die Muskelspannung gegenüber der Normalbelastung erhöht ist. Grundsatz ist wie im Schnellkrafttraining, daß die Höhe der äußeren Belastung nicht zu einer Veränderung der äußeren Struktur der Bewegung führen darf. Typische Formen des Kraftausdauertrainings mit der Wettkampfübung sind Dünenläufe im Trainingssystem CERUTTYS (nach NETT 1970) und in Form von Spezialübungen die Hügelsprungläufe bei LYDIARD (1969).

Organisationsformen

Organisationsformen dienen der Trainingsökonomie. Die Grundformen der Trainingsorganisation sind identisch mit denen, die etwa FETZ (1973) oder STIEHLER (1974) in ihren Methodiken beschrieben haben. Bevorzugt werden im Krafttraining zwei Organisationsformen: das Stationstraining und das Kreistraining.

Nach BERNHARD benötigt man für das *Stationstraining* einen großen Geräteaufwand, wie er nur in gutausgestatteten Krafttrainingsräumen gegeben ist; HARRE hat die Ausstattung solcher Krafttrainingsräume beschrieben. Wird jedoch bei einem Stationstraining mit dem Eigengewicht oder einem Partner gearbeitet, dann ist ein gerätemäßiger Aufwand nicht nötig.

Beim Stationstraining werden an jeder Station – ihre Anzahl ist beliebig – ausgewählte Trainingsinhalte nach definierten Belastungsanweisungen eingesetzt. Die Reihenfolge wird festgelegt, ebenso die Variationsmöglichkeit. Die Reizintensität kann gleich bleiben oder verändert werden unter Einbeziehung aller Belastungsnormative. Das Stationstraining eignet sich besonders für die Kraftausbildung im Kinder- und Jugendtraining sowie für die Schulung und den Erwerb einer vielseitigen Bewegungserfahrung.

Die einzelnen Modifikationen des Stationstrainings führen zu mehr oder weniger starken Annäherungen an das Kreistraining. Der entscheidende Unterschied besteht darin, daß nicht – wie beim Kreistraining – an jeder Station nur eine Serie durchgeführt wird, sondern mehrere.

Das *Satztraining* entspricht den Prinzipien des Kreistrainings, setzt sich aber nur aus zwei bis vier Stationen zusammen. Der Akzent liegt auf der Kraftentwicklung; das Satztraining ist deshalb für die Gewichtheber die typische Organisationsform. Dabei wird jeder Trainingsinhalt in mehreren Serien durchgeführt, so daß wegen der beständigen gleichen Bewegungsausführung auch koordinative und technomotorische Trainingsgewinne erzielt werden. Ein zweiter oder dritter Durchgang wie beim Kreistraining findet nicht statt.

Das *Kreistraining* darf nicht mit dem Circuittraining gleichgesetzt werden. *Circuittraining* ist eine Variante des Kreistrainings, und zwar ‹Kreistraining nach der Methode der extensiven Intervallarbeit›. Damit ist die Zielstellung vorgegeben: Im Circuittraining geht es vor allem um die Kraftausdauer, während das Kreistraining ebenso wie das Stationstraining nach allen vier Grundmethoden durchgeführt werden kann. Damit kann es zur Entwicklung aller Kraft- und Komplexeigenschaften eingesetzt werden.

SCHOLICH hat das Kreistraining umfassend dargestellt. Für die Konstruktion eines ‹Kreises› sind «einfache und unkomplizierte Übungen» auszuwählen, die in Stationen angeordnet werden. Nach jeder Serie wird die Station im Rundgang gewechselt, wobei das methodische Prinzip darin besteht, die einzelnen Hauptmuskelgruppen nacheinander zu belasten:

● Beinmuskulatur, Arm- und Schultermuskulatur, Bauchmuskulatur sowie Rückenmuskulatur.

Diese vier Muskelgruppen bestimmen zusammen mit Ganzkörperübungen die Auswahl der Trainingsinhalte und damit der Stationen. Sie werden im ‹Symbol des Kreistrainings› zusammengefaßt.

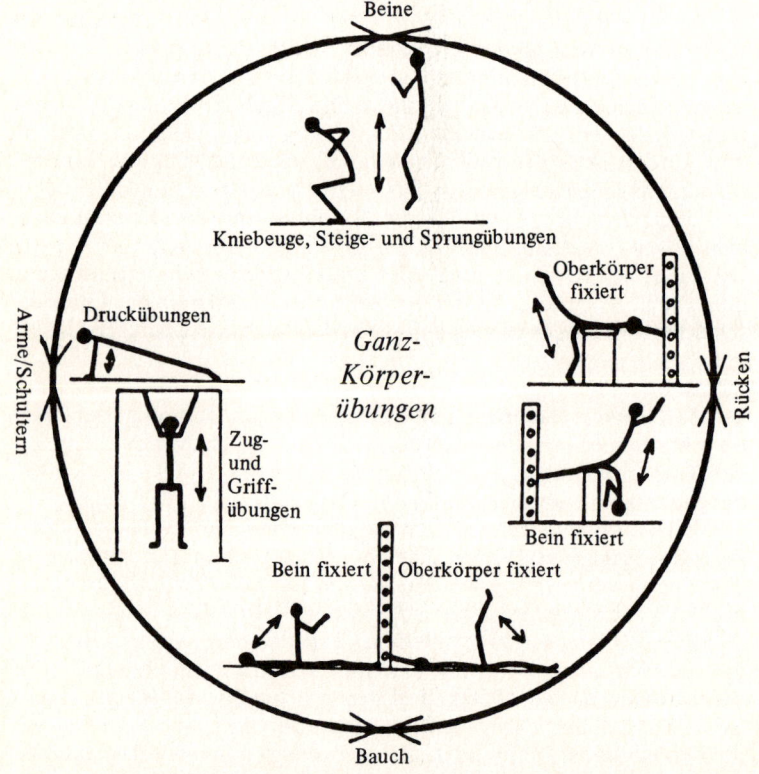

Beine

Kniebeuge, Steige- und Sprungübungen

Oberkörper fixiert

Arme/Schultern

Druckübungen

Ganz-Körper-übungen

Rücken

Zug- und Griff- übungen

Bein fixiert

Bein fixiert | Oberkörper fixiert

Bauch

Für die Durchführung des Kreistrainings sind folgende Angaben wichtig:

- Anzahl und Auswahl der Trainingsinhalte und damit der Stationen und ihrer Reihenfolge.
- Angaben zu den Belastungsnormativen Reizstärke und Wiederholungszahl oder Reizdauer an den einzelnen Stationen.
- Angaben über Art und Dauer der Pausen zwischen den Stationen.
- Anzahl der Rundgänge (Kreise) und der Pausen zwischen den Rundgängen.

Der einfachste Rundgang besteht aus vier Stationen, an denen abwechselnd die vier genannten Muskelgruppen trainiert werden. Umfangreichere Kreise bestehen aus sechs, acht oder zehn Stationen mit unterschiedlichem Schwierigkeitsgrad. Bei SCHOLICH findet sich ein ausführlicher Katalog von Trainingsinhalten mit entsprechenden Belastungsnormativen.

Kreistraining kann wie das Pyramidentraining akzentuiert werden. Diese Akzentuierung bezieht sich auf die konditionellen Eigenschaften oder auf die Hauptmuskelgruppen. So können etwa Kreise für das Training hauptsächlich der Beinmuskulatur zusammengestellt werden oder solche, in denen die Armmuskulatur den Vorrang hat.

Das Kreistraining bietet viele Variationsmöglichkeiten und ist dadurch abwechslungsreich gestaltbar. Dies ist besonders im Sportunterricht von großer Bedeutung, zumal eine Lernerfolgskontrolle relativ einfach ist. Die Variation kann alle vier Grundmethoden betreffen.

An welcher Station ein Schüler seinen Durchgang beginnt, ist unerheblich. Probleme für Belastung und Erholung bestehen nur dann, wenn Übungen mit unterschiedlichem Belastungsgrad ausgewählt werden. So ermüden Ganzkörperübungen mehr als Teilkörperübungen; hier muß der Lehrer und Übungsleiter eine geschickte Auswahl treffen.

Ausdauer und Ausdauertraining

Ausdauer als konditionelle Grundeigenschaft

Sportmediziner setzen häufig die Leistungsfähigkeit mit Ausdauer gleich. Das ist nicht korrekt, auch wenn in vielen Sportarten die Ausdauer leistungs-, in anderen wiederum trainingsbegrenzend ist.

Ausdauer wurde früher vor allem leistungssportbezogen analysiert. Die dadurch gefundenen Untersuchungsergebnisse konnten inzwi-

◄ *Abb. 30:* Symbol des Kreistrainings – für die Auswahl der Übungen, für den Wechsel der Belastung der Hauptmuskelgruppen, für den organisatorischen Ablauf des Übens (nach SCHOLICH)

schen allen anderen sportlichen Bereichen nutzbar gemacht werden. So hat die Ausdauer in einem ganz anderen Zusammenhang das Interesse der Trainingslehre erregt: Ausdauertraining als Verfahren der Vorbeugung gegen Bewegungsmangelkrankheiten (Hypokinetosen) und als Mittel der Rehabilitation.

Dieses Training ist besonders geeignet zur Vorbeugung gegen und zur Wiederherstellung nach Herz- und Kreislauferkrankungen. Dies gibt dem Ausdauertraining einen ganz besonderen Stellenwert: Es dient der Volksgesundheit. In diesem Sinne sind die Trimm-Bewegung, die Volksläufe und die Jogging-Bewegung in den USA zu sehen. Ausdauer ist auch für den Schulsport von Bedeutung: Der Schüler soll im Ausdauertraining durch Eigenrealisation Verfahren kennen- und deren Wirkung beurteilen lernen, so daß er später selbständig und wirksam Sport treiben kann. Das setzt freilich ein Langzeitinteresse voraus.

Ausdauer wird in der Regel als *Ermüdungswiderstandsfähigkeit* bezeichnet. Uneinigkeit besteht in der weiteren Differenzierung. Meist berücksichtigen die Definitionen der Ausdauer nur eine Seite dieser Eigenschaft. So spricht HARRE von Ermüdungswiderstandsfähigkeit «bei langandauernden sportlichen Übungen», bei «Belastung mit relativ hoher Intensität». SCHMOLINSKY dagegen sieht Ausdauer in Verbindung mit einer «relativ niedrigen Leistung pro Zeiteinheit». Ausdauer ist aber weder ausschließlich bei langandauernder noch ausschließlich bei hoher oder niedriger Belastung nötig. Auch der Kurzstreckenläufer benötigt Ausdauer, ebenso der Marathonläufer und sogar der Gewichtheber. Unterschiede bestehen lediglich in der speziellen Ausrichtung, also in den entsprechenden Ausdauereigenschaften und damit in der speziellen Ausdauer in Training und Wettkampf.

Die Ausdauer ist abhängig von der Spezifik der Sportart. Diese prägt somit die einzelnen Ausdauereigenschaften, insbesondere hinsichtlich Intensität und Dauer. Bezogen auf die einzelnen Sportarten kann man drei Funktionen der Ausdauer unterscheiden:

1. Ausdauer ermöglicht es, eine gewählte Intensität möglichst lange beizubehalten.
2. Ausdauer vermindert die Verluste an Intensität, die durch Ermüdung eintreten.
3. Ausdauer bewirkt eine schnelle Erholung.

Hinsichtlich dieser drei Grundfunktionen gibt es einige spezielle Abweichungen. Bei maximaler Belastung sind die unter (1) und (2) genannten Funktionen wichtig. Bei submaximaler oder mittlerer Belastung kommt die Fähigkeit hinzu, die Intensität variieren und notfalls steigern zu können (bei Zwischenspurts oder im Endspurt). Die Erholungsfähigkeit ist einerseits trainings-, andererseits wettkampfbezogen. Im Wettkampf der Sportspieler oder in den Kampfsportarten hat sie eine große Bedeutung. Eine schnellere Erholung ermöglicht in den Spielen schnellere Spurts noch am Ende des Spiels. In Wettkämpfen mit Etappencharakter oder bei Vor-, Zwischen- und Endläufen sowie bei Mehrfachstarts spielt die Erholungsfähigkeit ebenfalls eine große Rolle.

Ausdauer verhindert, vermindert und verkürzt Ermüdungserscheinungen. Ermüdung erzeugt eine ‹Funktionsverminderung›; doch diese ist reversibel und läßt sich unterschiedlich abgrenzen (HOLLMANN). ZACIORSKIJ differenziert nach dem Umfang der «arbeitenden» Muskulatur und spricht von:

- lokaler Ermüdung,
- regionaler Ermüdung,
- globaler Ermündung,

wenn $1/3$, $1/3$ bis $2/3$ und mehr als $2/3$ der Muskulatur eingesetzt werden. Der Ermüdungsgrad ist abhängig von Intensität und Dauer der Belastung und wirkt sich aus als geistige, sensorische, emotionale und körperliche Ermüdung. Diese stehen nicht isoliert nebeneinander, sondern beeinflussen sich gegenseitig. Im Sport dominiert die physische Ermüdung. Aber auch die emotionale ist oft entscheidend; denn sie führt zu einem Nachlassen der Willenskraft. Die sensorische Ermüdung verschlechtert die Leistungsfähigkeit der Analysatoren und und macht sich besonders koordinationsmindernd bemerkbar, während die geistige sich nicht zuletzt in der Taktik und in der Konzentrationsfähigkeit negativ auswirkt.

Biologische Grundlagen

Die Anpassungen durch Ausdauertraining verbessern einerseits die aerobe, andererseits die anaerobe Kapazität. Das aerobe Ausdauertraining betrifft mehr das Herz-Kreislauf-System, das anaerobe in größerem Ausmaß den Muskelstoffwechsel. Die Ausprägung der *aeroben* Kapazität zeigt sich in der Veränderung mehrerer physiologischer Parameter. Vereinfacht kann davon ausgegangen werden, daß zwei wesentliche Anpassungserscheinungen realisiert werden: Aerobes Ausdauertraining führt zu einer Vergrößerung des Herzens und damit des ‹Motors› und auch zu einer Verbesserung der Versorgungswege der Mukulatur durch verbesserte Kapillarisierung.

Als Gradmesser der aeroben Kapazität werden in der Regel das Herzminutenvolumen, der Sauerstoffpuls und die maximale Sauerstoffaufnahme (absolut und relativ) sowie die Pulsfrequenz genannt. Es ist erwiesen, daß zwischen der aeroben Ausdauer und diesen physiologischen Größen enge Beziehungen bestehen. Das gilt für alle Ausdauersportarten und auch für jene, in denen die Ausdauer eine Mittlerrolle spielt, aber nicht für die Sportarten, die nur kurzdauernd sind.

Einfachstes überprüfbares Kriterium in der Trainingspraxis ist die *Pulsfrequenz*. Mit verbesserter aerober Ausdauer wird sie geringer. Deshalb ist ihre Veränderung im Intervalltraining der Ausgangspunkt für die Belastungsdosierung und zugleich der Indikator des Trainingsfortschritts. Die Verringerung der Pulsfrequenz ist ein Ökonomisierungseffekt, der eine bessere Durchblutung des Herzmuskels ermöglicht. Auswirkungen sind im Training relativ kurzfristig feststellbar und durch den Sportler selbst meßbar. Sie betreffen sowohl den Ruhe- als auch den Belastungs-, vor allem aber den Erholungspuls: Während der Erholungszeit fällt der Puls bei Trainierten schneller wieder ab, die Erholungspulssumme wird geringer. Darin zeigt sich die dritte Funktion der Ausdauer, also die der schnelleren und gründlicheren Erholung.

Einige Ausdauersportler haben eine extrem niedrige Ruhepulsfrequenz – wie der Skilangläufer de Dorigo mit 28 und der Weltrekordläufer Pirie mit 32 S/Min. Bei Dauerleistern liegt der Ruhepuls grundsätzlich unter 50 S/Min., oft sogar unter 40 S/Min., während Untrainierte Pulsfrequenzen über 70 S/Min. vorweisen (NÖCKER). Die geringere Schlagzahl kann als ‹Schongang› bezeichnet werden, der zu einer Entlastung des Herzens führt.

Die Höhe der Pulsfrequenz bei Belastung ist ferner ein Gradmesser für die Reizintensität im Dauer- und Intervalltraining. Deshalb ist ihre Veränderung auch der einfachste Regulierungsmechanismus des Ausdauertrainings. Es sei aber ausdrücklich auf die Gefahr von Meßfehlern bei der Selbstbeobachtung hingewiesen. Dies gilt vor allem für Schüler, die im Rahmen eines Circuittrainings eine Pulsmessung durchführen.

Mit der Senkung der Pulsfrequenz ist ein äußerlich meßbarer Trainingsgewinn gegeben. Er hat seine Ursache vor allem in der Vergrößerung des Schlag- bzw. des Herzvolumens. Ausdauersportler haben ein nachweisbar größeres Herz als andere. Die Herzvolumenzunahme nennt man ‹regulative Dilatation› im Gegensatz zur ‹pathologischen› Vergrößerung bei Herzkranken. Zwischen Herzgröße und Schlagvolumen besteht ein enger Zusammenhang; beide bestimmen die Ausdauer maßgeblich: Je größer das Herz, desto größer ist das Schlagvolumen, und desto höher ist die aerobe Ausdauerfähigkeit (REINDELL).

Die Herzveränderung zeigt sich als Hypertrophie des Herzmuskels und als Erweiterung der Herzkammern. Dies führt zu einer Vergrößerung des ‹Hubraums›, so daß mit jedem Herzschlag mehr Blut und damit mehr Sauerstoff ausgeworfen und der Muskulatur zur Verfügung gestellt werden. Dadurch steht mehr Sauerstoff für oxydative Vorgänge, also für den ökonomischeren Weg der Energiegewinnung, zur Verfügung.

Ausdauersportler haben in Ruhe ein geringeres und unter Belastung ein höheres Schlagvolumen. Das bedeutet eine ökonomischere Arbeitsweise des Herzens in Ruhe und eine größere Reserve unter Belastung. In Verbindung mit der niedrigeren Pulsfrequenz in Ruhe resultiert daraus ein kleineres Minutenvolumen als Produkt von Schlagvolumen und Pulsfrequenz. Nach NÖCKER beträgt es bei Trainierten zwei bis drei und bei Untrainierten etwa fünf Liter. Diese Entlastung des Herzens wird ausgeglichen durch Veränderungen im peripheren Teil des Kreislaufs, vor allem durch die höhere Sauerstoffaufnahmefähigkeit des trainierten Muskels infolge der verbesserten Kapillarisierung. Die ‹arteriovenöse Sauerstoffdifferenz› (der Unterschied im Sauerstoffgehalt des arteriellen und venösen Bluts) ist bei Trainierten bedeutend verbessert; er kann das Sauerstoffangebot besser verwerten.

Ausdauertraining bewirkt zwei Vorteile: Sauerstoffangebot und Sauerstoffausnutzung werden verbessert. Das Schlagvolumen kann bei Belastung erheblich vergrößert werden, zusätzlich die Pulsfrequenz. Während der Untrainierte auf eine Belastung hauptsächlich mit höherer Pulsfrequenz reagiert, antwortet der Trainierte primär mit einer Vergrößerung des Schlagvolumens. Deshalb ist bei gleicher Belastung auch die Pulsfrequenz beim Trainierten deutlich niedriger.

Die Anpassung des Herzens an ein Ausdauertraining verdeutlichen die Herzvolumina, die bei Sportlern aus verschiedenen Sportarten gemessen wurden: Dauerleister haben nennenswert größere Herzen als Kurzzeitsportler (siehe *Abbildung 31*, Seite 166).

Da männliche Normalpersonen durchschnittliche Herzvolumina von 750 bis 760 cm³ haben, kann in einigen Sportarten von einer Zunahme um 50 Prozent ausgegangen werden (Rudern, Radfahren). In Einzelfällen wurden sogar Herzgrößen bis zu 1400 cm³ registriert.

Für die Beurteilung der Ausdauer ist aber das absolute Herzvolumen nicht immer geeignet. Vielmehr sollte zusätzlich das Körpergewicht berücksichtigt werden, von dem die Herzgröße abhängt. Bei gleicher Herzgröße ist die Ausdauer des leichteren Marathonläufers entschieden besser als die des Ruderers. Das relative Herzvolumen als Quotient aus Herzvolumen und Körpergewicht ist häufig das aussagekräftige Kriterium.

Relative Herzvolumina von Leistungssportlern bewegen sich disziplinabhängig zwischen 11 und 16 $\frac{cm^3}{kg}$ · Sprinter, Turner und Springer weisen Indizes um 11, Mittelstreckler unter oder um 13, Langstreckler, Ruderer, Skilangläufer über 13 und Radprofis über 15 auf (HOLLMANN).

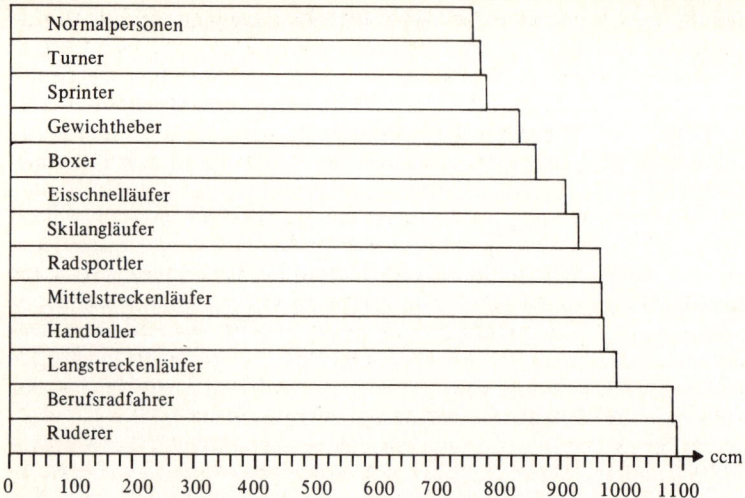

Abb. 31: Durchschnittliche Herzvolumina bei verschiedenen Sportarten (nach Ergebnissen von NÖCKER/REINDELL u. a.)

In der Sportphysiologie sind die Veränderungen in der absoluten und relativen maximalen Sauerstoffaufnahme (vita maxima) am einfachsten zu bestimmen. Dabei zeigen sich ebenfalls die hohen Anpassungen an ein Ausdauertraining. In der relativen maximalen Sauerstoffaufnahme erreichen Ausdauersportler nämlich mit 80 ml/kg mehr als das Doppelte von Untrainierten.

Neben der höheren Funktionstüchtigkeit des Herzens und der verbesserten ‹Transportwege› wird durch aerobes Ausdauertraining eine beachtliche Ökonomisierung des Gesamtstoffwechsels erzielt. Darin besteht der wesentliche Gewinn bei langsamen Dauerläufen; insofern wirkt sich gerade dieser Aspekt bei der Beurteilung verschiedener Methoden des Ausdauertrainings aus. Es zeigt sich in der Skelettmuskulatur eine Vergrößerung des Glykogen- und des Myoglobingehalts, eine Vermehrung der Mitochondrien und eine Zunahme des Kaliumgehalts.

Bei länger dauernden Belastungen wirkt die aerobe Ausdauer vorrangig leistungsbestimmend: Der Muskel erhält so viel Sauerstoff, wie er zur Energieproduktion benötigt. Bei hoher Intensität reicht die Sauerstoffversorgung aber nicht aus; es kommt zu anoxydativen Prozessen. Damit wird die *anaerobe* Ausdauer dominant. Der Energiebedarf übersteigt die maximale Sauerstoffaufnahmefähigkeit, und der Organismus geht eine Sauerstoffschuld ein. Dieses Sauerstoffdefizit gilt als das Maß der anaeroben Kapazität:

● Je größer die Sauerstoffschuld ist, die eingegangen werden kann, desto ausgeprägter ist die anaerobe Ausdauer.

Die verbesserte anaerobe Ausdauer ist auf zwei Vorteile zurückzuführen:

● eine Vermehrung der Energiespeicher im Muskel,
● die Fähigkeit, diese Speicher tiefer ausschöpfen zu können.

In diesem Zusammenhang ist auf die erhöhte Willenskraft der Athleten hinzuweisen, die ein tieferes Eindringen in die Reserven ermöglicht.

Die Vorgänge der Energiegewinnung sind im Rahmen der «Biologischen Grundlagen» des Krafttrainings beschrieben worden. Für die anaeroben Prozesse sind mindestens zwei Arten der Reaktionen kennzeichnend, nämlich die Creatinphosphokinase und die Glykose, welche aus einem fermentativen Zerfall der Kohlehydrate bis zur Milchsäure besteht. Dabei wird ein Teil der dadurch freiwerdenden Energie zur Wiederherstellung der ATP-Vorräte verwendet. Mit zunehmender Belastungsdauer verändert sich also die Art der chemischen Prozesse für die Energiegewinnung. Die Glykose erreicht ihr Intensitätsmaximum zwischen der 1. und der 2. Belastungsminute; ihre Energie kann für einige Minuten ausreichen.

Als Endprodukt der anaeroben Energiebereitstellung entsteht in der Muskulatur Milchsäure (Lactat), die zu einer Säuerung des Organismus führt und erst abgebaut wird, wenn wieder ausreichend Sauerstoff zur Verfügung steht.

Zur Beurteilung der anaeroben Energiegewinnung wird auch der pH-Wert benutzt; er gibt Auskunft über die Höhe der Wasserstoffionenkonzentration. KEUL u. a. haben nachgewiesen, daß er aber nicht die leistungsbegrenzende Größe der anaeroben Energiegewinnung ist. KEUL führt vielmehr die anoxydative Leistungsfähigkeit auf die Fähigkeit zurück, innerhalb eines kurzen Zeitraums möglichst viel Lactat produzieren zu können.

Bei kurzzeitigen Belastungen wie im 30-m-Sprint kommt es noch nicht zu einer Lactat-Azidose im Blut, weil die Konzentration der energiereichen Phosphate der Muskelzellen ausreicht, um den Energiebedarf zu decken. Die höchsten Lactat-Azidosen werden bei Belastungen mit hoher Intensität über 40 bis 60 Sekunden gemessen, bespielsweise bei Tempoläufen über 300 bis 500 m. Bei längeren Belastungen sinkt der Lactatwert, weil die aeroben Prozesse an Bedeutung gewinnen.

Die Lactat-Azidose hängt ferner von der Belastungsform ab und auch vom Alter. Kinder haben keine ähnlich hohe Milchsäureansammlung wie Erwachsene. Diese Fähigkeit nimmt in der Pubertät zu und ist mit

20 bis 30 Jahren am größten. Später fällt sie wieder ab (KINDERMANN/ KEUL/REINDELL 1976).

Hinsichtlich der aeroben und der anaeroben Energiegewinnung spielt das sogenannte *steady-state* eine wichtige Rolle. Darunter versteht man das Gleichgewicht im Wechselspiel von Sauerstoffaufnahme und Sauerstoffverbrauch. Bedarf und Versorgung sind gleich. Beim ‹Schein-steady-state› liegt nur ein scheinbares Gleichgewicht vor; der Sauerstoffverbrauch ist etwas größer als der zugeführte Sauerstoffbetrag. So kommt es zu geringer Sauerstoffschuld. Die Arbeitsleistung wird dadurch aber nicht nennenswert eingeschränkt. In diesem Fall ist zwar die Dauerleistungsgrenze überschritten, nicht aber die Langzeitleistungsgrenze, die für die Sportpraxis von größerer Wichtigkeit ist.

Nach ZACIORSKIJ können drei Grade der Reizintensität unterschieden werden: subkritisch (unterhalb der Dauerleistungsgrenze), kritisch (zwischen Dauer- und Langleistungsgrenze) und überkritisch (oberhalb der Langleistungsgrenze).

Ausdauereigenschaften als Trainingsziele

In der Sportpraxis sind sportartspezifische Ausdauereigenschaften und ‹Kombinationen› von Ausdauereigenschaften leistungsbestimmend. Sie ergeben sich als Mischungsverhältnisse verschiedener Unterformen der Ausdauer und bestimmen die Trainingsmethodik. Daneben ist auch das technische Niveau ausdauerbegrenzend.

Nach HOLLMANN ist die «Art» der Ausdauer abhängig von der «Qualität und Quantität der Arbeit pro Zeiteinheit», vor allem aber vom Umfang der eingesetzten Muskulatur. Entsprechend gliedert er in lokale und allgemeine Muskelausdauer.

Aus den vielen Gliederungsansätzen werden für die «Trainingsgrundlagen» vier ausgewählt:

1. aerobe und anaerobe Ausdauer,
2. lokale und allgemeine Muskelausdauer,
3. Kurz-, Mittel- und Langzeitausdauer,
4. Grundlagen- und spezielle Ausdauer.

Aerobe und anaerobe Ausdauer

Ausgangspunkt dieser Aufteilung sind die Stoffwechselvorgänge. In der Wettkampfpraxis kommen beide Ausdauervarianten selten isoliert vor, wie die folgenden Zusammenstellungen der «Mischungsverhältnisse beim Lauf» nach SUSLOW, WOLKOW und KEUL zeigen.

	100 m	200 m	400 m	800 m	1000 m	1500 m	5000 m	10 000 m	Marathon
aerob	5/4	10/6	25/8	45/32	50/–	65/49	90/73	95/87	99/–
anaerob	95/96	90/94	75/92	55/77	50/–	35/51	10/27	4/13	1/–

Tab. 7: Prozentuale Anteile der aeroben und anaeroben Energiegewinnung auf verschiedenen Laufstrecken (nach SUSLOW – 1. Wert – und WOLKOW – 2. Wert)

Intensitätsdauer	bis 20 Sek.	unter 60 Sek.	1–8 Min.	über 8 Min.
aerob	0–5	unter 20	20–80	über 80
anaerob	90–100	über 80	80–20	unter 20

Tab. 8: Prozentuale Anteile der aeroben und anaeroben Kapazität bei unterschiedlicher Intensitätsdauer (nach KEUL)

Die angegebenen Werte sind zwar Richtwerte mit fließenden Übergängen und stimmen auch nur teilweise überein; sie zeigen aber deutlich den Einfluß der Wettkampfdauer auf das spezielle Mischungsverhältnis. Inwieweit die Tabellen auf andere Sportarten übertragbar sind, kann nicht entschieden werden. Der 500-m-Eisschnellauf dauert ähnlich lange wie ein 300-m- oder 400-m-Lauf der Leichtathleten; doch ist die Schrittgestaltung anders und vor allem in der Bewegungsfrequenz vermindert, so daß keine ähnliche Intensität besteht. In anderen Sportarten wie beim Rudern oder Schwimmen werden andere (und umfangreichere) Muskelgruppen eingesetzt, was ebenfalls zu veränderten Anteilen trotz teilweise identischer Wettkampfdauer führt.

Die aerobe Ausdauer schiebt die Dauerleistungsgrenze nach oben, so daß eine Erhöhung der Intensität nicht zu einer Sauerstoffschuld führt. Beim Überschreiten der Dauer- und vor allem der Langleistungsgrenze kommt es zu einer Sauerstoffschuld. Dann wird die anaerobe Ausdauer benötigt als «Sauerstoffmangelausdauer» (NETT 1967).

Aerobes Ausdauertraining verbessert den ökonomischeren, anaerobes den unökonomischeren Weg der Energiegewinnung. Letzterer ist leistungsbegrenzend bei hoher Reizintensität, also bei hohem Bewegungstempo oder bei großen Widerständen. Hier sollte eine praxisorientierte Unterscheidung ihren Ausgangspunkt nehmen. Demnach braucht man anaerobe Ausdauer bei maximaler und bei nichtmaxima-

ler Reizintensität. Ausdauer bei maximaler Intensität benötigt der
Sprinter, Ausdauer bei submaximaler Intensität der Mittelstreckenläu-
fer, der Langstreckler im Zwischen- oder Endspurt, der Eisschnelläufer, der Ruderer, der Kanute oder der Radfahrer, und beide Varianten
der Sportspieler. Auch die Kraftausdauer ist primär eine anaerobe
Ausdauereigenschaft, so daß drei Erscheinungsweisen unterscheidbar
sind:

- die *Sprintausdauer* bei maximaler Reizintensität und sehr hoher
  Bewegungsfrequenz,
- die *Schnelligkeitsausdauer* bei submaximaler oder hoher Reizintensität und hoher Bewegungsfrequenz sowie relativ geringen äußeren
  Widerständen,
- die *Kraftausdauer* bei maximaler und vorrangig submaximaler Reizintensität und relativ hohen äußeren Widerständen und hoher oder
  mittlerer Bewegungsfrequenz.

Schnelligkeits- und Kraftausdauer sind sowohl bei zyklischen als auch
bei azyklischen Bewegungen wirksam, Sprintausdauer nur bei zyklischen. Die Sprintausdauer ist nahezu ausschließlich anaerob, die
Schnelligkeits- und Kraftausdauer sind vorrangig anaerob ausgerichtet.

Lokale und allgemeine Muskelausdauer

NÖCKER bestimmt die Gesamtausdauer als Summe aus allgemeiner und
lokaler Muskelausdauer. REINDELL u. a. (1963) haben lokale Muskelausdauer als anaerobe Ausdauer charakterisiert, während HOLLMANN
‹lokal› auf die aerobe und die anaerobe Ausdauer bezieht.

Im Ausdauertraining ist es wesentlich, die Quantität der arbeitenden
Muskulatur im Wettkampf zu berücksichtigen. Der Sportschütze unterscheidet sich vom Ruderer nicht nur durch die Arbeitsweise, sondern auch durch den Umfang der eingesetzten Muskulatur. Deshalb ist
eine Trennung in ‹lokal› und ‹allgemein› sinnvoll; sie ist aber nicht
identisch mit aerob und anaerob.

Lokale Muskelausdauer wird benötigt, wenn eine geringere Anzahl
von Muskeln arbeitet, eine allgemeine dann, wenn mehrere und vor
allem größere Muskelgruppen eingesetzt werden. Dabei ist wichtig, wie
der Übergang von ‹lokal› zu ‹allgemein› charakterisiert wird. Nach
SIMKIN (1960) bezieht sich «lokal» auf weniger als $1/3$, nach HOLLMANN
auf weniger als $1/6$ bis $1/7$ der Gesamtmuskulatur.

Unter Beachtung der drei Gliederungsansätze Energiegewinnung,
Arbeitsweise und Quantität der innervierten Muskulatur kommt
HOLLMANN zu insgesamt acht Unterformen der Ausdauer, die in der
Sportpraxis kaum isoliert wirksam werden und sich gegenseitig be-
einflussen.

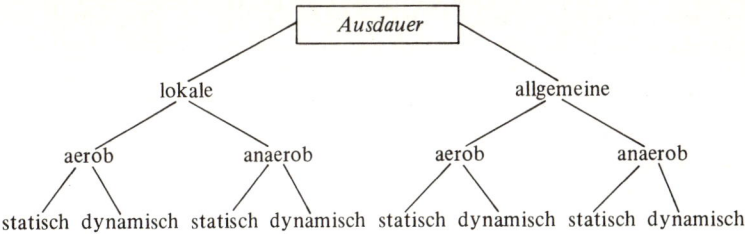

Abb. 32: Ausdauereigenschaften und deren Kombinationen (nach HOLLMANN)

Es dominieren in der Sportpraxis vor allem die allgemeine dynamische aerobe und anaerobe Ausdauer, weil zumeist viele Muskelgruppen eingesetzt werden. Das gilt für Ruderer, Läufer, Schwimmer oder Skilangläufer. Teilweise kommt die allgemeine statische aerobe und anaerobe Ausdauer hinzu wie beim Skilangläufer und beim Abfahrtsläufer. Die Kombination von allgemeiner aerober und allgemeiner anaerober dynamischer und statischer Ausdauer ist typisch bei den Kampfsportarten.

Lang-, Mittel- und Kurzzeitausdauer

Die Staffelung der Ausdauer richtet sich nach der Wettkampfdauer; bei HARRE wird sie ergänzt durch Kraft- und Schnelligkeitsausdauer. Zwischen diesen fünf Unterformen bestehen gegenseitige Abhängigkeiten. *Abbildung 33* verändert aber HARRES Intention insbesondere dadurch, daß sie die Langzeitausdauer als vorwiegend aerobe Ausdauer ins Zentrum stellt, welche auf alle anderen Ausdauereigenschaften ausstrahlt.

HARRE und KEUL beziehen die zeitliche Abgrenzung auf die Ausdauer als Grundeigenschaft. Die drei Unterformen sind jeweils durch ein spezifisches anaerob/aerobes Mischungsverhältnis bestimmt. HOLLMANNS Unterscheidung dagegen ist lediglich auf die allgemeine aerobe Ausdauer zugeschnitten. Deshalb bestehen zwischen den Zeitlimits von HARRE und KEUL bzw. HOLLMANN auffällige Unterschiede.

Autor	Kurzzeitausdauer	Mittelzeitausdauer	Langzeitausdauer
HARRE	45 Sek.–2 Min.	2– 8 Min.	über 8 Min.
KEUL	20 Sek.–1 Min.	1– 8 Min.	über 8 Min.
HOLLMANN	3–10 Min.	10–30 Min.	über 30 Min.

Tab. 9: Zeitliche Abgrenzung von Kurz-, Mittel- und Langzeitausdauer bei verschiedenen Autoren

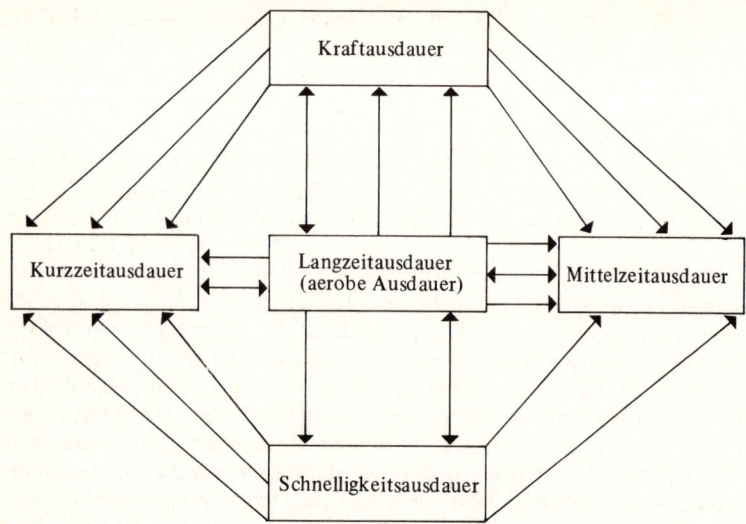

Abb. 33: Ausdauereigenschaften und deren gegenseitige Beeinflussung (Letzelter)

Die *Kurzzeitausdauer* (nach Harre und Keul) ist vor allem durch das Niveau der anaeroben Kapazität bestimmt, und zwar als Schnelligkeits-, Kraft- und Schnellkraftausdauer. Sie ist zyklisch und azyklisch (zum Beispiel beim Abfahrtslauf) wirksam. Je nach Reizdauer erhält die aerobe Kapazität mehr oder weniger Bedeutung. Die Kurzzeitausdauer ist nicht ausschließlich anaerob.

Kürzere Disziplinen als 45 (Harre) bzw. 20 Sekunden (Keul) werden nicht als Kurzzeitausdauerdisziplinen angesehen, weil Kraft und Schnelligkeitseigenschaften vorrangig leistungsbestimmend sind. Das ist jedoch nicht ganz korrekt. Im 100-m-Sprint können immerhin etwa zehn Prozent der Unterschiede in der Laufzeit mit solchen in der Sprintausdauer (Ballreich 1969) erklärt werden, im 200-m-Lauf so-

	G1	G2	G3
Männer	0,40	0,33	0,17
Frauen	0,34	0,05	−0,12

Tab. 10: Ermüdungsindizes (in Sek.) beim 200-m-Lauf der Männer und Frauen (Letzelter)

gar mehr als 30 Prozent (LETZELTER und LETZELTER/GROSS 1977). Die Wichtigkeit der Sprintausdauer für den 200-m-Sprint der Männer und Frauen belegen die Ermüdungsindizes (ermittelt durch einen Teilzeitenvergleich) der nach Leistungsgruppen (G 1 bis G 3) aufgeteilten Olympiateilnehmer 1972.

Je besser der (die) Läufer(in), desto günstiger ist der Ermüdungsindex und desto geringer der Tempoverlust in der zweiten Laufhälfte. Zudem zeigt sich, daß Frauen in der Sprintausdauer unterlegen sind, hier um durchschnittlich 0,2 Sekunden. Ähnliche Tendenzen zeigen sich in anderen Disziplinen und Sportarten.

Mittelzeitausdauer kann sich ebenfalls als Kraft- und als Schnelligkeitsausdauer äußern, nicht aber als Schnellkraft- oder gar als Sprintausdauer. In Mittelzeitsportarten wird ein ‹Schein-steady-state› erreicht; anaerobe und aerobe Energiegewinnung stehen nebeneinander. Der Grad der einen oder der anderen Energiegewinnung ist abhängig von der Wettkampfdauer. In allen Mittelzeitsportarten haben erfolgreiche Sportler aber eine überdurchschnittliche aerobe Ausdauer, was unter wettkampf- und trainingspraktischen Gesichtspunkten wichtig ist. Anaerobes Ausdauertraining kann um so intensiver und umfangreicher durchgeführt werden, je besser die aerobe Ausdauer ist. Deshalb ist auch bei allen Mittelzeitausdauersportlern ein hoher Trainingsumfang üblich.

Die *Langzeitausdauer* ist in erster Hinsicht aerobe Ausdauer; die Bedeutung der anaeroben Ausdauer nimmt mit längerer Reizdauer dagegen immer mehr ab. Dennoch trainieren auch Langzeitausdauersportler die anaerobe Ausdauer, vor allem für Zwischen- und Endspurts. In der Regel beträgt aber das Verhältnis beider Trainingsziele in der Praxis mehr als 1 zu 9 zugunsten der aeroben Ausdauer.

Die Typisierung HOLLMANNS weicht von der HARRES und KEULS in allen Punkten ab. Seine «Kurzzeitausdauer» ist vorwiegend aerobe Ausdauer (Organkraft). Aber selbst ein Weltklasseathlet kann nicht eine Beanspruchung «zwischen 10 und 30 Min. Dauer mit 100 Prozent seiner aeroben Kapazität bestreiten». Andererseits kann ein hochtrainierter Dauerleister etwa 30 Minuten lang «90 bis 95 Prozent seiner maximalen Sauerstoffaufnahme einsetzen». Demnach kommt bei der Kurzzeitausdauer (nach HOLLMANN) ebenfalls die anaerobe Ausdauer als Leistungsfaktor hinzu; ihr Anteil ist aber gering.

Im Langzeitausdauertraining müssen als wichtige Anpassungserscheinungen die Qualität der Stoffwechselvorgänge unter aeroben Bedingungen und die Größe der Glykogenvorräte beachtet werden. Der bekannte Ausspruch ‹Der Marathonläufer verhungert auf der Strecke› ist dafür symptomatisch. Deshalb nehmen Langzeitsportler auch während des Wettkampfes Nahrung und Wasser zu sich.

Allgemeine und spezielle Ausdauer

Wie im Krafttraining muß auch im Ausdauertraining das Trainingsziel sportartspezifisch ausgerichtet sein. Das entscheidende Trainingsziel des Leistungssportlers ist die Verbesserung der speziellen Ausdauer. Sie ist sportartspezifisch verschieden und nur bedingt oder gar nicht übertragbar. Ausdauerstarke Schwimmer haben oft im Laufen eine nur mäßige Ausdauer und umgekehrt. Übertragungen sind nicht das Ergebnis der speziellen, sondern der Grundlagenausdauer.

Allgemeine Ausdauer wird oft mit aerober, spezielle mit anaerober Ausdauer gleichgesetzt. Das ist falsch. Präziser ist eine Gleichsetzung von allgemeiner und Grundlagenausdauer. Grundlagenausdauer ist das Haupttrainingsziel im Fitnesssport; sie spielt aber auch im Leistungssport eine wichtige Rolle. Allgemeine Ausdauer betrifft sowohl die aerobe als auch die anaerobe Komponente und deren verschiedene Erscheinungsformen, also Sprint-, Schnelligkeits-, Kraft- und Schnellkraftausdauer. Sie ist ein ‹Gesamtkomplex›, in dem die aerobe Ausdauer allerdings führend ist.

Grundlagenausdauer ist die Basis, auf der die spezielle Ausdauer entwickelt wird. Demnach besteht das Grundlagentraining für die Ausdauer aus allgemein entwickelnden Übungen. Ruderer, Schwimmer und Eisschnelläufer führen ebenso Dauer- und Intervalläufe durch wie Mittel- und Langstreckenläufer oder Sprinter. Die alpinen Skiläufer laufen oder fahren Rad; andere trainieren ihre Grundlagenausdauer in Sportspielen oder in Tennis. Die spezielle Ausdauer baut auf der Grundlagenausdauer auf nach dem ‹Grundsatz der positiven Übertragbarkeit›.

Nabatnikowa (1974) bestimmt die allgemeine Ausdauer als Fähigkeit, «eine beliebige körperliche Arbeit, die viele Muskelgruppen erfaßt und mit einer sportlichen Spezialisierung in einem positiven Verhältnis steht, für lange Zeit auszuführen». Dies gilt nicht nur für einen «mittleren Intensitätsraum».

Die spezielle Ausdauer wird von den «Besonderheiten der Sportart und dem Leistungsniveau» bedingt. Der Faktor Dauer verliert seine führende Bedeutung; denn die Wettkampfdauer ist vorgegeben, und in dieser Zeit soll ein optimales Intensitätsniveau (z. B. Tempo) verwirklicht werden (Simkin 1960). Entsprechend wird die spezielle Ausdauer bestimmt als Fähigkeit, eine spezifische Belastung in einem Zeitraum wirkungsvoll auszuführen, der von den Erfordernissen seiner Spezialisierung bedingt ist.

Als Komponenten der speziellen Ausdauer werden von Nabatnikowa genannt:

1. die allgemeine Ausdauer (Grundlagenausdauer),
2. die Schnelligkeitsmöglichkeiten,

3. das technische Niveau,
4. der Vorbereitungszustand des Stütz- und
   Bewegungsapparats.

Ihr Anteil ist sportartspezifisch unterschiedlich. Der des technischen Niveaus ist etwa im Eisschnellauf weitaus wichtiger als im Mittelstrekkenlauf: Je besser die Technik, desto geringer ist die Ermüdung, weil die Muskelkräfte ökonomischer eingesetzt werden.

Die spezielle Ausdauer hängt wesentlich ab vom Niveau der *psychomoralischen* Eigenschaften. Auch die Ökonomie der Taktik ist neben der Technik bedeutsam. So ist die spezielle Ausdauer ein Komplex wettkampforientierter Faktoren. Kriterium des speziellen Ausdauertrainings ist wie beim speziellen Krafttraining das Prinzip der dynamischen und strukturellen Übereinstimmung. Das ist wichtig für die Auswahl der Trainingsinhalte.

Für die Beurteilung der speziellen Ausdauer haben sich in der Sportpraxis Beurteilungsverfahren entwickelt, die sehr einfach durchführbar sind und durch den Vergleich von verschieden langen, in der Regel benachbarten Strecken gewonnen werden. ZACIORSKIJ führt zur Ausdauerbestimmung absolute und partielle Werte an. Während die absoluten Werte nicht den Einfluß anderer Faktoren oder Merkmale wie Kraft und Schnelligkeit ausschließen, beseitigen die partiellen diese mehrseitige Abhängigkeit. Deshalb ist es zum Beispiel besser, die spezielle Ausdauer (sA) eines Kraul-Schwimmers durch einen ‹Ermüdungsindex›

$$sA = t200 - 2t100 \text{ oder } sA = t100 - 2t50$$

zu bestimmen als nur durch die 200-m-Zeit (t = Laufzeit pro Strecke in Metern).

In der Leichtathletik wird die Sprintausdauer operationalisiert als

$$SpA = t200 - 2t100,$$

die Schnelligkeitsausdauer (als spezielle Ausdauer des 400-m-Läufers):

$$Sad = t200 - 4t100 \text{ oder}$$
$$Sad = t400 - 2t200$$

Ausgangspunkt sind die aktuellen Bestzeiten. Im Eisschnellauf wird ähnlich verfahren. Gradmesser der Schnelligkeitsausdauer im Sprint ist die Differenz aus 1000-m-Zeit und doppelter 500-m-Zeit:

$$Sad = t1000 - 2t500 \text{ Sek.}$$

Eigene Untersuchungen haben gezeigt, daß diese Indizes jeweils eng mit der Leistung in der Spezialdisziplin korrelieren. Im Ruder- oder Kanusport sind ähnliche Verrechnungstechniken möglich und teilweise auch üblich.

Besonders geeignet sind Indizes aus Wettkampfergebnissen. Daneben können aber auch Kontrollergebnisse aus dem Training (Trainingswettkämpfe) in Form der Über- und Unterdistanzen ausgewertet werden.

Neben Ermüdungsindizes sind Ermüdungskoeffizienten aussagekräftig. Bei den genannten Beispielen sind jeweils Quotienten zu bestimmen wie $SpA = \dfrac{t\,200}{2\,t\,100}$ oder $Sad = \dfrac{t\,400}{4\,t\,100}$. Am häufigsten wird der Ermüdungsindex als «Geschwindigkeitsvorrat» benutzt. Im Schwimmen wird der Zusammenhang von Ausdauerindex und Leistung mit längerer Wettkampfstrecke zunehmend enger (ZACIORSKIJ). Eigene Untersuchungen in der Leichtathletik bestätigen diesen Trend nur teilweise.

NABATNIKOWA zweifelt den Wert solcher Ermüdungskoeffizienten oder Ermüdungsindizes an. Sicherlich sind sie nur Leitlinien und keine Dogmen; wegen ihrer einfachen Gewinnung sind sie aber gerade für die tägliche Trainingspraxis gut anwendbar.

Methodik des Ausdauertrainings

Trainingsmethoden

Die verschiedenen Ausdauereigenschaften erfordern unterschiedliche Trainingsmethoden. Fitnesssportler trainieren allgemein, Leistungssportler allgemein und speziell. Die Trainingsmethoden im Ausdauertraining werden nach zwei Aspekten unterschieden:

1. Dauer- und Intervallmethoden,
2. Methoden des aeroben und des anaeroben Ausdauertrainings.

Die «Trainingsgrundlagen» übernehmen die erste Unterscheidung. Ergänzend kommen Wettkampf- und Kontrollmethoden hinzu. Eine weitere Differenzierung berücksichtigt vor allem die Trainingsziele:

- *Dauermethoden*
  Kontinuierliche Dauermethode
  Dauermethode mit Intensitätswechsel
- *Intervallmethoden*
  Extensive Intervallmethode
  Intensive Intervallmethode
  Wiederholungsmethode
- *Wettkampf- und Kontrollmethode*

Eine graphische Darstellung der Dauer- und Intervallmethoden hat SCHOLICH (1974) vorgenommen.

Abb. 34: Schematische Darstellung der vier Grundmethoden des Ausdauer- ►
            trainings (nach SCHOLICH)

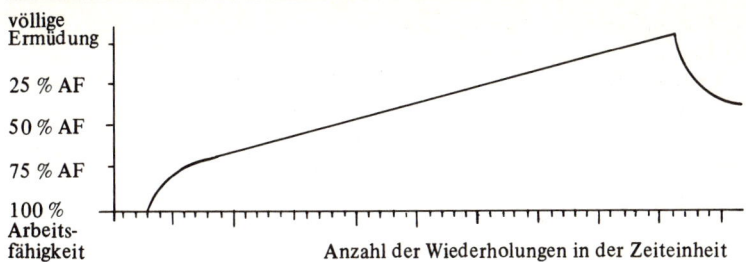

Dauermethode

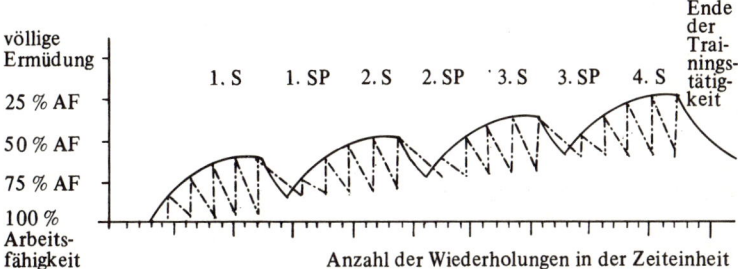

Extensive Intervallmethode

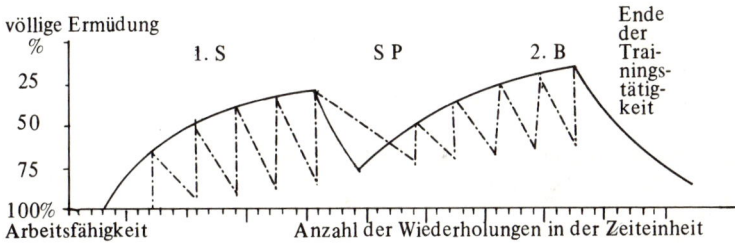

Intensive Intervallmethode

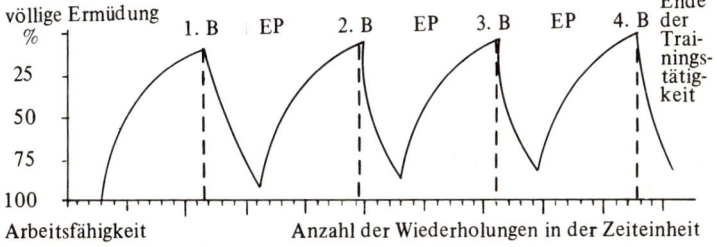

Wiederholungsmethode

Dauermethoden

Die Hauptmethode zur Verbesserung der aeroben Ausdauer ist die Dauermethode. Je nach Ausgestaltung wird die anerobe Ausdauer mittrainiert; das setzt eine hohe Intensität oder einen Intensitätswechsel voraus. Die Frage nach der ‹besseren› Trainingsmethode stand lange Zeit im Mittelpunkt, vor allem bei den Leichtathleten. Derzeit besteht Einigkeit darin, daß die Dauermethode für die aerobe Ausdauer effektiver ist. Das zeigt sich auch in der Trainingspraxis. Die Intervallmethode hat vielfach nur eine Ergänzungsfunktion, sofern es um aerobe Anpassungserscheinungen geht.

HOLLMANN begründet die Wirksamkeit der Dauermethode mit

- besserer Schulung der Koordination;
- besserer psychischer Anpassung an eine Wettkampfstrecke ohne Pausen;
- gezielterem Stoffwechseltraining hinsichtlich der die aeroben Stoffwechselvorgänge fördernden biochemischen Prozesse.

Daß die Dauermethode mit kontinuierlicher längerer Belastung die Koordination eher verbessert als die Intervallmethode, ist aber nicht einsichtig. Nach dem ‹Prinzip der dynamischen Übereinstimmung› trifft dies eher auf die Intervallmethode(n) zu, wo die Reizintensität höher ist als im Dauertraining und an die des Wettkampfes herankommt, sie oft gar noch übertrifft. Sie ist aber nie so groß, daß eine Kontrolle der Bewegungsführung nicht mehr möglich wird. Im Dauertraining ist die Reizdauer im allgemeinen länger als im Wettkampf; die Intensität muß deshalb geringer sein. Der Bewegungsrhythmus ist weiter von dem des Wettkampfes entfernt.

In der Praxis hat sich ein *gemischtes Training* durchgesetzt. In den Ausdauersportarten ist die Dauermethode führend; in anderen Sportarten ergibt sich ein Gleichgewicht, in den Kurzzeitsportarten eher ein Übergewicht der Intervallmethoden. Bei einer weiteren Definition der Intervallmethode zählt auch die Wiederholungsmethode zu diesem Grundprinzip (NETT). Wegen der unterschiedlichen Trainingsziele ist aber eine graduelle Abstufung sinnvoll. Die Intervallmethode hat drei Varianten, die Dauermethode zwei, und zwar:

- Dauermethode mit kontinuierlicher und
- Dauermethode mit variabler Intensität.

Die Dauermethode ist durch große Trainingsumfänge gekennzeichnet. So laufen Dauersportler 200 km/Woche und mehr; Weltklassesportler schwimmen 100 km/Woche, und Radsportler legen 1000 km/Woche zurück. Bei gleichbleibender Intensität sind dabei die Trainingsumfänge im allgemeinen größer als bei einem Intensitätswechsel, der den Organismus stärker belastet und auch zu Sauerstoffschulden führt.

Bei der kontinuierlichen Methode wird über eine längere Zeit mit gleichbleibender Intensität (Tempo) trainiert. Diese ist abhängig von der Reizdauer und vom Trainingszustand. Der Reizumfang soll bei Nachwuchssportlern nicht unter 30 Minuten liegen (HARRE). In einigen Sportarten sind bei Hochleistungsathleten Trainingsumfänge von drei bis fünf Stunden möglich. VAN AAKEN (1971) hat in seinem «Waldnieler Ausdauertraining» tägliche Trainingsumfänge von 80 km gefordert, also eine Trainingszeit von fünf bis sechs Stunden.

Kernproblem der Trainingsplanung ist die *Reizintensität*. Sie wird allgemein nach der Pulsfrequenz reguliert. HARRE schlägt Werte von 150 bis 170 S/Min. vor. NETT (1967) läßt mit 130 bis 180 S/Min. einen größeren Spielraum. Da unterschiedliche Reizintensitäten auch unterschiedliche Anpassungserscheinungen hervorrufen, ist dieser große Spielraum angemessen; er entspricht der Trainingspraxis. Nach neuesten physiologischen Untersuchungen sind auch bei der Dauermethode relativ hohe Intensitäten erforderlich, um eine nennenswerte Anpassung der aeroben Kapazität zu erreichen (HOLLMANN).

Bei trainierten Ausdauersportlern wurden während des Dauerlauftrainings mit Ausnahme des 25-km-Laufs Pulsfrequenzen von 158 bis 184 S/Min. gemessen, womit die ‹kritischen Herzfrequenzen zur Vergrößerung des Herzvolumens klar überschritten› waren. Das zielt auf die Kombination von großem Umfang und hoher Reizintensität als Provokation einer biologischen Anpassung.

Im trainingsmethodischen Experiment hat HOLLMANN ermittelt, daß die Pulsfrequenz auf mindestens 70 Prozent der maximal erreichbaren Schlagzahl ansteigen muß, um das Herzvolumen zu vergrößern. Geringere Intensitäten führen nicht zu den gewünschten Anpassungen. Demnach sind Belastungsintensitäten mit Pulsfrequenzen unter 130 Schlägen kaum effektiv für eine Herzvolumenzunahme.

Die Trainingspraxis tendiert zu höherer Belastungsintensität. Nachdem in den letzten 15 Jahren eine kaum glaubhafte Umfangserweiterung stattgefunden hat, scheint eine gewisse Grenze erreicht zu sein. Deshalb sehen viele Autoren und Trainer die Notwendigkeit der Intensitätssteigerung. Im Labor konnte HOLLMANN eine größere Effektivität bei Pulsfrequenzen von 170 bis 180 S/Min. nachweisen als bei 150 S/Min. Ähnliche Ergebnisse wurden von anderen Sportmedizinern gefunden. In diesem Zusammenhang ist zu berücksichtigen, daß bei sehr hoher Intensität zugleich die anaerobe Ausdauerkomponente mittrainiert wird. Deshalb ist eine verstärkte Belastungsintensität im Grenzbereich der aeroben Energiegewinnung besonders wirksam.

Während bei der kontinuierlichen Dauermethode die Intensität konstant gehalten wird, kommt es bei der Dauermethode mit variabler Belastung zu einem geplanten, systematischen *Intensitätswechsel*

(Tempowechsel) oder zu einer willkürlichen Veränderung durch den Sportler, oft auch geländeabhängig (Fahrtspiel). In beiden Fällen ist die Absicht der Intensitätsvariation gleich: Durch die Erhöhung der Intensität wird kurzfristig eine Sauerstoffschuld provoziert.

Intervallmethoden

Bei allen Formen des Intervalltrainings wechseln Perioden mit höherer und solche mit niedrigerer Belastung bzw. mit Pausen ab. Entsprechend werden aktive und passive, lohnende und vollständige Pausen unterschieden. Während für die Planung des Dauertrainings nur die Angabe von zwei Belastungsnormativen (Reizdauer und Reizhöhe) nötig ist, müssen Intervallmethoden weiter präzisiert werden, und zwar durch
- Dauer der Einzelübungen,
- Dauer und Art der Erholungsintervalle,
- Anzahl der Wiederholungen.

Je nach Kombination der fünf Belastungsnormative wird nicht nur das Ausmaß, sondern vor allem «der Charakter der Antwortreaktionen des Organismus» (Zaciorskij) unterschiedlich sein.

Während formal zwischen der extensiven und der intensiven Intervallmethode und der Wiederholungsmethode kein Unterschied besteht, ist in der Funktion der Pause die Differenzierung zu sehen: Bei der Wiederholungsmethode ist sie (annähernd) vollständig, bei den beiden Intervallmethoden unvollständig, also lohnend. Hinzu kommen Unterschiede in der Zielsetzung. Alle anderen Differenzen sind lediglich graduell, nicht prinzipiell. Insofern ist es eine Frage der Übereinkunft, die Wiederholungsmethode als dritte Intervallmethode oder als selbständige Form einzustufen.

Die Variationsmöglichkeiten im Intervalltraining sind vielfältig, weil sie auf alle Belastungsnormative abgestellt sind. Allerdings hängen diese teilweise so eng zusammen, daß isolierte Veränderungen nicht möglich sind. Nett hat die Variationsmöglichkeiten zusammengestellt (siehe *Abbildung 35*).

Der Sinn des Intervallprinzips besteht darin, einen höheren Arbeitssummenwert als nach dem Dauerprinzip zu ermöglichen, also einen großen Umfang trotz höherer Intensität. Das trifft zweifellos zu; denn die Intensität ist bei identischem Umfang im Intervalltraining höher als im Dauertraining.

Nett hat schon vor Jahren drei auf die Reizdauer abgestellte Typen des Intervalltrainings vorgeschlagen: Einzelbelastungen bis 30 Sekunden (kurz), 60 bis 90 Sekunden (mittel) und über 180 Sekunden (lang).

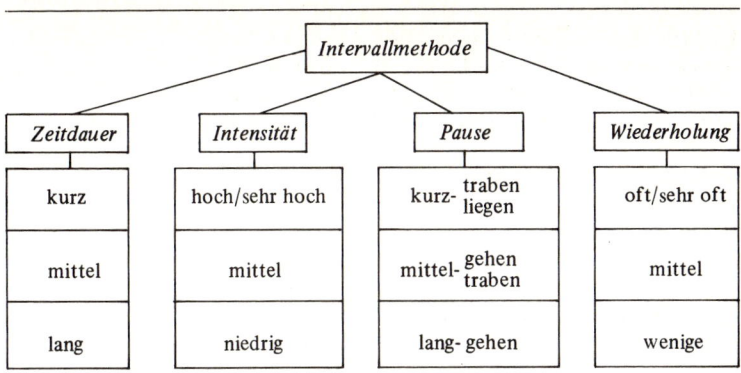

Abb. 35: Variationsmöglichkeiten beim Intervalltraining
(in Anlehnung an Nett)

Entsprechend der drei Ausdauereigenschaften werden nach Harre unterschieden:
- Kurzzeitintervallmethode (Reizdauer 15 Sek. bis 2 Min.),
- Mittelzeitintervallmethode (Reizdauer 2 bis 8 Min.),
- Langzeitintervallmethode (Reizdauer über 8 Min.).

Andere Zeitlimitierungen hat Hollmann vorgenommen:
- Kurzzeitintervallmethode (Reizdauer 10 bis 20 Sek.),
- Mittelzeitintervallmethode (Reizdauer von 40 Sek. bis 2 Min.),
- Langzeitintervallmethode (Reizdauer über 3 Min.).

Diskussion und Analyse der Effektivität der verschiedenen Intervallmethoden sind noch nicht abgeschlossen. Während Hollmann hauptsächlich in der Kurzzeitintervallmethode und eingeschränkt auch in der Mittelzeitintervallmethode das optimale Verfahren der aeroben Ausdauerschulung sieht, setzen Reindell und Gerschler die Belastungsdauer grundsätzlich auf maximal 70 Sekunden fest. In der Trainingspraxis der Ausdauersportler finden sich vielfach alle Varianten. Das ‹Prinzip der progressiven Belastung› kann mit mehreren Schritten verwirklicht werden:

- Ausweitung des Trainingsumfangs durch Verlängerung der Reizdauer oder durch Vermehrung der Wiederholungen;
- Verkürzung der Pausenlängen und Veränderung der Pausengestaltung;
- Erhöhung der Reizintensität.

Die Belastungssteigerung ergibt sich also aus der Veränderungsmöglichkeit aller Belastungsnormative, unter denen diejenigen, die den Umfang bestimmen, zuerst berücksichtigt werden, dann diejenigen, die die Intensität steigern.

Intensive und *extensive* Intervallmethode werden unterschieden nach der Verlagerung der Intensitäts-/Umfangsrelation und nach den meist unterschiedlichen Trainingszielen. Die intensive Intervallmethode bezweckt in erster Linie Anpassungen an Sauerstoffschulden, also eine Verbesserung an der anaeroben Ausdauer. Dagegen ist die extensive Intervallmethode weitaus mehr auf die aerobe Ausdauer zugeschnitten. Das Freiburger Intervalltraining ist eine typische Form des extensiven Intervalltrainings.

Bei der *extensiven Intervallmethode* wird mit mittlerer Intensität (60 bis 80 Prozent) trainiert. Bei einer 200-m-Bestzeit von 24 Sekunden sind folglich Wiederholungszeiten von 40 bis 30 Sekunden geeignet. Hier zeigt sich die große Breite der möglichen Akzentuierungen. Die geringe Reizintensität macht einen sehr großen Umfang möglich, also viele Wiederholungen. Die Anzahl ist wiederum abhängig von der Reizdauer und der Reizintensität. Es zeigt sich, daß selbst innerhalb der Methode bedeutende Kompensationsmöglichkeiten bestehen, um eine optimale Gesamtbelastung zu erzielen. Ausschlaggebend ist das aktuelle Trainingsziel.

Bei der extensiven Intervallmethode gibt es keine vollständigen Erholungsintervalle, sondern nur *lohnende Pausen*. Dadurch kommt es zu einer Aufstockung der Ermüdung. Sie nimmt von Wiederholung zu Wiederholung, von Serie zu Serie zu. Die methodische Anordnung der Belastungen kann sowohl durchgängig gleich als auch nach dem Serienprinzip vollzogen werden. Statt 30 Läufen über 200 m in 34 Sekunden und 1:30 Minuten Pause können auch drei Serien zu je zehn Wiederholungen mit einer längeren Serienpause durchgeführt werden.

Die Pause zwischen den einzelnen Wiederholungen ist relativ kurz und individuell verschieden, abhängig vom Trainingsziel, dem Trainingszustand und den anderen Belastungsnormativen. Sie ist durch die Pulsfrequenz reglementiert und dauert bei Fortgeschrittenen und Hochleistungssportlern zwischen 45 und 90, bei Anfängern zwischen 90 und 120 Sekunden. Trainierte traben in den Pausen, Untrainierte gehen. GERSCHLER ließ die Pulsfrequenzen im Liegen messen. Bei einer Frequenz von 120 bis 130 S/Min. soll der neue Reiz gesetzt werden; die Reizdauer ist unbegrenzt. Im Freiburger Intervalltraining bewegt sie sich zwischen 15 und 70 Sekunden; dem entsprechen 100- bis 400-m-Läufe.

Für den wichtigsten Trainingsinhalt, den Lauf, hat SCHMOLINSKY eine *Tabelle* zusammengestellt, in der für unterschiedliche Leistungsklassen Trainingsvorschläge unterbreitet werden. Da der Lauf in vielen Sportarten ein geeigneter Trainingsinhalt ist, wird sie hier übernommen. Bei Anfängern werden die Trabpausen durch Gehpausen ersetzt.

Strecke	Laufzeiten	Intervall	Wiederholungen
14- bis 16jährige			
100 m	20–17 Sek.	100– 60 Sek.	10–12
200 m	42–38 Sek.	120– 90 Sek.	8–10
300 m	60–54 Sek.	120– 90 Sek.	6– 8
400 m	100–80 Sek.	150– 90 Sek.	5– 7
17- bis 18jährige			
100 m	16–14 Sek.	90– 60 Sek.	12–15
200 m	36–32 Sek.	120– 60 Sek.	10
300 m	56–52 Sek.	120– 90 Sek.	8–10
400 m	90–70 Sek.	150–120 Sek.	6–10
Fortgeschrittene			
100 m	15–14 Sek.	60– 45 Sek.	20–40
200 m	33–29 Sek.	90– 45 Sek.	40–50
300 m	58–48 Sek.	90– 45 Sek.	16–20
400 m	72–60 Sek.	120– 60 Sek.	16–20
500 m	110–60 Sek.	120– 60 Sek.	12–20

Tab. 11: Läufe für Anfänger und Fortgeschrittene nach der Methode der extensiven Intervallarbeit (nach SCHMOLINSKY)

Das «Intervalltraining Freiburger Prägung» nach REINDELL und GERSCHLER baut auf dem Befund auf, daß der eigentliche Anpassungsreiz für die Herzvolumenzunahme vom Intervall, der Pause, ausgeht und nicht von der Belastungslänge. Man spricht von ‹aktiver Reizwirkung der Pause›. Deshalb muß der Reiz oft gesetzt werden, so daß es zu vielen Intervallen kommt. Das führt notwendigerweise zur Verkürzung der Belastungsdauer. Das Freiburger Intervalltraining ist somit auch ein Kurzzeitintervalltraining; dadurch werden bis 50 oder mehr Wiederholungen möglich.
Die Anpassungen des Freiburger Intervalltrainings machen klar, daß neben der anaeroben vor allem die aerobe Ausdauer trainiert wird. Damit ergibt sich bei der extensiven Intervallmethode im Ausdauertraining eine veränderte Zielsetzung gegenüber derselben Methode, wenn sie im Krafttraining Anwendung findet: Im Krafttraining zielt sie mehr auf die Kraftausdauer und damit auf den anaeroben Bereich.

Die *intensive Intervallmethode* ist keine prinzipiell eigenständige Methode, sondern ebenfalls nur eine Variante. In der extensiven Variante der Intervallmethode ist das Trainingsziel in erster Linie die aerobe und in zweiter Linie die anaerobe Ausdauer. Bei der intensiven Variante ist es umgekehrt. Deshalb ist diese Form besonders geeignet zur Verbes-

serung der Schnelligkeitsausdauer, die dann mit der Wiederholungsmethode ‹aktualisiert› wird.

Die intensive Intervallmethode ist in allen Sportarten günstig, in denen
komplexe Trainingswirkungen erzielt werden sollen, sofern keine sehr
hohen Anforderungen an die aerobe Ausdauer gestellt werden. Deshalb
dominiert sie beispielsweise im Training der 100- bis 400-m-Läufer
während der speziellen Vorbereitungsperiode. In anderen Sportarten
stellt sie nur eine ergänzende Methode dar. Anwendung findet sie in fast
allen Sportarten, wenn sie auch oft anders bezeichnet wird.

Wegen der Veränderung des Trainingsziels kommt es gegenüber der
extensiven Intervallmethode zu einer Veränderung der Umfangs-/
Intensitätsrelation. Die Betonung liegt weit mehr auf der Reizintensität
wie der Geschwindigkeit der Bewegungsausführung. Das führt zu einer
Verminderung der Wiederholungszahl pro Serie oder der Serien selbst.
Als Spanne für den optimalen Trainingsreiz gilt eine Intensität von 80
bis 90 Prozent. Die Anzahl der Wiederholungen geht nicht über 10 bis
12 hinaus. Diese können auch in Serien (3 mal 4 Wiederholungen)
angeordnet werden.

Die Anzahl ist abhängig von der Reizintensität und der Reizdauer.
Auch die intensive Intervallmethode kann als Kurz-, Mittel- oder
Langzeitausdauertraining durchgeführt werden. Meist wird sie aber als
Kurzzeitintervallmethode eingesetzt. Die Intervalle zwischen den Be-
lastungen sind auch als ‹lohnende Pausen› gedacht, so daß es zu einer
Aufstockung der Ermüdung kommt, die jedoch intensiver ist als bei der
extensiven Intervallmethode. SCHMOLINSKY nennt Pausenlängen von
90 bis 180 Sekunden; in der Praxis geht man bis zu 5 Minuten.

Die *Wiederholungsmethode* ist wie im Krafttraining durch maximale
oder submaximale Intensität gekennzeichnet und bewegt sich im Bereich von 90 bis 100 Prozent. Wegen der sehr hohen Reizintensität ist
die Anzahl der Wiederholungen und damit der Trainingsumfang gering. Als Maximum gelten fünf bis sechs Wiederholungen bei vollständigen Erholungspausen. Diese können nach NETT bis zu 45 Minuten
gehen. Die Pausen müssen so lang sein, daß die jeweils folgende Belastung bei gleicher Intensität (z. B. mit gleichem Lauftempo) durchgeführt werden kann. Abhängig ist die Pause von der Intensität und von
der Reizdauer, im Lauftraining also vom Tempo und von der Lauf-
strecke.

Die *Reizdauer* ist sehr unterschiedlich und sportartspezifisch orientiert.
In der Regel bewegt sie sich etwas unter oder über der Wettkampfdauer. Ist sie kürzer, dann wird zumindest die Intensität des Wettkampfes
realisiert; ist sie länger (Überdistanztraining) muß sie etwas geringer
sein. Im Lauftraining der 1500-m-Läufer sind Läufe über 1000 m

gleich schnell oder sogar schneller als die Durchgangszeiten im Wettkampf, solche über 2000 m naturgemäß etwas langsamer. Läufe nach der Wiederholungsmethode können als Trainingskontrollen verwendet werden.

Reizintensität, Reizdauer und Reizdichte sind auch nach der Wiederholungsmethode innerhalb einer Trainingseinheit variierbar. So verändern 400-m-Läufer die Reizdauer, indem sie Tempoläufe über 300 m und 500 m abwechseln (300/500/300/500) bei unterschiedlich langen, aber in allen Fällen völligen oder fast völligen Erholungspausen und unterschiedlichem Lauftempo. Im allgemeinen kommt es trotz langer Pausen zu einer Aufstockung der Ermüdung. Das führt zu umfangreicheren Anpassungen. Die Wiederholungsmethode ist ausschließlich auf die anaerobe Ausdauer ausgerichtet als Sprint-, Schnelligkeits- oder Kraftausdauer (im Gegensatz zur Wiederholungsmethode im Krafttraining, die auf die Maximalkraft abzielt).

Wettkampf- und Kontrollmethode

Die *Wettkampf-* und *Kontrollmethode* hat über ihre Steuerungsfunktion hinaus Trainingswirkungen, insbesondere hinsichtlich der Willensschulung. Als Trainingsmethode zielt sie auf «ausschließlich wettkampfspezifische Ausdauerfähigkeiten» (HARRE). Die Belastungsdauer kann mit der des Wettkampfs identisch sein, aber auch kürzer oder länger (Über- oder Unterdistanzstrecken). Ist die Belastungsdauer kürzer als im Wettkampf, ist die Intensität höher; ist die Dauer länger, muß die Intensität geringer sein. Als Kontrollmethode eignet sich auch die Aufteilung der Wettkampfstrecke in kürzere Teilstrecken, die mehrfach in Renngeschwindigkeit zurückgelegt werden. So kann für den Kanuten die Kontrolle darin bestehen, 500 m exakt in derselben Zeit dreimal zurückzulegen, die als Zwischenzeit für den Wettkampf einkalkuliert ist. Neben der Ausdauer wird damit das Tempogefühl geschult.

Die Vielzahl der Möglichkeiten des Ausdauertrainings hat HARRE schematisch verdeutlicht (siehe *Abbildung 36*, Seite 186). Seine Zusammenstellung wird ergänzt durch die drei Intervallvarianten, also die extensive und intensive Intervallarbeit sowie die Wiederholungsmethode.

Trainingsinhalte

Die Inhalte des Ausdauertrainings können ebenso differenziert werden wie die des Krafttrainings. Demnach muß vor allem unterschieden werden in allgemeines und spezielles Ausdauertraining. Für das allgemeine Ausdauertraining stehen sehr viele Trainingsinhalte zur Verfü-

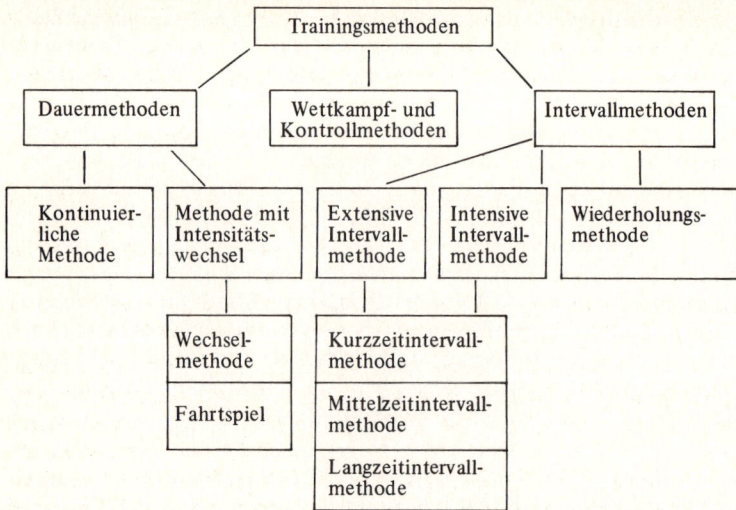

Abb. 36: Methoden des Ausdauertrainings (ergänzt und modifiziert nach
        HARRE)

gung. So sind Ausdauerübungen aus allen Sportarten zur allgemeinen
Ausdauerentwicklung geeignet. Sehr effektiv ist für jede Sportart der
Lauf; er spielt in der Vorbereitung fast aller Sportler eine Rolle.
Die Leichtathleten haben die Grundübung Lauf nach verschiedenen
Kriterien aufgeschlüsselt und entsprechend unterschiedliche Trai-
ningsinhalte abgeleitet. Das ist nicht ganz in Ordnung; denn die Gestal-
tung erfolgt nach methodischen Grundsätzen, nicht nach bewegungs-
strukturellen. NETT unterscheidet:

langsamer und schneller Dauerlauf, Tempowechsellauf, Fahrtspiel, Intervall-
dauer-, Intervallausdauer- und Intervalltempolauf, Tempolauf und Intervallsprints.

Die Zuordnung zu den Ausdauermethoden ist eindeutig:

● Kontinuierliche Dauermethode: langsamer und schneller Dauerlauf
● Variable Dauermethode: Fahrtspiel und Tempowechsellauf
● Extensive Intervallmethode: Intervalldauer- und Intervallausdauerlauf
● Intensive Intervallmethode: Intervalltempolauf
● Wiederholungsmethode: Tempolauf und Intervallsprint

Das bedeutet, daß die Intensität in der angeführten Reihenfolge beständig zu-, der Umfang aber abnimmt.

Im Lauftraining sind die genannten Varianten des Trainingsinhalts ‹Lauf› Bestandteile der speziellen Ausdauer, in anderen Sportarten gehören sie zum allgemeinen Ausdauertraining. Für die speziellen Trainingsinhalte gelten methodische Grundsätze, wie sie NABATNIKOWA zusammengestellt hat. Sie nennt zwei wesentlich verschiedene Ansätze:

1. Verbesserung der speziellen Ausdauer in der Hauptetappe der Vorbereitung, vorwiegend durch einen eng spezialisierten Kreis von Trainingsinhalten – vor allem Übungen, die schneller als mit Wettkampfgeschwindigkeit durchgeführt werden.
2. Verbesserung der speziellen Ausdauer durch gezielte Einwirkung bei einem großen Abwechslungsreichtum der Trainingsinhalte und -methoden.

Der erste Ansatz sieht die spezielle Ausdauer einseitig von der Energiegewinnung. Deshalb hat er auch nur einen beschränkten Wirkungsbereich. Ansatz zwei ist eher begründet, weil neben der Vervollkommnung der wichtigsten Komponenten der speziellen Ausdauer die indirekt wirksamen Faktoren einzuplanen sind. Allerdings sind die einzelnen Variationen eng spezialisiert und bei weitem nicht so umfangreich wie im allgemeinen Ausdauertraining.

Schnelligkeit und Schnelligkeitstraining

Schnelligkeit als konditionelle Grundeigenschaft

Schnelligkeit ist ein Oberbegriff für viele Erscheinungsformen, vor allem im Bereich des Sports. Doch ist er als solcher kaum erfaßbar; denn mehrere Erscheinungsweisen der Schnelligkeit sind eigenständig und nicht mit anderen verwandt. Die überragende Bedeutung für den Wettkampferfolg in den ‹reinen› Schnelligkeitsdisziplinen ist unmittelbar einleuchtend. Darüber hinaus spielt die Schnelligkeit eine wesentliche Rolle in vielen anderen Sportarten wie in den Sportspielen oder Kampfsportarten.

Im Vergleich mit den Leistungsverbesserungen durch Kraft- oder Ausdauertraining sind die des Schnelligkeitstrainings bescheiden. Die Schnelligkeitsdisziplinen sind weniger trainingsintensiv. Diese Einschränkung bezieht sich aber nur auf Grundtätigkeiten mit geringem Technikanteil. MEUSEL (1969) hat Entwicklungsraten in verschiedenen Sportarten gegenübergestellt. Während im leichtathletischen Sprint die Leistungssteigerungen maximal zwischen 20 und 30 Prozent betragen, können in Ausdauerdisziplinen Trainingsgewinne bis 100 Prozent erzielt werden. Mit zunehmender Beteiligung der Technik werden auch im Schnelligkeitsbereich die Entwicklungsaussichten günstiger: Im Eisschnellauf oder im Schwimmen sind die trainingsbedingten Zuwachsraten viel größer und können ebenfalls bis 100 Prozent ausmachen. Dieser Fortschritt wird primär durch ein erhöhtes technisches Niveau verursacht, zumindest im Anfangsstadium.

Schnelligkeit ist die konditionelle Eigenschaft, die als am meisten anlagebedingt gilt. Exemplarisch steht dafür der Satz: ‹Zum Sprinter wird man geboren, zum Ausdauersportler gemacht.› So sind die besten DLV-Sprinter trotz starker Erhöhung der Trainingseinheiten im Gegensatz zu den Kraft- und Ausdauersportlern in den letzten Jahren nicht besser geworden. Rückstände in der Eignung können durch Trainingsmaßnahmen nicht so weit ausgeglichen werden wie in Kraft- oder Ausdauersportarten.

Im Zusammenhang mit der Schnelligkeit kann die Problematik der Talentauswahl verdeutlicht werden. Von vornherein muß aber festgestellt werden, daß das derzeitige Instrumentarium nicht ausreicht, um endgültige Aussagen zur Eignungsdiagnostik vorzulegen. Zwei Ansätze sind aber einsichtig: Talentierte Nachwuchssportler zeichnen sich aus durch

• ein überdurchschnittliches Leistungsniveau und
• eine bessere Trainierbarkeit.

Die für Schnelligkeitsdisziplinen benötigten muskulären und funktionellen Voraussetzungen müssen nicht ausschließlich anlagebedingt sein, sondern sind möglicherweise das Ergebnis von Anlage und Umwelt. Insofern ist eine positive Auslese für Schnelligkeitsdisziplinen nicht möglich. BALSEWITSCH/SIRIS (1970) führen Körperbaumerkmale als Auslesekriterien an. Diese sind aber nicht valide. Eigene Untersuchungen haben mehrfach gezeigt, daß Schnelligkeit nicht oder zumindest nicht nachweisbar von anthropometrischen Werten abhängt. So gibt es sehr kleine und sehr große Weltklassesprinter.

Schnelligkeit wird häufig mit der Sprintqualifikation gleichgesetzt. Der Sprinter gilt als Prototyp der Schnelligkeitssportler. Entsprechend wird Schnelligkeit oft auch nur als *Fortbewegungsschnelligkeit* gesehen: «Mit dem Begriff Schnelligkeit wird die Fähigkeit charakterisiert, sich mit höchstmöglicher Geschwindigkeit fortzubewegen» (GUNDLACH 1968). Diese Sicht reicht aber nicht aus, um die Grundeigenschaft Schnelligkeit zu erfassen; die verschiedenen Bedeutungen der Schnelligkeit gehen darüber hinaus. Einzelne Schnelligkeitseigenschaften treten ferner als Kombinationseigenschaften auf (Kraftschnelligkeit, Schnelligkeitsausdauer), so daß eine begründete Abgrenzung zusätzlich erschwert wird. Insofern wird das Schnelligkeitstraining zu einem Komplextraining.

Vereinfacht kann Schnelligkeit bestimmt werden als die Fähigkeit, auf einen Reiz hin schnell zu reagieren und Bewegungen mit hoher Geschwindigkeit auszuführen. So versteht ZACIORSKIJ auch Schnelligkeit als Fähigkeit, «motorische Aktionen in einem unter den gegebenen Bedingungen minimalen Zeitabschnitt zu vollenden». Er bezieht sich auf kurzdauernde Handlungen und unterscheidet die Schnelligkeit als

● Latenzzeit der Bewegung,
● Geschwindigkeit einer Einzelbewegung bei geringem Widerstand,
● Bewegungstempo (Bewegungsfrequenz).

SIMKIN ergänzt diese Gliederung durch die «Bewegung im Raum» (Fortbewegungsschnelligkeit). Diese ist aber nach ZACIORSKIJ das Resultat der drei Elementarfaktoren: Die Fortbewegungsschnelligkeit des Sprinters hängt von der Reaktionszeit, von der Geschwindigkeit der Einzelbewegung (Streckung im Fuß-, Knie- und Hüftgelenk) sowie von der Schrittfrequenz ab.

Schnelligkeitseigenschaften sind strukturell und örtlich spezifisch. Deshalb ist eine direkte Übertragung auch nur bei annähernd gleicher innerer und äußerer Struktur möglich. Das ist wiederum bedeutsam für die Auswahl der Trainingsinhalte und deren methodische Anordnung. Zudem ist eine Übertragung qualifikationsabhängig; auf der höchsten Qualifikationsstufe ist sie nur noch gering.

Bei inhaltlich ähnlichen Schnelligkeitseigenschaften schulen komplexe Trainingsinhalte mehrere Unterformen der Schnelligkeit zugleich. Sprungübungen erzeugen nicht nur eine verbesserte Sprungschnelligkeit, sondern auch eine Steigerung im Sprint oder Kugelstoß, weil jeweils die Streckgeschwindigkeit der Streckschlinge ‹Beinstrecker› leistungsbegrenzend wirkt.

Die regionale oder lokale Gebundenheit der Schnelligkeit zeigt sich darin, daß eine hohe Schnelligkeit der oberen Extremitäten nicht auch mit einer solchen der unteren einhergeht. Eine Koppelung besteht nur dann, wenn jeweils die anderen Muskelgruppen mittrainiert werden. Das gilt teilweise auch für das Seitigkeitsproblem.

Es kann also festgehalten werden:

1. Eine Übertragung der Schnelligkeit setzt Bewegungsverwandtschaft voraus. Je ähnlicher die Bewegungen, desto größer ist die Übertragung.
2. Der Übertragungseffekt ist qualifikationsabhängig. Je qualifizierter der Sportler, desto geringer ist der Transformationsgewinn.
3. Die Übertragung auf andere lokale oder regionale Muskelgruppen findet nicht oder nur eingeengt statt.

Die Struktur der einzelnen Bewegungen oder Bewegungsfolgen ist Ausgangspunkt für eine praxisbezogene Gliederung der Schnelligkeit. Deshalb kann unterschieden werden:

● die Reaktionsschnelligkeit,
● die Schnelligkeit bei zyklischen Bewegungen,
● die Schnelligkeit bei azyklischen Bewegungen.

Die zyklische Bewegungsschnelligkeit läßt sich noch aufteilen in Bewegungstempo mit und ohne Raumgewinn, also Fortbewegungstempo und Bewegungsfrequenz.

Schnelligkeit wird häufig mit Geschwindigkeit gleichgesetzt. Das ist nicht richtig; denn die Geschwindigkeit ist das Resultat der Schnelligkeit, also die *Wirkung*, an der man die Ursache ‹Schnelligkeit› erkennt. Je kürzer die Zeit für eine Bewegung, desto größer ist die Schnelligkeit:

$v = \frac{s}{t}$ m/Sek. Während die Reaktionsschnelligkeit damit nicht eingefangen wird, gilt diese physikalische Definition sowohl für die zyklische als auch für die azyklische Schnelligkeit.

Zyklische und azyklische Schnelligkeit sind neben der Technik von der Kraft abhängig, und zwar von der Schnellkraft bzw. der Kraftschnelligkeit. Geschwindigkeit ist das Resultat der Einwirkung einer Kraft auf eine Masse. Deshalb wird hier ausdrücklich auf das Kapitel «Krafttraining» verwiesen, das das Problem Schnellkraft beschreibt. Bei sehr geringen äußeren Widerständen spielt das Kraftpotential eine geringe oder gar keine Rolle. Im statischen und dynamischen Maximalkraftniveau unterscheiden sich qualifizierte Sprinter nicht leistungsorientiert. Schnelligkeitssportler zeichnen sich durch eine überdurchschnittliche Funktionstüchtigkeit, durch eine hohe Koordinationsfähigkeit und durch eine hohe Mobilität der Nervenzentren aus. Erregungs- und Hemmungsprozesse laufen vor allem in den zyklischen Schnelligkeitssportarten mit einer hohen Frequenz ab. Demnach muß das zentrale Nervensystem für hohe und hochfrequente Impulse sorgen, so daß es sowohl zu einem explosiven Einsatz vieler Muskelgruppen als auch zu einer schnellen Wiederholung dieser Einsätze kommt. Dieses optimale Zusammenspiel der nervalen und muskulären Prozesse erfolgt auf der Ebene der Automatisation. Dabei kommt es zu einem schnellen Wechsel von Spannung und Entspannung.

Für die Schnelligkeit spielen also die Beweglichkeit der Nervenprozesse, Schnellkraft und Kraftschnelligkeit, daneben aber auch Dehnbarkeit und Elastizität der Muskeln, Entspannungsfähigkeit, Technik und Willensstoßkraft (HARRE) eine Rolle. Die relativen Gewichte dieser Merkmalsgruppen sind sportartspezifisch verschieden.

Neben der Bewegungsstruktur dient die Höhe der äußeren Widerstände zur Unterscheidung von Schnelligkeitseigenschaften. FETZ, BERNHARD und BALLREICH (1969) stellen deshalb neben die Reaktionsschnelligkeit noch die

● motorische Aktionsschnelligkeit und die
● motorische Kraftschnelligkeit.

Bei höheren Widerständen wird die Kraftschnelligkeit, bei geringeren die Aktionsschnelligkeit eingesetzt. Kraftschnelligkeit trainieren

Sprinter, Springer und Eisschnelläufer; Aktionsschnelligkeit zeigt sich
beim Lauf auf der Stelle (Dribblings und Skippings), beim Boxer und
Fechter. Kraft- und Aktionsschnelligkeit äußern sich als ‹motorische
Ablaufschnelligkeit› (azyklisch) und als ‹lokomotorische Schnelligkeit›
(zyklisch).

Die Grundeigenschaft *Schnelligkeit* wird abschließend wie folgt definiert:

● Schnelligkeit ist die konditionelle Eigenschaft, die den Sportler befä-
  higt, auf einen Reiz hin schnell zu reagieren und zyklische und
  azyklische Bewegungen bei unterschiedlichen Widerständen mit
  höchster Bewegungsgeschwindigkeit auszuführen.

Für eine ausführliche Beschreibung der Grundeigenschaft Schnelligkeit werden im folgenden die Reaktionsschnelligkeit, die zyklische und
die azyklische Bewegungsschnelligkeit ausgewählt.

Schnelligkeitseigenschaften als Trainingsziele

Reaktionsschnelligkeit

Reaktionsschnelligkeit ist die Fähigkeit, auf einen Reiz hin möglichst
schnell zu antworten. Ihre Ausprägung wird durch die Reaktionszeit
begrenzt: Je kürzer die Reaktionszeit, desto höher ist das Niveau der
Reaktionsschnelligkeit. Die Reaktionszeit ist die Spanne zwischen
Reizsetzung und erster motorischer Reaktion. Beim leichtathletischen
Start wird die Reaktionszeit gemessen als Spanne zwischen Reizsetzung (Startschuß) und erster motorischer Reaktion (Druckbelastung
auf den Startblöcken).

Die Reaktionszeit ist nicht mit der Latenzzeit identisch. Diese ist vielmehr der Teil von ihr, der die motorische Aktion nicht einschließt.
Latenzzeit wird verschieden definiert und gemessen in Tausendsteln
oder Hundertsteln von Sekunden. Die gesamte Reaktionszeit ist in
Zehntelsekunden meßbar; in komplizierteren Situationen dauert sie
länger als eine Sekunde. Nach einigen Autoren umspannt die Latenz-
zeit den Zeitpunkt des Reizes bis zur ersten mechanisch nachweisbaren
Verkürzung der kontraktilen Elemente, bei anderen Autoren nur die
Zeitdauer für die Spanne zwischen dem Auftreten des Reizes auf der
Muskelfaser (motorische Endplatte) und der Kontraktion des Muskels.
Diese Spanne ist minimal. NÖCKER nennt Werte von 0,004 bis 0,01
Sekunden; sie hängt ab von den chemischen Vorgängen der Energie-
freisetzung.

ZACIORSKIJ gliedert die Reaktionszeit in fünf Phasen:
1. Auftreten der Erregung im Rezeptor;
2. Überführung der Erregung ins ZNS;

3. Übergang des Reizes in die Nervennetze und Bildung eines effektorischen Signals;
4. Eintritt des Signals vom ZNS in den Muskel;
5. Reizung des Muskels und Entstehung einer mechanischen Aktivität.

Die Reaktionsschnelligkeit ist in vielen Sportarten ein wichtiges Trainingsziel. In anderen Sportarten wird aber ihr Einfluß stark überschätzt. Eine überragende Bedeutung kommt ihr in den Kampfsportarten und in den Sportspielen zu. Vielfach ist die Reaktionsschnelligkeit hier mit dem Antizipationsvermögen gekoppelt. Das Timing ist von beiden motorischen Fähigkeiten abhängig. SIMKIN spricht vom «Zeitgefühl der Bewegungsreaktionen».

Die Reaktionsschnelligkeit spielt eine große Rolle im Alltags- und Arbeitsleben. Sie hilft bei der Bewältigung vieler Situationen und kann beim Autofahren lebenswichtig sein. Bei einer Fahrgeschwindigkeit von 150 km/h bringt eine um 0,10 Sekunden kürzere Reaktionszeit eine Verkürzung des Bremswegs von 4,2 Metern. Hinzu kommt, daß mit der Schulung der Reaktionsschnelligkeit die Konzentrationsfähigkeit trainiert wird.

Eine Differenzierung der Reaktionsschnelligkeit erfolgt nach der Art des Reizes und nach der Reizantwort. Hinsichtlich der Art des Reizes trennt man in:

- *optische* Reaktionsschnelligkeit (auf ein sichtbares Signal),
- *akustische* Reaktionsschnelligkeit (auf ein akustisches Signal),
- *taktile* Reaktionsschnelligkeit (auf einen Berührungsreiz).

Teilweise muß ein Sportler auf unterschiedliche Reize reagieren, so der Boxer auf optische und taktile, der Sportspieler auf optische, akustische und taktile.

Die Reizantwort besteht oft nicht nur in einer einfachen motorischen Reaktion. Es kann vielmehr differenziert werden in:

- einfache motorische Reaktionen und
- komplizierte motorische Reaktionen.

In den Sportspielen und den Kampfsportarten überwiegen die komplizierten Reaktionen; im Lauf kommen nur einfache vor. Außerdem erfolgen die Reizantworten sowohl *groß*- als auch *kleinmotorisch*, abhängig vom Umfang der an der motorischen Aktion beteiligten Muskelgruppen. Im Sport ist die Reaktion im allgemeinen großmotorisch. Im Labor werden häufig kleinmotorische Reaktionen am Reaktiometer gemessen; das bringt Probleme der Validität mit sich.

Sowohl die einfachen als auch die komplizierten Reaktionen lassen sich je nach Wettkampfsituation weiter aufgliedern. Es können sechs Modifikationen der motorischen Reaktionen aufgelistet werden (MEUSEL, 1969), die zunehmend komplexer und komplizierter und damit entsprechend länger dauern:

- muskuläre Reaktionen
- sensorielle Reaktionen
- Unterscheidungsreaktionen
- Auswahlreaktionen
- Serienhandlungen
- Reaktion auf ein bewegtes Objekt

Die *muskuläre* Reaktion ist auf Bewegung (z. B. den Start) abgestellt. Der Sportler reagiert auf jedes Signal und immer mit derselben motorischen Handlung. Die *sensorielle* Reaktion ist dagegen auf den Reiz ausgerichtet, um Fehlreaktionen zu vermeiden. Bei *Unterscheidungsreaktionen* wird nur auf ausgewählte und bekannte Reize mit immer gleichen Antworten reagiert. *Auswahlreaktionen* sind noch komplizierter, weil auf unterschiedliche Reize unterschiedlich geantwortet wird. Bei Täuschungen oder Finten wird nicht nur der Reiz diagnostiziert, sondern auch die Reizantwort entsprechend variiert. *Serienhandlungen* sind nacheinander oder gleichzeitig ablaufende Antworten.

In der Leichtathletik, im Schwimmen oder Eisschnellauf kommen lediglich einfache muskuläre oder sensorielle Reaktionen vor. In den Sportspielen überwiegen die Unterscheidungs- und vor allem die Wahlreaktionen, ergänzt durch *Reaktionen auf bewegte Objekte*, bei der die Reaktionszeit zwischen 0,25 und 1,0 Sekunden liegt (ZACIORSKIJ).

Sportpraktisch interessant sind die Ergebnisse KORNEXLS (1970). An den Reaktionsleistungen eines Handballtorwarts demonstriert er die besondere Bedeutung der Reaktionsschnelligkeit im Sportspiel. Die erfolgreiche Reaktion des Torwarts ist abhängig vom Gegner (Entfernung und Wurfkraft) und von der eigenen Reaktionsleistung. Bei Fluggeschwindigkeiten des Balls von 60 bis 100 km/h und Entfernungen von 7 bis 10 m beträgt die Flugzeit 0,26 bis 0,60 Sekunden. Die Reaktion des Torwarts ist kompliziert. Er muß den Ball sehen, Richtung und Tempo einschätzen, einen Aktionsplan entwerfen und diesen dann realisieren. Der zeitliche Hauptteil geht auf die visuelle Fixierung des Balls. Reaktionsverkürzend wirkt sich die Beobachtung der Vorbereitungsphase des Werfers aus, die Bewegungsantizipation. Das Abschätzen der Flugbahn und der Fluggeschwindigkeit als ‹Zeitgefühl für die Bewegungsreaktion› ist sehr wichtig, kann jedoch in großem Ausmaß trainiert und stabilisiert werden.

Aus KORNEXLS Untersuchungsergebnissen geht hervor, daß die

- Reaktionen mit zunehmender Komplexität langsamer werden. Die Reaktionszeit steigt von 0,13 bis 0,17 bei einfachen Reaktionen auf 0,20 bis 0,24 bei Zweifach- und auf über 0,30 Sekunden bei Vierfachreaktionen;
- interindividuellen Unterschiede sich mit zunehmender Komplexität vergrößern, die Reaktionszeiten unausgeglichener werden;

● Reaktionen mit den Händen im allgemeinen schneller erfolgen als die mit den Füßen, und zwar um etwa 0,03 Sekunden.

Die Bewegungsantizipation führt sowohl bei der zwei- als auch bei der vierfachen Reaktion zu einer erheblichen Verkürzung der Reaktionszeit. Dadurch wird die Zeit für die Berechnung des Flugs mehr als ausgeglichen. Dem Torwart stehen also durchaus Möglichkeiten offen, auf Entfernungen von neun oder mehr Metern erfolgreich zu reagieren. Er hat aber kaum eine Chance bei Würfen aus sehr kurzer Entfernung wie beim Sprung- oder Fallwurf am Kreis oder beim Strafwurf. – Für den Schmetterschlag im Volleyball gilt bei Flugzeiten unter 0,10 Sekunden ähnliches.

Die veröffentlichten Reaktionszeiten wurden meßtechnisch unterschiedlich ermittelt; deshalb wird auf Vergleiche verzichtet. Man geht davon aus, daß auf optische Reize etwas später reagiert wird als auf akustische, während man anscheinend auf taktile am schnellsten reagiert. Die Reaktionsleistungen selbst bei ähnlich qualifizierten Sportlern variieren erheblich. Zaciorskijs Angaben für Weltklassesprinter sind zu gut angesetzt; sie wurden bisher nie bestätigt. Bei den Olympischen Spielen 1972 erzielten weniger als ein Prozent aller Kurzstreckenläufer Reaktionszeiten unter 0,12 Sekunden. Der Durchschnitt im 100-m-Lauf lag bei Männern und Frauen bei 0,16 bis 0,18 Sekunden. Reaktionszeiten unter 0,10 Sekunden gelten als antizipiert und damit als Fehlstart. Die hohe Variation der Reaktionszeiten kann zu wesentlichen Veränderungen in der Laufzeit führen; mehrere 200-m-Läufer(innen) benötigen mehr als 0,30, die besten weniger als 0,15 Sekunden. Oberste/Bradtke (1974) haben die Reaktionszeiten von Kurzstreckenläufern verglichen; sie sind bei Sprints auf der Geraden schneller als bei Sprints in den Kurven. Beim 400-m-Lauf (zwei Kurven) wird langsamer reagiert als beim 200-m-Lauf (eine Kurve).

Disziplin	Männer	Frauen	Differenz
100 m	0,16	0,18	0,02
100 mH/110 mH	0,16	0,17	0,01
200 m	0,21	0,25	0,04
400 m	0,26	0,27	0,01

Tab. 12: Reaktionszeiten (in Sek.) im leichtathletischen Kurzstreckenlauf (nach Bradtke und Oberste)

Frauen sind in allen Disziplinen geringfügig schlechter; doch ist der Unterschied zwischen den Geschlechtern insignifikant. Eigene Untersuchungen haben ergeben, daß auch die Unterschiede zwischen Leistungsgruppen nicht überzufällig sind. Im allgemeinen trägt die Reaktionszeit nicht nachweislich zu Leistungsunterschieden bei; sie ist lediglich in Einzelfällen entscheidend.

Bemerkenswert ist die *Stabilität* der Reaktionszeiten bei einigen qualifizierten Sprintern. So hat der Olympiasieger Borsow in drei von vier 100-m-Rennen mit 0,12 Sekunden ausgezeichnet und sehr stabil reagiert. Gerade diese Konstanz der Reaktionsleistungen ist neben der Steigerung der Reaktionsfähigkeit ein wesentlicher Trainingserfolg.

STEINBACH und THOLL (1969) ermittelten wie andere Autoren (vgl. dazu SIMKIN 1960) am Reaktiometer eine Überlegenheit von Trainierten (Allroundsportlern) gegenüber Untrainierten. Sie ist bei komplizierten Reaktionen viel größer als bei einfachen. Daneben wurden beachtliche Unterschiede in den Sportarten festgestellt. Die Sportart hat nämlich Einfluß auf die Reaktionsfähigkeit. Diese Autoren haben keine Alterseinflüsse festgestellt, während andere einen Anstieg der Reaktionsschnelligkeit von 8 bis 20 Jahren feststellten. Nach dem 30. Lebensjahr gehen Hand- und Fußreaktionen deutlich zurück.

SIMKIN hat Unterschiede in den Reaktionszeiten im Training und Wettkampf registriert; doch sind diese nur minimal. Abhängig ist die Reaktionszeit auch von der Seitigkeit und den zu aktivierenden Muskelgruppen: die der Arme ist geringer als die der Beine. Reaktionen mit den Händen erfolgen schneller als mit dem ganzen Arm, die mit dem Fuß schneller als mit dem ganzen Bein. Das ist wiederum für das Autofahren von Bedeutung, aber auch für die Sportspiele. Im allgemeinen reagiert man hier mit dem ganzen Arm oder Bein oder mit dem gesamten Körper. Dagegen haben die Längenunterschiede der Nervenbahnen vom zentralen Nervensystem zu den Muskeln keine Bedeutung. Ebenso ist die Leitungsgeschwindigkeit ohne Wirkung; sie ist bei Sprintern auch nicht besser als bei Untrainierten (STEINBACH 1966). Ermüdung vermindert die Reaktionsschnelligkeit. Sie kann aber sehr schnell wiederhergestellt werden und ist danach teilweise höher als zuvor.

Bewegungsschnelligkeit

Die Bewegungsschnelligkeit wird als Fähigkeit verstanden, mit Hilfe der Beweglichkeit des zentralen Nervensystems und des Muskelapparats Bewegungen in minimalen Zeiteinheiten durchzuführen. Die Fachliteratur unterscheidet häufig zwischen Bewegungs- und Fortbewegungsschnelligkeit. Dies ist ungünstig; denn auch bei azyklischen Bewegungen kommt es zu einer Fortbewegung: Der Degen, die Kugel, der eigene Körper oder ein Körperteil werden beschleunigt und damit ‹fortbewegt›. Andererseits sind zyklische Bewegungen auch ohne Raumgewinn möglich. In der Sportpraxis ist die zyklische Schnelligkeit in der Regel Fortbewegung; Seilspringen aber ist zyklisch am Ort.

Azyklische Bewegungsschnelligkeit benötigen Boxer, Sportspieler, Springer, Ringer, Fechter u. a. Viele von ihnen brauchen aber zugleich die zyklische Bewegungsschnelligkeit. Der Weitspringer läuft an (zyklisch) und springt ab (azyklisch). In den Sportspielen kommen beide Varianten vor. MEUSEL weist darauf hin, daß Fechter mit dem Degen eine Geschwindigkeit von 2 bis 3 m/Sek. erreichen, Boxer mit der Faust sogar 6 bis 8 m/Sek., das sind immerhin etwa 30 km/h. Die Abfluggeschwindigkeit des qualifizierten Weitspringers beträgt circa 10 m/Sek., die der Kugel beim Kugelstoß circa 13 m/Sek.

Die azyklische Schnelligkeit ist durch eine explosive maximale Kontraktionsgeschwindigkeit der beteiligten Muskulatur gekennzeichnet. Das setzt vor allem eine ausgezeichnete intramuskuläre Koordination voraus. Deshalb definiert NETT die azyklische Bewegungsschnelligkeit auch als «Zuckungsfähigkeit des Muskels in der Zeiteinheit». Diese ist erkennbar an der Geschwindigkeit der Bewegungsausführung, die wiederum abhängig ist von der Höhe der äußeren Widerstände und deshalb beim Schmetterschlag im Volleyball bedeutend höher als beim Absprung des Weitspringers.

Die azyklische Schnelligkeit geht in die Kraftschnelligkeit bzw. in die Schnellkraft über und umgekehrt: Die Kraftschnelligkeit wird durch das Niveau der azyklischen Schnelligkeit beeinflußt. Deshalb ist eine definitive Grenzziehung zwischen azyklischer Bewegungsschnelligkeit, Kraftschnelligkeit oder Schnellkraft kaum möglich. Darin zeigt sich auch die Problematik, Schnelligkeit und Kraft zu trennen.

Die *zyklische Bewegungsschnelligkeit* ist im Gegensatz zur azyklischen nicht durch maximale, sondern durch optimale Kontraktionen gekennzeichnet. Sie ist das Produkt von Bewegungsamplitude und Bewegungsfrequenz. Die zyklische Bewegungsschnelligkeit des Sprinters resultiert aus der optimalen Relation (als funktionaler Norm) von Schrittlänge und Schrittfrequenz. Ein maximaler Abstoß vergrößert die Schrittlänge, es entsteht ein Sprung. Eine maximale Bewegungsfrequenz führt zu einem Lauf auf der Stelle. Beides ist unerwünscht und leistungsmindernd. MARTIN bezeichnet das «optimal erreichbare Produkt aus Bewegungsamplitude und Bewegungsfrequenz» als Grundschnelligkeit. Diese wird bei Mittel- und Langstreckenläufern durch die 100-m-Sprintzeit ausgedrückt, ebenso bei den Schwimmern.

Die Fortbewegungsschnelligkeit ist durch einen wohlabgestimmten

Bewegungsrhythmus gekennzeichnet. Der rhythmische Wechsel von Spannung und Entspannung kennzeichnet den Könner. Zur Entspannung kommt es vor allem durch die ausgeprägte intermuskuläre Koordination. Damit hängt zusammen, daß auch die Technik der Bewegungsausführung das Schnelligkeitsniveau beeinflußt.

Die komplexe Fortbewegungsschnelligkeit hängt von vier ‹Sprinteigenschaften› ab:
1. von der *Reaktionszeit* am Start;
2. von der *Sprintkraft* als Fähigkeit, möglichst hoch und möglichst lange zu beschleunigen;
3. von der *Sprintschnelligkeit* als der Fähigkeit, eine möglichst hohe Maximalgeschwindigkeit zu erreichen;
4. von der *Sprintausdauer* als der Fähigkeit, die maximale Geschwindigkeit möglichst lange beibehalten und den Geschwindigkeitsabfall verringern zu können.

Die Sprintausdauer ist nur bei längeren Strecken wirksam. Sie ist für die Fortbewegungsschnelligkeit der Spieler nicht bedeutsam und wird dort durch die *Sprintkraftausdauer* ersetzt.
Die Bedeutung der vier Sprinteigenschaften soll im folgenden am Beispiel des leichtathletischen Sprints dargestellt werden. Das hat zwei Gründe: Zum einen ist der Sprint nicht nur in der Leichtathletik ein Trainingsziel; zum anderen liegen hierzu umfangreiche und abgesicherte Ergebnisse vor.
Von den genannten vier Sprinteigenschaften kommt der Sprintkraft (Sprintbeschleunigung) die mit Abstand größte Rolle zu. Beim Kurzsprint über 100 m können annähernd 85 bis 90 Prozent der Leistungsunterschiede mit solchen in der Sprintkraft und der Sprintschnelligkeit erklärt werden (Ballreich 1969, Gundlach 1963, Letzelter 1975). Für den Sprint in der Schule und bei Jugendlichen sind ähnliche Ergebnisse festgestellt worden (H. Letzelter 1978). Die entscheidende Schnelligkeitseigenschaft ist das Beschleunigungsvermögen und damit die Sprintkraft; denn diese bestimmt wieder zu etwa 90 Prozent das Niveau der Sprintschnelligkeit. Wer lange und hoch beschleunigen kann, der erreicht auch eine hohe Maximalgeschwindigkeit. Auf die Reaktionsschnelligkeit entfallen etwa 3 bis 4 Prozent, auf die Sprintausdauer etwa 10 Prozent der Anteile an den Gesamtunterschieden.
Sprintkraft und Sprintschnelligkeit bedingen sich gegenseitig; alle anderen Eigenschaften sind voneinander unabhängig. Die Reaktionsschnelligkeit und die Sprintausdauer stehen in keinem Zusammenhang mit den anderen Eigenschaften. Sie bedürfen eigener Trainingsinhalte und -methoden.

Hinsichtlich des optimalen Verhältnisses von Bewegungsfrequenz und Bewegungsamplitude – in der Leichtathletik von Schrittlänge und Schrittfrequenz – bestehen große Kompensationsmöglichkeiten. Dies kann am Beispiel der beiden Olympiasiegerinnen über 100 m von 1972 und 1976 illustriert werden: Bei fast identischer Laufzeit, annähernd identischen exogenen Bedingungen und nur geringen Unterschieden in der Beinlänge lief die eine mit 1,86 m langen und 4,86 S/Sek. schnellen Schritten, die andere machte 4,55 S/Sek. von fast 2 m Länge. Definitive Aussagen darüber, ob die Schrittlänge oder die Schrittfrequenz im hohen Leistungsbereich einen größeren Einfluß auf die Laufleistung hat, sind nicht möglich. Das gilt auch unter Berücksichtigung der Körperbaumerkmale (LETZELTER). Lediglich bei großen Leistungsunterschieden läßt sich nachweisen, daß die Schnelleren sowohl längere als auch schnellere Schritte machen.

Das Niveau der Bewegungsschnelligkeit kann durch Aufwärmen, vorangegangene Arbeit, zusätzliche Bewegungen vorbereitender Art, Einstimmung und Emotion erhöht werden. Dazu gehören Imitationsübungen oder Vordehnung im Sinne des ‹Prinzips der Anfangskraft›.

Methodik des Schnelligkeitstrainings

Die Methodik des Schnelligkeitstrainings ist sportartspezifisch abhängig vom Grad des Einflusses der Kraft und der Ausdauer, vor allem aber der sportlichen Technik. Für die Unterformen der Schnelligkeit sind wegen ihrer Unabhängigkeit auch getrennte Methoden im Training notwendig. MARTIN nennt Methoden zur Schulung der Bewegungsreaktion, der maximalen Bewegungsgeschwindigkeit und der Beschleunigungsfähigkeit. Das ist nicht zwingend, da Beschleunigungsfähigkeit und Maximalgeschwindigkeit eng zusammenhängen.

Eine andere mögliche Gliederung ist die in mittel- und unmittelbares Schnelligkeitstraining. Zum mittelbaren gehören das Training der einfließenden Kraft- und Schnelligkeitseigenschaften und besonders das Techniktraining. Dieses bildet zusammen die Basis des unmittelbaren ‹reinen› Schnelligkeitstrainings (LETZELTER 1975).

Training der Reaktionsschnelligkeit

Die Reaktionsschnelligkeit wird im allgemeinen nicht isoliert, sondern kombiniert mit einer anderen Fähigkeit geschult. Im Sprinttraining zielen die sogenannten Reaktionsübungen gleichzeitig auf die Verbesserung der Reaktionsschnelligkeit in Verbindung mit der Sprintkraft oder der Starttechnik. Für die Sportspiele oder die Kampfsportarten ist ebenfalls ein kombiniertes Training angemessen; denn es geht nicht um irgendeine, sondern um die richtige, situationsgemäße motorische Handlung.

ZACIORSKIJ führt drei Methoden zur Reaktionsschulung an:

- die des wiederholten Reagierens,
- die Teilmethode,
- die sensorische Methode.

Die Methode des ‹wiederholten, möglichst schnellen Reagierens› ist allgemein üblich: Auf ein plötzliches Signal oder auf eine Veränderung der Umwelt wird wettkampfgemäß reagiert. Die häufige Wiederholung führt besonders bei Anfängern zu Trainingsgewinnen, vor allem zur Stabilisierung des Reaktionsvermögens. Da eine weitere Verbesserung schwierig ist, muß sie ergänzt werden durch die analytische Methode oder Teilmethode. Bei der analytischen Form werden die erste Bewegungsreaktion und die komplexe Handlung getrennt geschult. Im Sprinttraining sind beide Formen bekannt. Eine weitere Möglichkeit bietet die sensorische Methode, die das Zeitempfinden schult. Diese beiden Zusatzmethoden sind nicht ganz unproblematisch (MARTIN).

Ein wesentliches Trainingsziel im Reaktionstraining ist die Verbesserung der Konzentration. Darin werden die größeren Steigerungsmöglichkeiten vermutet; in erster Linie resultiert daraus eine Stabilisierung der Reaktionsfähigkeit.

Die Reaktionszeit wird begünstigt durch allgemeine und spezielle Vorbereitung wie das Aufwärmen, durch eine Vorspannung und ein angemessenes Zeitintervall zwischen Vorankündigung und Signal, wie zwischen «fertig» und «los» beim Start. Ein Intervall von 1,5 Sekunden gilt als günstig. Da dieses aber im Wettkampf variiert, sind Übungen bei unterschiedlichen Intervallen wünschenswert. Die dritte oder vierte Reaktion soll am schnellsten sein. Das muß auch bei der speziellen Vorbereitung für den Wettkampf bedacht werden. Bekannt ist, daß nach Fehlreaktionen sich die Reaktionszeit verlängert.

Training der Bewegungsschnelligkeit

Für das Schnelligkeitstraining gelten zwei Grundsätze:

- Der Muskel muß vorbereitet sein (aufgewärmt, gedehnt, gelockert).
- Der Muskel darf nicht ermüdet sein.

Damit ist ausgesagt, daß eine intensive spezielle Vorbereitung der Schnelligkeitsarbeit vorausgeht und daß nach starker Belastung ein Schnelligkeitstraining unwirksam ist. Es muß also am Anfang des Konditionstrainings stehen. Mit ZACIORSKIJ kann man die Methoden zur Verbesserung der Bewegungsschnelligkeit – er spricht von «Maximalgeschwindigkeit» – komplex und analytisch strukturieren. Im ersten Fall wird die Schnelligkeit der sportlichen Bewegung insgesamt geschult. Im zweiten werden die einzelnen Teilfaktoren verbessert, also Schnellkraft, Technik, Willensstoßkraft etc.

Die Hauptform des Schnelligkeitstrainings ist die *Wiederholungsmethode*. Im mittelbaren Schnelligkeitstraining kann sie ergänzt werden durch die Methode der intensiven Intervallarbeit. Die Reizhöhe ist im Schnelligkeitstraining maximal (grundsätzlich über 95 Prozent). Alle Bewegungen werden so schnell wie möglich durchgeführt, bei azyklischen Bewegungen und mit äußeren Widerständen hochexplosiv. WERCHOSANSKIJ läßt deshalb im Training mit Zusatzlasten nur maximal 20 Prozent zu. Ziel muß immer sein, die aktuelle Bewegungsgeschwindigkeit auch im Training zu übertreffen. Dieser Leitsatz gründet in der Erkenntnis, daß Schnelligkeit nur durch Schnelligkeit trainiert werden kann (STEINBACH 1968).

Die (sub)maximale Reizhöhe beeinflußt alle anderen Belastungsnormative: Sie müssen so ausgewählt werden, daß alle Bewegungen (zyklisch oder azyklisch) mit höchstmöglicher Bewegungsgeschwindigkeit durchgeführt werden können. Das bedeutet für die *Reizdauer*, daß sie nur so lange sein darf, wie sich Ermüdung nicht geschwindigkeitsmindernd auswirkt. Beim Sprint ist sie durch den ansteigenden und gleichbleibenden Geschwindigkeitsabschnitt eingegrenzt (GUNDLACH 1963). Er beträgt bei Erwachsenen je nach Qualifikation zwischen 40 und 80 Meter.

Die Anzahl der Wiederholungen pro Serie oder die der Serien ist demselben Prinzip unterworfen: Nur so viele Wiederholungen, wie ohne Geschwindigkeitsreduktion verwirklicht werden können. Bei einem Abfall der Geschwindigkeit ist die Übung abzubrechen. Bei geringer Reizdauer und geringer Wiederholungszahl ist der *Reizumfang* entsprechend niedrig. Sprinter trainieren auch weniger als Kraft- oder Ausdauersportler. Trainingsumfang und Trainingseinheiten werden vermehrt, wenn ein Techniktraining hinzukommt. Dieses wird dann aber nicht im maximalen Intensitätsbereich durchgeführt.

Wesentlich für den Trainingserfolg ist die *Reizdichte*. Es muß berücksichtigt werden, daß in der Pause eine (fast) völlige Wiederherstellung gewährleistet wird. Sie soll so lange wie nötig und so kurz wie möglich sein. Zum einen sind jeweils Sauerstoffschulden abzubauen; zum anderen soll die höhere Erregbarkeit des Nervensystems nach einer Belastung ausgenutzt werden. Durch eine aktive Pausengestaltung läßt sich die Erregung auf hohem Niveau halten. Bei längeren Pausen ist eine erneute Vorbereitung nötig.

Um einen relativ großen Umfang bei maximaler Intensität zu verwirklichen, wird nach dem *Serienprinzip* verfahren. Das gilt auch für das Training der Sprintausdauer. Die einzelnen Wiederholungen werden in Serien mit längeren Serienpausen aufgeteilt (16 Sprints über 40 m als 4 Serien mit 4 Wiederholungen und einer Pause von 2 bis 3 Minuten zwischen den einzelnen Wiederholungen).

Für die Auswahl der Trainingsinhalte hat ZACIORSKIJ drei Kriterien gefordert:

- Tempoübungen müssen mit Maximaltempo durchführbar sein;
- sie müssen gut beherrscht werden, so daß die Konzentration auf die Schnelligkeit der Bewegungsausführung und nicht auf den technischen Ablauf der Bewegung gerichtet ist;
- sie dürfen nur so lange andauern, wie Ermüdungserscheinungen nicht wirksam werden. Anschließend gehen sie in das Training der Sprintausdauer über.

Trainingsinhalte des unmittelbaren Schnelligkeitstrainings sind Spezial- und Wettkampfübungen, besonders solche unter erleichterten Bedingungen. Durch beständige Variation der Trainingsinhalte, vor allem im mittelbaren Schnelligkeitstraining, lassen sich unerwünschte *Geschwindigkeitsbarrieren* vermeiden (OSOLIN 1952). Dies ist eines der schwerwiegendsten methodischen Probleme. Geschwindigkeitsbarrieren können sich ergeben, weil die Bewegungsschnelligkeit mit maximalem Tempo und vielen Wiederholungen trainiert werden muß. Die innere und äußere Bewegungsstruktur werden eingebahnt (im Sprint z. B. die Relation von Schrittlänge und Schrittfrequenz). Einerseits werden oftmalige und maximal schnelle Bewegungen gefordert, andererseits führen gerade sie zum Stereotyp, welcher eine Weiterentwicklung hemmt.

Im Anfängertraining kommt eine solche Barriere dann nicht zustande, wenn die Schnelligkeit allgemein und vorrangig vielseitig-zielgerichtet trainiert wird. UTECHT (1971) konnte wie andere Autoren zudem zeigen, daß ein vielseitig-zielgerichtetes Training bei Anfängern effektiver ist als ein spezielles Schnelligkeitstraining.

Geschwindigkeitsbarrieren können überwunden und beseitigt werden. Die Überwindung setzt erleichterte Bedingungen voraus – im Sprint Bergabläufe, Schrittmacher oder Zuggeräte, wie sie RATOW (1977) vorgestellt hat. Sie verringern den äußeren Widerstand. Auch leichtere Geräte sowie der permanente Wechsel von leichten und schweren Geräten können dazu verhelfen, die Geschwindigkeitsbarrieren abzubauen.

In der Trainingspraxis der Sprinter beugt der Tempowechsellauf (Intervallsprints, Ins-and-Outs) der Geschwindigkeitsbarriere vor. Durch die beständige Variation des Tempos werden außerdem umfassende Anpassungen erzielt, vor allem hinsichtlich des zentralen Nervensystems, der Sprintkraft und der Bewegungskoordination. Eine Geschwindigkeitsbarriere wird so nicht aufgebaut, weil nur sehr kurz das Maximaltempo gehalten wird (STEINBACH 1968). Diese Variante des Sprinttrainings kann auch für die Sprintausdauer benutzt werden, wo sie sehr wirkungsvoll ist (OSOLIN 1971).

Geschwindigkeitsbarrieren werden beseitigt, wenn die Hauptübungen nicht mehr wiederholt werden. Da es zu einem zeitlich versetzten Zerfall der zeitlichen und räumlichen Bewegungsmerkmale kommt, kann diese Auflösung zur Steigerung der Schnelligkeitskomponenten durch andere Trainingsinhalte benutzt werden, etwa durch ein vielseitig-zielgerichtetes Schnellkrafttraining. Eine weitere Möglichkeit der Beseitigung einer Barriere besteht in der bewußten Zerstörung des Stereotyps durch eine Manipulation der Bewegungsausführung. Amplitude oder Bewegungsfrequenz werden bewußt verändert, die Schrittgestaltung im Sprint zum Beispiel durch schnellere oder längere Schritte. Bei Läufen gegen einen geringen Widerstand (Zugseil, bergauf, Apparate) wird die Schrittlänge verkürzt, zugleich aber die Schnellkraft der Beinstrecker verbessert. Die Veränderung der elementaren Schnelligkeitsfaktoren kann zur Beseitigung der Geschwindigkeitsbarriere beitragen, wenn deren Grundlagen zerstört und so eine neue konditionelle Basis zum Neuaufbau geschaffen wird.

Beweglichkeit, Gewandtheit und deren Training

Der Qualitätsgrad der Bewegungskoordination sportlicher Bewegungen zeigt sich in der Ausprägung der Bewegungsquantitäten und -qualitäten und ist abhängig vom Niveau der koordinativen Fähigkeiten. Sammelbegriff für verschiedene koordinative Fähigkeiten ist *Gewandtheit* als ‹komplexe motorische Eigenschaft›. *Beweglichkeit* ist ein Mittler zwischen konditionellen Eigenschaften und koordinativen Fähigkeiten und so Voraussetzung, um Bewegungsfertigkeiten auf hohem Niveau realisieren zu können.

Beweglichkeit als konditionelle Grundeigenschaft

Statt Beweglichkeit werden in der Literatur viele andere Termini benutzt, unter anderen Gelenksbeweglichkeit (GROSSER 1977), Biegsamkeit (ZACIORSKIJ), Gelenkigkeit (FETZ 1969). Zu unterscheiden sind der weite und der enge Begriff. Der *enge* ist mit dem der Gelenkigkeit identisch, der *weite* eher mit dem der Wendigkeit als Komplex aus ‹Gelenksbeweglichkeit, muskelphysiologischer und neurophysiologischer Beweglichkeit›. Der weite Beweglichkeitsbegriff rückt damit etwas näher zur Gewandtheit. Es wird auch der Begriff Geschmeidigkeit im Sinne GAULHOFERS benutzt. Nach FETZ kann Gelenkigkeit am passiven Menschen gemessen werden, während Beweglichkeit die aktive Tätigkeit des Sportlers umfaßt und so Gelenkigkeit, Kraft und Koordinationsvermögen voraussetzt.

Beweglichkeit wird hier im engen Sinne gebraucht und kann als «Schwingungsweite der Gelenke» (KUNATH/THIESS 1962) oder als Fähigkeit, Bewegungen mit großer Amplitude auszuführen, definiert werden. Die maximale Bewegungsamplitude wird in der funktionellen Anatomie in Winkelgraden gemessen; in der Sportpraxis kommen auch lineare Maße und Indizes vor.

Die Beweglichkeit wird auf verschiedene Weise eingeengt:

- durch anatomisch-physiologische Bedingungen (Gelenkart, Anordnung der Sehnen und Bänder, Länge, Elastizität und Dehnungsfähigkeit der Muskeln sowie deren Tonus);
- durch biomechanische Bedingungen;
- durch altersbedingte Entwicklung;
- durch psychische und äußere Bedingungen (Erregung durch Vorstartzustand, Ermüdung, Außentemperatur, Tageszeit, Aufwärmen).

Hinzu können Muskelverkürzungen sowie verletzungsbedingte Muskelschwäche kommen.

Die Gelenksbeweglichkeit ist von Übungs- und Trainingseinflüssen abhängig und hat Bedeutung für die konditionellen Eigenschaften sowie für Bewegungsabläufe. HARRE faßt ihren Stellenwert für die Sportpraxis in fünf Punkten zusammen. Mängel in der Beweglichkeit

- erschweren oder verhindern das Erlernen bestimmter Bewegungsfertigkeiten;
- führen zu Verletzungen;
- behindern die Entwicklung anderer Eigenschaften oder deren Ausnutzung;
- begrenzen die Bewegungsamplitude (Schrittlänge, Beschleunigungsweg), wodurch die Bewegungsschnelligkeit eingeschränkt wird;
- verschlechtern die Qualität der Bewegungsausführung vor allem in den kompositorischen Sportarten.

Beweglichkeit kann nach drei verschiedenen Aspekten gegliedert werden:

- aktive und passive Beweglichkeit,
- dynamische und statische Beweglichkeit,
- allgemeine und spezielle Beweglichkeit.

Aktive Beweglichkeit wird durch die Aktivität der Muskeln erzeugt (zum Beispiel bei der Rumpfbeuge vorwärts), also durch innere Kräfte. Sie ist geringer als die *passive*, welche durch Einwirkung äußerer Kräfte (Schwerkraft, Partner, Zusatzlasten) hervorgerufen wird. Bei der aktiven Beweglichkeit wird nicht nur der Dehnungsgrad der Antagonisten, sondern auch die Kraft der Muskeln eingefangen, welche die Bewegung verursachen. Die Differenz der Gelenkswinkel (A-P-Winkel) zwischen aktiver und passiver Beweglichkeit und deren Veränderung im Trainingsprozeß ist nach HARRE ein wichtiges Kennzeichen des Trainingserfolgs.

Die *allgemeine* Beweglichkeit beschreibt den normalen Umfang der Schwingungsweite der Gelenke besonders in den drei wichtigsten Gelenksystemen: Schulter- und Hüftgelenk sowie in der Wirbelsäule. Die *spezielle* Beweglichkeit bezieht sich auf bestimmte, in den Bewegungsabläufen bevorzugt beanspruchte Gelenke (Hüftgelenk beim Hürdensprinter, Wirbelsäule des Turners). Sportler sind in der allgemeinen Beweglichkeit den Nichtsportlern überlegen. Bei der *statischen* Beweglichkeit wird die Gelenkstellung eine gewisse Zeit gehalten, und zwar belastet oder unbelastet. Die *dynamische* Beweglichkeit ist im allgemeinen größer als die statische, vor allem bei intensiven Muskeleinsätzen.

Gewandtheit als koordinative Fähigkeit

Von allen konditionellen oder koordinativen Eigenschaften ist der Begriff Gewandtheit am ungenauesten definiert. MEUSEL (1969) hat in einem ‹Materialreferat› die verschiedenen Ansätze zur Begriffsbestimmung von Gewandtheit zusammengestellt. Dabei läßt sich ein enger und ein weiter Bedeutungsumfang erkennen. MEINEL bezieht Gewandtheit auf *großmotorische* und Geschicklichkeit auf *kleinmotorische* Bewegungen. Gewandte Bewegungen sind weniger differenziert und in ihrer Entwicklung bereits früher vorhanden als geschickte Bewegungen. In der Geschicklichkeit sind Frauen den Männern überlegen; in der Gewandtheit zeigen sich keine Unterschiede. Eine Differenzierung ergibt sich erst durch die Verbindung der Gewandtheit mit anderen konditionellen Eigenschaften. In der Sportpraxis treten Geschicklichkeit und Gewandtheit oft gemeinsam auf: Der Sprungwurf des Basketballspielers setzt Sprunggewandtheit (Gewandtheitskraft im Sinne KUSNEZOWS) und Wurfgeschicklichkeit voraus.

Die bisher ausführlichste Analyse der motorischen Gewandtheit hat HIRTZ (1964) vorgenommen. Er faßt den Begriff sehr weit als Summe der koordinativen Fähigkeiten und unterscheidet acht spezielle Gewandtheiten.

Diese ‹Erscheinungsweisen› der Gewandtheit sind:

Reaktionsvermögen äußert sich als schnelles und wirksames Reagieren auf unerwartete Situationen im Sinne der Schlagfertigkeit.

Anpassungsvermögen zeigt sich im Reagieren und Anpassen an ungewohnte Aufgabenstellungen, an veränderte Situationsbedingungen wie im Sportspiel oder im Skilauf.

Steuerungsvermögen macht sich in der Bewegungspräzision und in der Bewegungskonstanz bemerkbar.

Orientierungsvermögen führt bei komplizierten Bewegungen wie bei Drehungen (zum Beispiel im Trampolin oder Wasserspringen) zu verbesserten Leistungen.

Gleichgewichtsvermögen ist bei komplizierten Bewegungen auf schmaler Unterstützungsfläche wichtig (am Schwebebalken oder im Eiskunstlauf).

Kombinationsvermögen ermöglicht gleichzeitige und aufeinanderfolgende Bewegungskombinationen (im Eiskunstlauf, im Bodenturnen).

Wendigkeit spielt im Sportspiel oder Slalomlauf eine Rolle und setzt eine ausreichende Beweglichkeit voraus.

Geschicklichkeit dient der Ausführung feinmotorischer Bewegungen des Kopfes, der Hände und Füße und deren gegenseitige Abstimmung.

FETZ trennt das «motorische Gleichgewicht» von der «motorischen Gewandtheit» und der «motorischen Geschicklichkeit» und unterteilt die Gewandtheit in allgemeine, motorische und sportliche. Das gilt auch für die Geschicklichkeit. Diese bezieht er aber nicht auf die Feinmotorik, welche er dem Gesamtkomplex der motorischen Gewandtheit unterordnet. Geschicklichkeit wird dann freigehalten für die «praktische Intelligenz bei körperlichen Fertigkeiten», welche sich in der Erfassung der Situation zeigt. Bei HIRTZ ist dies das Reaktions- und Anpassungsvermögen.

Gewandtheit ist eine ziemlich spezifische Eigenschaft. Manche Sportler sind im Turnen, andere in den Sportspielen gewandt, aber meist nicht gleichzeitig in beidem. Nur bei ähnlichen Bewegungen besteht in der Schnelligkeit der Aneignung ein Zusammenhang. Nach SCHNABEL (1975) kann man nicht allgemein von Gewandtheit sprechen. Koordinative Fähigkeiten sind «wesentliche Voraussetzungen für die Ausübung einer ganzen Gruppe (Klasse) motorischer Tätigkeiten, für die Entwicklung der Bewegungskoordination verschiedener sportlicher Bewegungsformen». Sie sind nicht angeboren, sondern werden erworben. Vor allem ist der jeweilige Entwicklungsstand mitbestimmend beim Erwerb von motorischen Fertigkeiten, und zwar zuerst hinsichtlich der Lernzeit. Die Wechselwirkung zwischen motorischen Fertigkeiten und koordinativen Fähigkeiten führt dazu, daß sich mit den motorischen Fertigkeiten auch die koordinativen Fähigkeiten weiterentwickeln. Dies muß auch im Sinne der allgemeinen Bewegungserfahrung gesehen werden (Bewegungsschatz).

Allgemein kann Gewandtheit bestimmt werden als Fähigkeit zur schnellen und zweckmäßigen Lösung motorischer Aufgaben (SCHNABEL).

ZACIORSKIJ gibt als Kriterien der Gewandtheit an:
- Koordinationsschwierigkeit der Aufgabe,
- Genauigkeit der Ausführung,
- aufgewandte Zeit für die Bewegungsausführung.

Demnach ist die Gewandtheit eine ‹komplizierte komplexe Eigenschaft› ohne einheitliches Kriterium. Die Koordinationsschwierigkeit der Aufgabe bezieht sich auf verschiedene Bewegungsqualitäten, die Genauigkeit auf zeitliche, räumliche und dynamische Strukturen und der Zeitaufwand auf die motorische Lernfähigkeit. So nennt man auch das «Lernen auf Anhieb» gewandt (MEINEL 1966).

Mit Hilfe der Kriterien ZACIORSKIJS bestimmt SCHNABEL Gewandtheit als «Fähigkeit, schwierige Bewegungskoordinationen zu bewältigen und sich schnell anzueignen sowie die motorischen Handlungen entsprechend den Anforderungen der jeweiligen Situation und ihren Veränderungen zu gestalten». Daraus können drei Kriterien abgeleitet werden:
- bewältigte Schwierigkeit der Bewegungskoordination,
- Anpassungs- bzw. Umstellungszeit,
- Lernzeit bzw. Lernfortschritt.

Demnach besteht die komplexe Gewandtheit aus drei koordinativen Fähigkeiten:
1. der motorischen Steuerungsfähigkeit,
2. der motorischen Anpassungs- und Umstellungsfähigkeit,
3. der motorischen Lernfähigkeit.

Je mehr (Teil)Bewegungen miteinander verbunden werden können, je schwieriger also die Bewegungskoordination ist, desto besser ist die *motorische Steuerungsfähigkeit*. Die Bewegung muß in ihrer zeitlichen, räumlichen und dynamischen Struktur so gesteuert (geregelt) werden, daß die Bewegungsaufgabe optimal (programmgemäß) gelöst wird.

Die *motorische Anpassungs-* und *Umstellungsfähigkeit* zeigt sich, wenn situationsgemäß und effektiv reagiert wird (zum Beispiel im Abfahrtslauf, beim Boxen, im Eiskunstlauf oder Gerätturnen, wo Handlungen entsprechend korrigiert oder umgestellt werden müssen). Dazu gehört durchaus auch ‹praktische Intelligenz›, wie sie in Spielsituationen immer wieder gefordert wird.

Die *motorische Lernfähigkeit* zeigt sich in der Lernzeit oder der Anzahl der Übungswiederholungen, die bis zu einem bestimmten Fertigkeitsniveau benötigt werden.

Zu diesen drei ‹Gewandtheiten› kommen spezielle koordinative Fähigkeiten wie Geschicklichkeit, Bewegungselastizität, Gleichgewichtsfähigkeit, motorische Kombinationsfähigkeit und die Bewegungsphantasie hinzu. Daneben gibt es noch ‹sportartspezifische koordinative Fähigkeiten›.

Einen Überblick über die Grundlagen und Erscheinungsweisen der Gewandtheit gibt folgende *Abbildung,* die auf HIRTZ/RÜBESAMEN/ WAGNER zurückgeht.

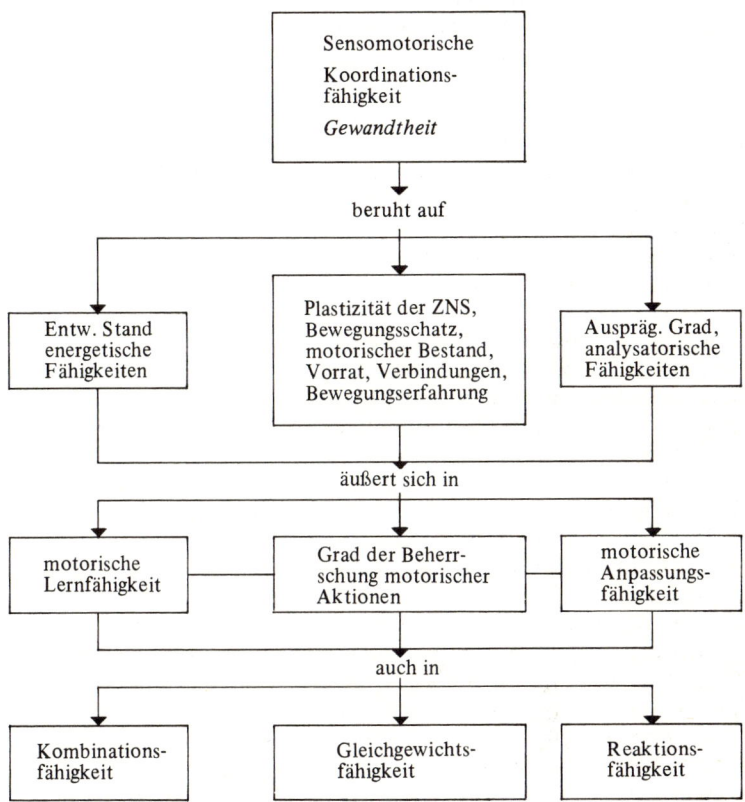

Abb. 37: Die Gewandtheit und ihre Erscheinungsweisen sowie deren Grundlagen (nach HIRTZ/RÜBESAMEN/WAGNER)

Etwas verändert stellen sich die «fünf Dimensionen der großmotorischen Bewegungen» dar, die RIEDER/BÄUMLER (1975) als relativ voneinander unabhängige Faktoren der «großmotorischen Bewegungsgeschicklichkeit» ermittelt haben:

1. Flüssigkeit großmotorischer Koordination,
2. Rumpfbeweglichkeit,

3. motorische Anpassung an Positionsveränderungen,
4. Körperbalance oder Gleichgewichtskoordination,
5. rhythmische Anpassung.

Beweglichkeitstraining

Beweglichkeit ist relativ leicht trainierbar; ihr Training muß jedoch in Verbindung mit dem anderer Eigenschaften gesehen werden, weil Wechselwirkungen bestehen. Wie ein übermäßiges Krafttraining die Beweglichkeit einengt, so kann ein übertriebenes Beweglichkeitstraining die Schnellkraft beeinträchtigen. Deshalb ist eine ‹rationelle Verbindung von Biegsamkeits- und Kraftübungen› für viele Sportarten notwendig. ZACIORSKIJ macht den wesentlichen Grundsatz des Beweglichkeitstrainings klar: Die Beweglichkeit muß *nicht maximal*, sondern nur *optimal* entwickelt werden, und zwar so, daß eine ungehinderte Bewegungsausführung garantiert wird.

Als Dosierung der Reizhöhe wird gefordert, die Übungen bis ‹zum Auftreten eines leichten Schmerzgefühls› auszuführen. Es werden Serien durchgeführt mit 10 bis 15 Wiederholungen, weil diese Wiederholungen erst die größere Beweglichkeit zulassen. Die Summierung der Wiederholungen und damit die Zahl der Dehnungen bewirkt ein Nachlassen der Gegenwirkung der Antagonisten.

Der Aufwärmeeffekt der Beweglichkeitsübungen ist auch passiv durch Wannenbäder oder Massagen erreichbar (GROSSER). Außerdem muß das Aufwärmen nicht nur allgemein, sondern speziell durchgeführt werden. Mentales und/oder spielerisches Aufwärmen kann ein spezielles nicht ersetzen.

Beweglichkeitsübungen haben auch eine prophylaktische Wirkung. Das macht ihren Stellenwert im Fitnesssport aus. Beweglichkeitstraining wird zusätzlich in Form von Hausaufgaben (Frühgymnastik) ein- oder zweimal täglich durchgeführt. Da die Beweglichkeit im Kindes- und Jugendalter besonders gut entwickelt ist, liegt der Schwerpunkt im Grundlagen- und Aufbautraining. Im Hochleistungsbereich wird das Niveau der Beweglichkeit lediglich erhalten.

Neben den schon genannten Hinweisen ist nach HARRE folgendes zu beachten:

- Die Übungen sollen vielfältig sein und so die Bewegungsamplitude vergrößern.
- Beweglichkeitsübungen werden durch Lockerungs- und Entspannungsübungen ergänzt.
- Die maximale Bewegungsamplitude wird langsam erreicht und allmählich erhöht als «Üben im Grenzbereich».

- Beweglichkeitsübungen werden im einleitenden Teil oder am Ende des Hauptteils eingeplant.
- Zur Stabilisierung der Beweglichkeit reicht ein verminderter Trainingsumfang aus; Beweglichkeit geht bei Trainingsunterbrechungen schnell verloren.

Zur Trainingsmethodik gehört auch die Bereitstellung von Kontrollverfahren, also von Beweglichkeitstests für die Sportpraxis. Harre hat mehrere Verfahren abgebildet, Fetz/Kornexl (1973) haben einige beschrieben.

Die Trainings*inhalte* sind komplexer und spezieller Natur, wobei die Zielsetzung speziell auf ein oder mehrere Gelenke ausgerichtet ist. Die Vielzahl von Beweglichkeitsübungen hat in eigener Fachliteratur Niederschlag gefunden, bezogen auf die allgemeine und die spezielle Beweglichkeit. Die speziellen Beweglichkeitsübungen sind in der Regel stark technikorientiert und imitieren Teilstrukturen. Dementsprechend spricht man von Hürden-, Schwimm- oder Speerwurfgymnastik. Die einzelnen Formen sind relativ einseitig und nicht uneingeschränkt übertragbar.

Als methodischer Grundsatz der Übungsauswahl gilt, daß die Beweglichkeitsübungen eine höhere Bewegungsamplitude haben sollen als im Wettkampf. Sie können als einfache, als federnde und als Schwung-, Pendel- oder Kreisbewegungen ausgewählt und durch statische Übungen ergänzt werden, wenn die Wettkampfspezifik dies erfordert.

Martin unterscheidet inhaltlich zwei Gruppen: formale Übungen und Übungen mit Bewegungsaufgaben. Bei den formalen Übungen ist die Bewegungsaufgabe genau festgelegt; bei den Bewegungsaufgaben haben Kinder oder Jugendliche einen Lösungsspielraum. Die weitere Systematisierung der Übungen kann *Abbildung 38* entnommen werden.

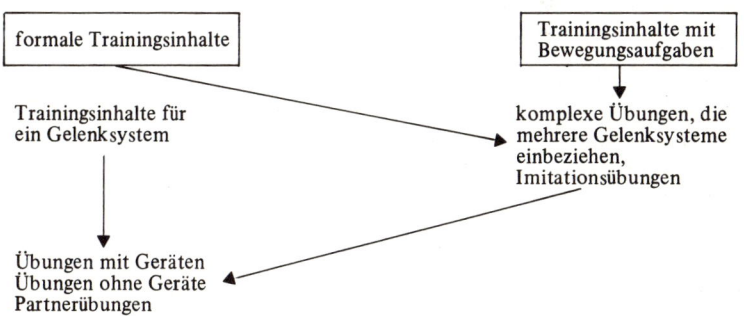

Abb. 38: Systematisierung der Trainingsinhalte zur Schulung der Beweglichkeit (nach Martin)

Gewandtheitstraining

Die methodischen Kenntnisse zur Schulung der Gewandtheit sind nicht umfangreich. Ausgangspunkt methodischer Überlegungen ist der Satz Schnabels: Grundlage der Entwicklung und damit auch der Ausbildung koordinativer Fähigkeiten ist eine vielseitige Übung, die den gesamten Bereich der jeweiligen Fähigkeiten umfaßt.

Die Bewegungserfahrung muß demnach beständig erweitert werden, und dies ist nur durch Neulernen möglich. Neulernen verbessert die Gewandtheit. Ihre Schulung erfolgt nicht durch einen engen Kreis spezialisierter Fertigkeiten, sondern auf breiter Basis.

Gewandtheitsübungen sollen mit Kraft-, Schnelligkeits- und Ausdauerübungen kombiniert werden; denn «die Entfaltung von koordinativen Fähigkeiten gelingt nur auf der Basis von Ausdauer und Kraft» (Israel 1977).

Zur Verbesserung der *motorischen Steuerungsfähigkeit* ist eine Erhöhung der koordinativen Anforderungen unumgänglich. Diese kann erfolgen durch Bewegungsvariationen, aber auch durch Zusatzaufgaben, durch ein höheres Bewegungstempo oder durch erhöhte konditionelle Anforderungen. Neben der Erweiterung des koordinativen Schwierigkeitsgrads wirkt sich auch der ständige Aufgabenwechsel (der Situation, Partner oder Gegner) gewandtheitsverbessernd aus, und zwar im Sinne der *motorischen Anpassungsfähigkeit*. Die *motorische Lernfähigkeit* wiederum kann nur geschult werden, wenn immer wieder neue vielfältige Bewegungsaufgaben gestellt und neue Techniken erlernt werden.

Die einzelnen ‹Gewandtheiten› erfordern jeweils getrennte methodische Verfahrensweisen. Im Schulsport und Grundlagentraining ist dies nicht so ausgeprägt. Mit zunehmendem Können müssen aber die Anforderungen spezialisierter werden. Während es zuerst um den umfangreichen Erwerb einfacher, später komplizierterer Bewegungsfertigkeiten zur Vergrößerung der allgemeinen Bewegungserfahrung geht, kommen später immer mehr artverwandte und sportartspezifische Bewegungsformen hinzu. Das schließt eine entsprechende Akzentuierung der drei Unterformen ein.

Für die Steigerung der Schwierigkeiten sportlicher Übungen zur Verbesserung der motorischen Steuerungsfähigkeit fordert Zaciorskij größere Bewegungspräzision, gegenseitige Koordination sowie plötzlich veränderte Situationen. Damit wird aber schon zur motorischen Anpassungs- und Umstellungsfähigkeit übergeleitet.

Die Ausweitung der motorischen Lernfähigkeit setzt beständiges Neulernen voraus, weil eingelegte Lernpausen die Lernfähigkeit verringern. Dies konnte am Beispiel von Turnern gezeigt werden. In diesem

Sinn ist die Gewandtheitsschulung wie eine Spirale: Die Lernfähigkeit muß durch beständiges Neulernen gesteigert werden, und die Verbesserung der Lernfähigkeit erleichtert wiederum das Neulernen. So ist das Gewandtheitstraining ein «Training der Trainierbarkeit» (ZACIORSKIJ).

Gewandtheitstraining setzt ein intaktes zentrales Nervensystem voraus. Deshalb ist – wie beim Schnelligkeitstraining – lediglich die *Wiederholungsmethode* geeignet. Die Belastungsnormative sind identisch. Unter den Bedingungen der Ermüdung ist Gewandtheitstraining kaum wirksam.

MARTIN faßt das Gewandtheitstraining unter vier Gesichtspunkten zusammen:

1. Schulung der Gewandtheit bei veränderten Situationen;
2. Schulung der Gewandtheit durch Zusatzaufgaben;
3. Schulung der Gewandtheit unter veränderten Bewegungsbedingungen;
4. Schulung der Gewandtheit durch «Umweglernen», also über mehrere Vor- und Zwischenstationen.

Die einzelnen Aspekte sind jeweils den drei Unterformen der Gewandtheit zugeordnet. Sie sind verschieden realisierbar, wie MARTINS Beispiele belegen.

Allgemein kann die Gewandtheit auch in ‹fremden› Sportarten geschult werden, besonders in den Sportspielen mit ihrem umfangreichen Bewegungsrepertoire. Hier zeigt sich auch für die Übergangsperiode in den Individualsportarten eine gute Möglichkeit. Im Schulsport sowie im Grundlagentraining finden häufig Gewandtheitsläufe Anwendung. Sie sind insofern wirksam, als sie die komplexe Gewandtheit verbes-

Methode	Beispiele
ungewohnte Ausgangsstellung	Weitsprung aus dem Stand mit dem Rücken zur Sprunggrube
Spiegelmethode	Wurf, Stoß und Sprung mit dem nicht bevorzugten Arm oder Bein
Tempoveränderung	höhere oder niedrigere Bewegungsgeschwindigkeit oder Tempoakzentuierung
Veränderung der Raumgrenzen	Würfe aus verkleinerten Kreisen, auf verkleinerte Tore, aus verschiedenen Distanzen
Zusatzbewegungen	Sprünge mit Drehungen
Veränderung der Gegenwirkung	Kampf mit verschiedenen Partnern

Tab. 13: Methodische Möglichkeiten und Übungsbeispiele im Gewandtheitstraining (nach MATWEJEW und KOLOKOLOWA)

sern, zumindest die motorische Anpassungs- und Umstellungsfähigkeit sowie die motorische Steuerungsfähigkeit. Hinsichtlich der motorischen Lernfähigkeit sind sie dann unwirksam, wenn sie ausreichend geübt wurden. Als Verfahren der Gewandtheitsmessung (Gewandtheitstests) sind sie geeignet, Gewandtheit insgesamt zu quantifizieren. Dies ist notwendig im Rahmen der motorischen Ontogenese und in der Lernerfolgskontrolle.

Einige methodische Möglichkeiten zur Gewandtheitsschulung sind in Anlehnung an MATWEJEW/KOLOKOLOWA in *Tabelle 13* (Seite 211) zusammengefaßt.

Technik und Techniktraining

Definition und Funktion

Fragen der sportlichen Technik stehen im Mittelpunkt der Bewegungslehre des Sports. Ihre Erkenntnisse werden von der Trainingslehre
integriert, wenn diese für sie bedeutsam sind. Hier zeigt sich die Trainingslehre ebenso als Integrationswissenschaft wie bei der Auswertung
sportphysiologischer oder sportpsychologischer Ergebnisse.
Die «Trainingsgrundlagen» können das Technikproblem nicht so ausführlich behandeln wie eine Bewegungslehre. Deshalb wird versucht,
Kenntnisse über die allgemeinen Grundlagen zu vermitteln, die für das
Verständnis des Techniktrainings hilfreich sind: Was sind sportliche
Techniken, was sind motorische Fertigkeiten, wie sind sie strukturiert,
und wie können sie erlernt werden?
Biomechanische Grundlagen einerseits und das motorische Lernen
andererseits stehen im Mittelpunkt. Damit wird die Technikkompo-
nente unter zwei Betrachtungsweisen beurteilt, einem mehr äußeren
und einem mehr inneren Aspekt:
1. die Beschreibung einer sportlichen Technik als «idealtypisches
   Handlungsziel» (MARTIN) oder als Zieltechnik (WILLIMCZIK 1971);
2. der motorische Lernprozeß zur Vervollkommnung der Bewegungsfertigkeiten.
Der Stellenwert der sportlichen Technik ist in den einzelnen Sportarten
sehr unterschiedlich. Zudem hat sie verschiedene Funktionen. Teilweise – in den Sportspielen, Kampfsportarten, Leichtathletik, Schwimmen
etc. – ist sie Mittel zum Zweck, um eine meßbare Leistung zu vollbrin-
gen. In den kompositorischen Sportarten ist sie Selbstzweck und wird

nach ihrer Ausführung bewertet. Hier kommt es auf die «Genauigkeit und den Ausdruck der Bewegung» (DJATSCHKOW) an.

In den kompositorischen Sportarten und in den Sportspielen müssen mehrere Bewegungen erlernt werden, und mehrere Bewegungsfertigkeiten kommen zur Wirkung. Allein diese Tatsache bewirkt eine ganz andere Stellung der Technikschulung im Trainingsprozeß als bei den Leichtathleten, Radfahrern, Schwimmern oder Ruderern. Da die einzelnen Bewegungsabläufe zudem variabel und vielfach modifiziert werden, wird gerade in diesen Sportarten das Techniktraining bevorzugt. Aber auch unter den ‹monotechnischen› Disziplinen ist der Stellenwert des Techniktrainings sehr verschieden. Man denke nur an den Marathonläufer einerseits und an den Gewichtheber oder Hochspringer andererseits. Eigentliches Techniktraining kennt der Langstreckenläufer nicht; seine Lauftechnik hat lediglich eine ermüdungsreduzierende Funktion.

Die Vielfältigkeit der sportlichen Techniken und deren Variationen in den Sportspielen wird in KONZAGS Systematik sichtbar, die er für verschiedene Sportspiele zusammengestellt hat. Beispielhaft sei hier das Sportspiel Volleyball vorgestellt (siehe *Abbildung 39*).

Der Sportler hat im Wettkampf ein bestimmtes Ziel und damit eine oder mehrere konkrete Bewegungsaufgaben. Um diese Aufgaben zu lösen, benötigt er ein ausreichendes konditionelles Eigenschafts- und ein der Schwierigkeit der Bewegungsaufgabe angemessenes Fertigkeitsniveau. Er muß über Bewegungsfertigkeiten verfügen, mit denen er seine Aufgaben erfüllen kann.

Für Bewegungsaufgaben bieten sich verschiedene Lösungsmöglichkeiten, verschiedene Techniken an. Wenn der Sportler leistungsorientiert ist, scheidet er alle aus, die nicht einen optimalen Lösungsweg zeigen. Nach MEINEL ist die Sporttechnik «ein in der Praxis entstandenes und erprobtes Verfahren zur bestmöglichen Lösung einer bestimmten sportlichen Aufgabe». Von jeder Sporttechnik wird gefordert, daß sie rationell ist. Das ist sie dann, wenn im Rahmen der Regeln möglichst hohe sportliche Leistungen erzielt werden, wenn sie konditionelle Eigenschaften besser ausnutzt als andere.

Techniken sind grundsätzlich speziell und damit Gegenstand der ‹speziellen Trainings- und Bewegungslehre›. Sie sind auch zeitabhängig. MEINEL weist ausdrücklich darauf hin, daß es keine zeitlos gültigen und allgemeinverbindlichen Sporttechniken gibt. Zudem enthält jede Technik allgemeine und individuelle Züge. Auch sind «rationelle Hauptbestandteile» und «zweitrangige Besonderheiten» zu unterscheiden; denn nur die Hauptbestandteile haben eine allgemeine Verbindlichkeit, weil sie sich entsprechend den biomechanischen Gesetzmäßigkeiten auswirken.

Abb. 39: Die Vielfalt sportlicher Techniken und deren Variationen – verdeutlicht am Sportspiel Volleyball (nach KONZAG)

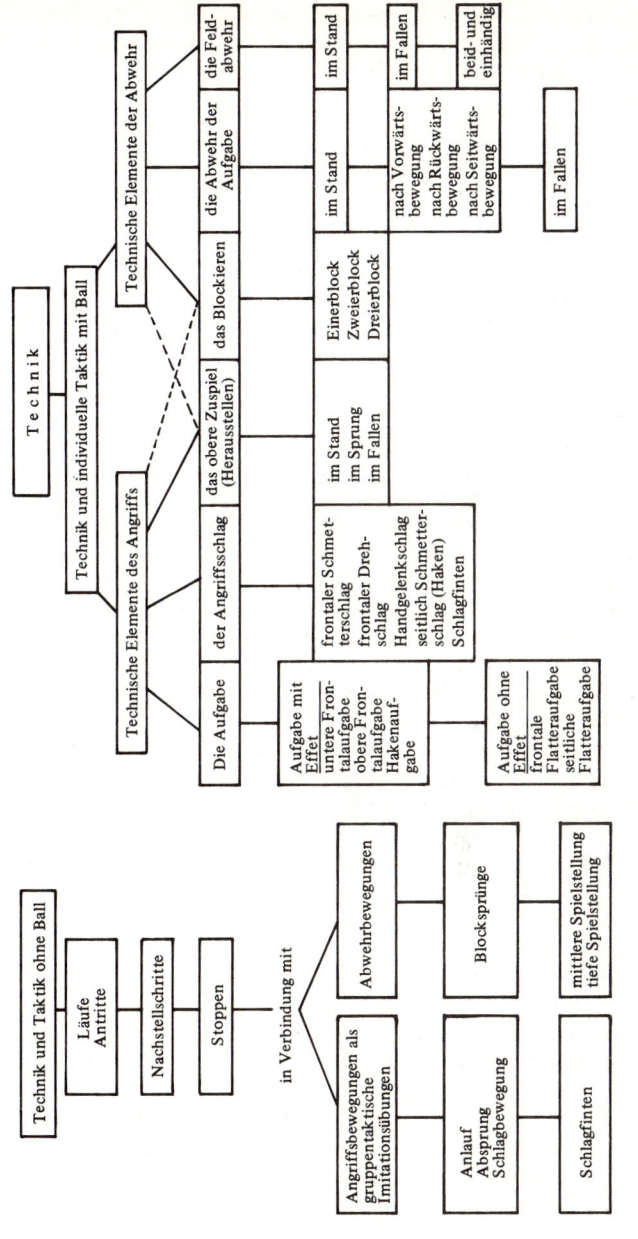

Nach MARTIN hat die Sporttechnik die «Funktion eines idealtypischen Handlungs- oder Trainingszieles». Sie ist losgelöst von Personen. Dagegen ist eine sportliche «Zieltechnik» ausdrücklich auf eine bestimmte Qualifikation abgestellt (WILLIMCZIK).

Neben dem Technikmodell des Spitzenathleten – also einer idealen Norm – gibt es noch ein zweites Modell für den Anfänger und Nachwuchssportler. Dieses Modell ist eine «Elementar- oder Grundform der Hochleistungstechnik» (SCHRÖTER 1976).

Im Gegensatz zur Technik ist *Stil* nicht lehrbar. Dieser bildet sich im Training heraus, ist aber nicht allein gleichzusetzen mit individuellen Besonderheiten. Vielmehr ist er Ausdruck der Persönlichkeit eines Sportlers. Er steht der Technik nicht entgegen, sondern ist ihre Ausdrucksform. Er ist ‹verwirklichte› Technik.

Werden sportliche Techniken beherrscht, spricht man von *Bewegungs-* oder *(senso)motorischen Fertigkeiten*. Fertigkeiten sind «automatisierte Komponenten des bewußten Handelns des Menschen» (SCHNABEL), welche durch oftmaliges Üben weitgehend gefestigt und automatisiert sind. Im Sport «bleibt aber der Diskuswurf, der Pferdsprung, die Kippe am Reck oder Barren Handlung im Vollsinne des Wortes, auch wenn die Bewegung weitgehend automatisiert abläuft und als ganze zur Fertigkeit geworden ist».

FETZ bestimmt Bewegungsfertigkeit als «Qualitätsgrad motorischen Könnens» und als «Sammelbegriff für Bewegungsabläufe»; sie ist durch Üben zum «festen und gesicherten Bestand unserer Motorik geworden». Ihre Ausprägung kann an den Bewegungsqualitäten und -quantitäten abgelesen werden. Bewegungsfertigkeiten sind auf bestimmte Qualifikationsstufen abgestellt und das Ergebnis motorischer Lernprozesse. Sie bezeichnen nicht nur «das gezielte und bewußte Bewegungsverhalten, sondern auch seine Qualität bzw. den Grad der Beherrschung eines Bewegungsablaufes, gemessen an der Zielsetzung oder Aufgabenstellung» (MARTIN).

Eine umfassende Beurteilung des Aufbaus und der Struktur sportmotorischer Fertigkeiten stellt GÖHNER (1974) mit seiner «Funktionsanalyse» vor. Danach ist die sportmotorische Fertigkeit ein abgrenzbarer und zielgerichteter Bewegungskomplex, der in kleine Einheiten – die Funktionsphasen – unterteilt wird. Die einzelnen Phasen lassen sich in Kategorien erfassen und nach ihrer Einflußhöhe gewichten.

Abb. 40: Geschwindigkeitsverlauf beim 110-m-Hürdensprint von 30 Teilneh- ▶
    mern der OS 1972, Gesamtgruppe und Leistungsgruppen (LETZEL-
    TER)

Biomechanik und Techniktraining

Für das sportliche Training sind technische Zielvorstellungen von herausragender Bedeutung. Deshalb sind biomechanische Untersuchungsergebnisse (ebenso ihre Methoden) für die Trainingsgestaltung unersetzlich, vor allem dann, wenn sie in trainingsdidaktische Anweisungen münden und so als Handlungsziele wirksam werden. Inwieweit dies möglich ist, wird am Beispiel *Hürdenlauf* exemplarisch erläutert.

Eigene Untersuchungen zum Wettkampfverhalten von Hürdensprinter(innen)n der Olympischen Spiele 1972 und 1976 (LETZELTER 1977) haben gezeigt, daß das Geschwindigkeitsverhalten unterteilt werden kann in einen

1. Reaktionsabschnitt
2. Abschnitt mit ansteigender Geschwindigkeit (erster positiver Beschleunigungsabschnitt)
3. Abschnitt mit annähernd gleichbleibender Geschwindigkeit (Abschnitt mit Maximalgeschwindigkeit)
4. Abschnitt mit absinkender Geschwindigkeit (negativer Beschleunigungsabschnitt)
5. Abschnitt mit erneut ansteigender Geschwindigkeit (zweiter positiver Beschleunigungsabschnitt)

Diese Einteilung ist tendenziell auf den verschiedenen Qualifikationsstufen gleich. Unterschiede sind nicht prinzipieller, sondern lediglich gradueller Art und betreffen hauptsächlich Höhe und Länge der ersten positiven Beschleunigung.

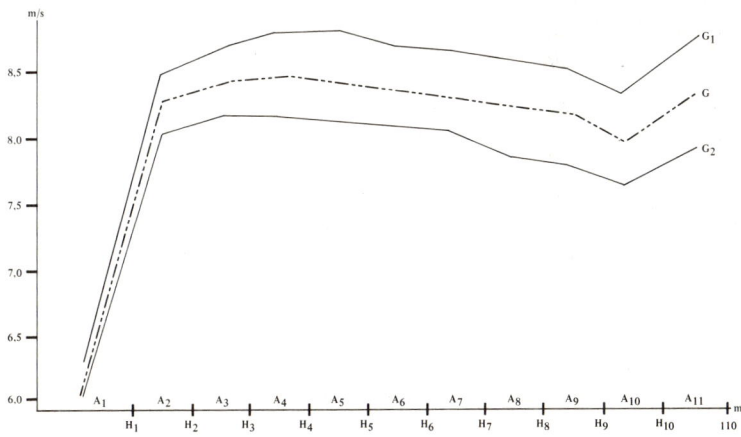

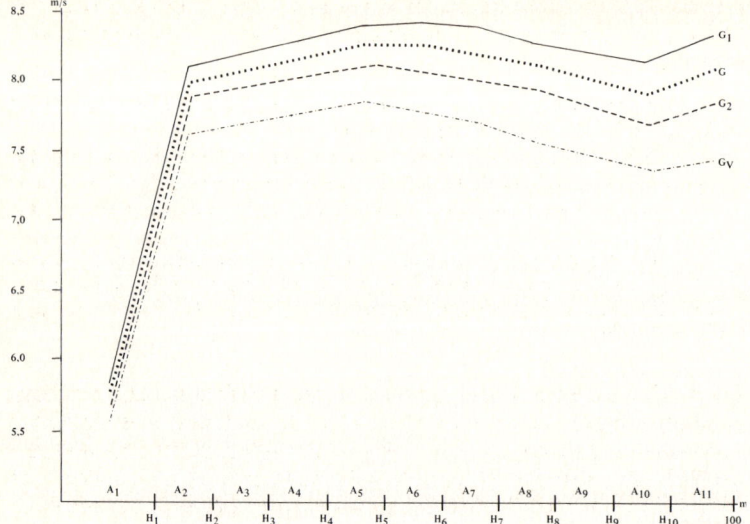

Abb. 41: Geschwindigkeitsverlauf beim 100-m-Hürdensprint von 18 Teilneh-
merinnen der OS 1972 und von 8 Hürdensprinterinnen der nationalen Leistungsklasse (LETZELTER)

Die leistungsdifferenzierenden Abschnitte sind aus den Diagrammen
deutlich zu erkennen: Es sind der Anlauf sowie die folgenden drei
(Männer) bzw. vier Hürdenabstände (Frauen), insgesamt also der erste
positive Beschleunigungsabschnitt.

Die Bedeutung dieser biomechanisch gewonnenen Ergebnisse wird
klar, wenn man das Geschwindigkeitsverhalten im Sinne operationaler
Definitionen für die Kennzeichnung der *Hürdensprinteigenschaften*
nutzt:

● Reaktionsschnelligkeit ist die Fähigkeit, auf den Startschuß möglichst schnell
  zu reagieren.
● Hürdensprintkraft ist die Fähigkeit, beim Hürdenlauf möglichst lange und
  möglichst hoch zu beschleunigen.
● Hürdensprintschnelligkeit ist die Fähigkeit, beim Hürdenlauf eine möglichst
  hohe Maximalgeschwindigkeit zu erzielen.
● Hürdensprintausdauer ist die Fähigkeit, die maximale Geschwindigkeit möglichst lange beizubehalten bzw. den Geschwindigkeitsabfall zu minimieren.

Die operationalen Definitionen sind mit denen der (Flach)Sprinteigen-
schaften teilweise identisch, aber zusätzlich durch den Technikfaktor

‹belastet›. Die biomechanischen Untersuchungsergebnisse lassen für Männer wie für Frauen folgende trainingsdidaktisch bedeutsame Aussagen zu:

1. Die Reaktionsschnelligkeit ist ‹empirisch-statistisch leistungsindifferent› und deshalb kein hervorragendes Trainingsziel.
2. Hürdensprintkraft und Hürdensprintschnelligkeit haben den weitaus größten Einfluß auf das Leistungsgefälle. Sie erklären 85 bis 90 Prozent der Unterschiede in der komplexen Laufzeit. Sie sind das hervorragende Trainingsziel.
3. Die Hürdensprintausdauer ist weitaus weniger an den Leistungsdifferenzen beteiligt als angenommen wird. Weniger als 10 Prozent der Leistungsunterschiede haben im Sprintausdauerniveau ihre Ursache. Sie ist das sekundäre Trainingsziel.

Für die Teilziele des Trainings von Hürdenläufern ergeben sich damit eindeutige Positionen im Prioritätenkatalog der leistungsrelevanten konditionellen Eigenschaften. Dies gilt um so mehr, als man die Reihenfolge durchaus auch technikunabhängig sehen kann, indem der Einfluß der Sprinteigenschaften einerseits und der der Hürdentechnik andererseits isoliert gewichtet werden kann. Im Hürdensprint ist das möglich durch den Technikindex. Dieser ist bestimmt als Differenz zwischen Hürdenzeit und Sprintzeit, bei den Frauen also $TI = t100H - t100$ und bei den Männern $TI = t110H - t100$ Sekunden.

Wenn man den Einfluß der Hürdentechnik auf die Hürdensprintkraft, die Hürdensprintschnelligkeit und auf die Hürdensprintausdauer eliminiert, kann das relative Gewicht der konditionellen Eigenschaften abgeschätzt werden, ohne daß sich der Einfluß der Hürdentechnik auswirkt. Danach ergeben sich ähnliche Ergebnisse wie im Flachsprint.

Für eine sinnvolle Trainingsgestaltung sind Hilfestellungen der Biomechanik unersetzlich. BALLREICH/KUHLOW gliedern den «Objektbereich der Biomechanik» in fünf Teilbereiche:

● die sportliche Bewegung – die Struktur des Bewegungsapparats – äußere Kräfte – innere Kräfte – Bewegungssteuerung und Bewegungsregelung.

An den ‹Problembereichen› der Biomechanik des Sports wird die Zuständigkeit der Biomechanik für sportliche Techniken noch offensichtlicher. Es geht um:

● Die Beschreibung sportlicher *Bewegungsabläufe* mit Hilfe von quantitativen und qualitativen Bewegungsmerkmalen. Dazu gehört auch die Erklärung sportlicher Bewegungen, die Systematik von Bewegungsabläufen und von Schwierigkeitsgraden sportmotorischer Fertigkeiten. Davon hängt die Lerndauer entscheidend ab, ebenso die Lehrstrategie, die die Reihenfolge des Erlernens sportmotorischer Fertigkeiten festlegt.

- Die Analyse der sportlichen *Techniken* und ihre fortschreitende *Optimierung*. Techniken werden nach ihrem Effektivitätsgrad beurteilt und weiterentwickelt. Verschiedene Techniken mit derselben Zielsetzung werden gegeneinander abgewogen, sofern konkurrierende Techniken vorliegen.
- Gewichtung biomechanischer *Einflußgrößen* der sportlichen Bewegung, weil die Wirksamkeit trainingsmethodischer Maßnahmen abhängt vom relativen Gewicht des zu verbessernden biomechanischen Merkmals hinsichtlich der komplexen Leistung.
- Aufstellung biomechanischer *Normwerte, Gesetze* und *Prinzipien*.
- Aufstellung von *Bewegungsindikatoren* für das motorische Eigenschaftsniveau, weil das Bewegungsverhalten des Sportlers Gradmesser für die Ausprägung auch des konditionellen Leistungsniveaus ist und die Biomechanik dieses Bewegungsverhaltens erfaßt.

Sportliche Techniken können mit Hilfe kinematischer und dynamischer Bewegungsmerkmale exakt und detailliert beschrieben werden. Zusammengefaßt ergeben sie die quantitativen Bewegungsmerkmale. Sie werden durch die qualitativen ergänzt, welche einen geringeren Objektivitäts- und Informationsgrad haben. MARTIN differenziert zuerst nach einzelnen Bewegungsphasen, wie sie in einfachster Art zum Beispiel für den Sprung bekannt sind: Anlauf, Absprung, Flugphase, Landung. Eine andere Unterscheidung befaßt sich mit Stütz- und Flugphasen. Unter *biomechanischem* Aspekt kommt er so zu folgender Charakteristik der sportlichen Technik.

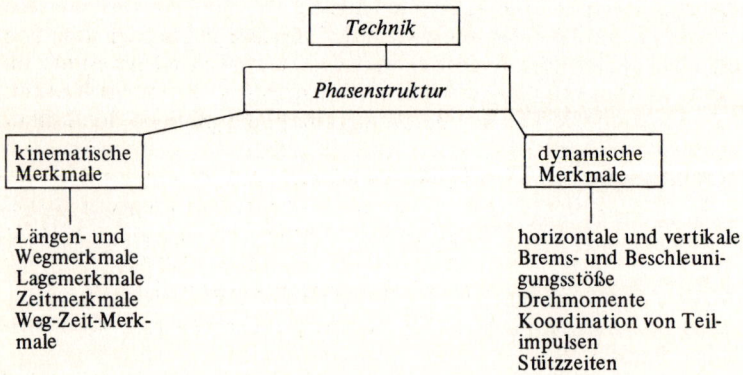

Abb. 42: Die sportliche Technik und ihre Bestandteile (nach MARTIN)

Techniktraining als motorisches Lernen

Techniktraining im Sport ist lernen neuer oder verbessern und vervollkommnen schon gekonnter Bewegungen. Motorisches Lernen geht über verschiedene Lernstufen: *Erwerben – Verfeinern – Festigen – Anwenden – Variables Verfügen.*
Es ist an äußere und innere Voraussetzungen gebunden, wie an Anregungen aus der Umwelt sowie an die Sprache zur Informationsübermittlung und -speicherung. Der Lernerfolg ist abhängig von der Lernmotivation und vom Lerneifer, vor allem vom Niveau der koordinativen Fähigkeiten und konditionellen Eigenschaften.
Motorisches Lernen zielt auf eine Änderung des Bewegungsverhaltens. Erlernt werden sportliche Techniken. Diese können als «idealtypisches Handlungsziel» qualifikationsunabhängig oder qualifikationsgebunden als «sportliche Zieltechniken» (WILLIMCZIK) bestimmt werden. Leitbild ist dann nicht eine «biomechanische Idealkonstruktion», sondern ein Lösungsverfahren der Sportpraxis.
Sportliche Handlungen sind unterschiedlich kompliziert und bestehen aus vielen Teilhandlungen. Motorische, sensorische, verbale und intellektuelle Prozesse ermöglichen erst ein komplexes Handlungsgefüge.

Dabei interessiert die Sportpraxis primär:
- Wie ist die sportmotorische Handlung aufgebaut, wie wird sie gesteuert und geregelt?
- Wie muß trainiert und geübt werden?

Steuerung und Regelung motorischer Handlungen äußern sich in der Bewegungskoordination. Darunter versteht man die ‹Ordnung motorischer Aktionen›, bezogen auf Bewegungsphasen, Teilbewegungen, Kraftimpulse etc. Entscheidend für die Bewegungskoordination ist die Zielorientierung (SCHNABEL).
Die theoretischen Modelle zur Steuerung und Regelung sportmotorischer Handlungen sind *kybernetisch* ausgerichtet, weil der entscheidende Aspekt des motorischen Lernens und der Steuerung die Informationsübertragung ist. Ein solches Modell ist in *Abbildung 43* vorgestellt. Es lassen sich mehrere Teilfunktionen ablesen (SCHNABEL):

1. Das zu steuernde und zu regelnde bewegungsausführende Organ ist die Skelettmuskulatur.
2. Die Bewegungsausführung wird vorprogrammiert, Zwischen- und Endergebnisse werden antizipiert.
3. Afferente und reafferente Informationsaufnahme und -verarbeitung ermöglichen Informationen über Zwischen- und Endergebnisse und vermitteln diese weiter.
4. Eingehende Informationen (Istwerte) werden mit dem Handlungsziel und -programm (Sollwerten) verglichen.

5. Die eigentliche Steuerung und Regelung erfolgt durch Steuer- und Korrekturimpulse an die Skelettmuskulatur.
6. Das motorische Gedächtnis (Bewegungserfahrung) hilft beim Sollwert-Istwert-Vergleich und bei der Programmierung.

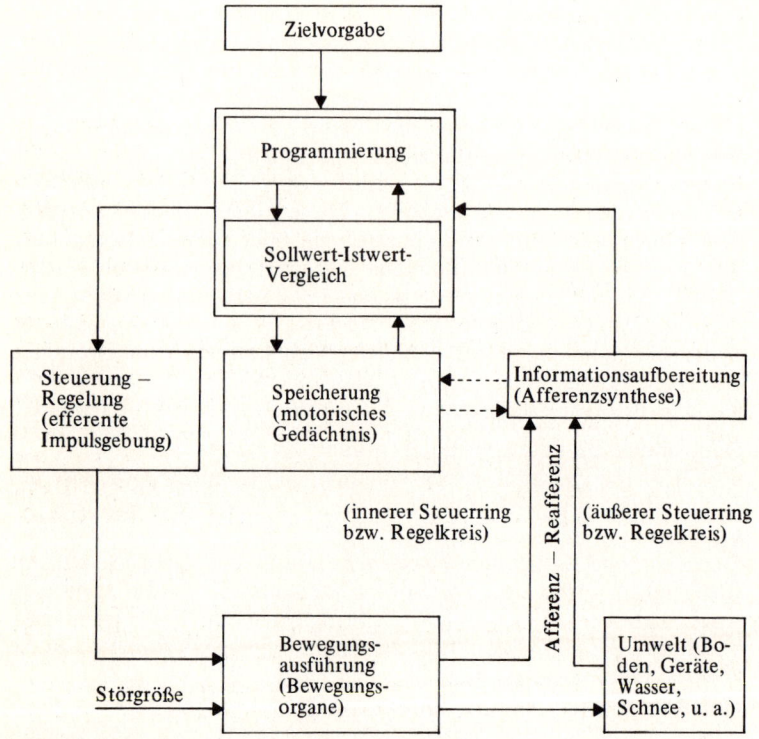

Abb. 43: Vereinfachtes Modell der Bewegungskoordination (nach SCHNABEL)

Nach ANOCHIN (1967) beinhalten drei Funktionskreise die «Schlüsselmechanismen der Bewegungskoordination»:
1. die Informationsaufnahme und -verarbeitung;
2. die Programmierung des motorischen Verhaltens und die Bewegungsantizipation;
3. der Sollwert-Istwert-Vergleich.
Bei jeder sportlichen Tätigkeit werden von den *Analysatoren* Signale aufgenommen, codiert, weitergeleitet und verarbeitet. Jeder Analysa-

tor hat spezifische Rezeptoren (Reizaufnehmer), afferente Nervenbahnen und sensorische Zentren. Für den Sport sind fünf Analysatoren bedeutsam:

- der kinästhetische Analysator (Muskel- oder Bewegungssinn),
- der taktile Analysator (Tastsinn)
- der statico-dynamische Analysator (Gleichgewichtssinn),
- der akustische Analysator (Gehörsinn),
- der optische Analysator (Gesichtssinn).

Alle Informationen werden mit den gespeicherten verglichen und zu neuen Bewegungsmustern verknüpft. Das motorische Verhalten wird programmiert; es entsteht der *Handlungsplan*. Damit hängt auch die Vorhersage des Ergebnisses und seiner Teilaktionen zusammen. Die Programmvorausnahme ist eine Art Bewegungsvorstellung. Die Programmierung der motorischen Handlung berücksichtigt zudem die Umwelt – wie Mitspieler, Gegner, Gelände.

Den Vorgang der Informationsaufnahme durch die Analysatoren und die Weiterleitung an die Steuerungszentrale im Gehirn nennt man *Afferenz*. Jeder sportlichen Handlung gehen Anlaß- und Situationsafferenzen voraus. Situationsafferenzen beziehen sich auf die Umwelt und den augenblicklichen Zustand der Bewegungsorgane. Anlaßafferenzen lösen die Bewegung aus (zum Beispiel Startschuß). Bei allen sportlichen Handlungen ist eine Situationsanalyse notwendig, selbst in Standardsituationen, vor allem in den Sportspielen und den Kampfsportarten.

Die Informationsaufnahme ist mit Beginn der Bewegung nicht beendet. Es wird auch weiter über den Bewegungsablauf informiert. Dabei kommt es zu einer Rückkoppelung, der *Reafferenz*, unterteilt in bewegungslenkende (steuernde) und resultative. Die eine gibt etappenweise Auskunft über die ablaufende Bewegung, die andere meldet das Gesamtergebnis an die Steuerungszentrale im Gehirn. Die etappenweise Reafferenz ist wichtig für die Kontrolle der Teilschritte im Istwert-Sollwert-Vergleich; die ‹sanktionierende› Rückmeldung über das Gesamtresultat hat Bedeutung für folgende Bewegungshandlungen im Verlauf des motorischen Lernens. Sie wird gespeichert. Die Zusammenfassung von afferenten und reafferenten Reizen und deren Verarbeitung nennt man *Afferenzsynthese*.

Um das Handlungsziel zu erreichen, werden die kleinsten Teilschritte beständig mit dem Gesamtziel und den Teilzielen verglichen, also mit dem motorischen Verlaufsprogramm. Daraus ergeben sich die Bewegungskorrekturen. Erleichtert wird dieser Vorgang durch größere Bewegungserfahrung. Die Bewegungskorrekturen sind dann präziser und effektiver. Der Vergleichsapparat, der Ergebnis und Ziel überprüft, ist der *Handlungsakzeptor*. Er ermöglicht die Ergebnisbewertung. Der gesamte Ablauf funktioniert also nach dem Prinzip eines Regelkreises mit Rückkoppelungen (feed-back).

Den Ablauf des motorischen Lernens hat MEINEL ausführlich beschrieben. Er nennt drei Phasen:
1. Entwicklung der Grobkoordination (Grobform),
2. Entwicklung der Feinkoordination (Feinform),
3. Stabilisierung der Feinkoordination und Entwicklung der variablen Verfügbarkeit (Feinstform).

Diese Reihenfolge ist nicht umkehrbar. Unterschiedlich ist je nach Schwierigkeitsgrad die zeitliche Dauer der drei Phasen.

1. Lernphase: Entwicklung der Grobkoordination
Am Ende dieser Lernstufe wird die Grobform der Bewegung erreicht. Manchmal gelingt dies auf Anhieb; bei schwierigen Bewegungen sind mehrere Versuche nötig. Die Teilbewegungen können nur selten aufeinander abgestimmt werden; denn der Lernende entwickelt zunächst nur eine grobe Vorstellung. Alle Bewegungsquantitäten und -qualitäten sind noch sehr mangelhaft ausgeprägt. Das gilt besonders für die innere Struktur, weil der Krafteinsatz übermäßig und der Wechsel von Spannung und Entspannung ungünstig sind. Zu viele Muskeln werden innerviert, die Erregungsprozesse überwiegen (Irradiation). Darunter leiden Bewegungstempo und Bewegungsumfang. Kennzeichnend ist vor allem die große Instabilität.
Das geringe Fertigkeitsniveau beruht auf der mangelnden Ausnutzung afferenter und reafferenter Signale. Die Rückinformation ist unvollkommen. Nur bei umfangreicher Bewegungserfahrung gelingt ein Istwert-Sollwert-Vergleich. Erst nach mehreren Übungsversuchen wird die Bewegungsvorstellung verbessert, weil Rückkoppelungen möglich werden.
Die Information über das Lernziel erfolgt optisch (1. Signalsystem), der optische Analysator dominiert. Mindernd wirken sich ‹negative Übertragung› von bekannten ähnlichen Bewegungen sowie unbedingte Reflexe aus. Beides kann zwar als Basis für die Erarbeitung von Bewegungsfertigkeiten genutzt werden, aber auch deren Aufbau stören oder gar verhindern. Begünstigend für einen Lernprozeß sind positive Übertragungen bekannter Bewegungsmuster, vor allem ein hohes Niveau der koordinativen Fähigkeiten.

2. Lernphase: Entwicklung der Feinkoordination
Am Ende dieser Phase können sportliche Techniken nahezu fehlerfrei vorgeführt werden, allerdings nur unter störungsfreien *Standardbedingungen.* Während in der ersten Phase die Bewegungen häufig mißlingen, ist in der zweiten eine ausreichende Stabilität erreicht, die lediglich bei veränderten oder ungünstigen Bedingungen verlorengeht.
Eine bessere Bewegungskoordination ist das Ergebnis einer Konzentration der Erregung und einer differenzierteren Hemmung, weil die Informationsaufnahme und -verarbeitung zielgerechter erfolgt. Die Informationen werden richtig entschlüsselt. Daraus folgt ein höheres Bewegungsempfinden, ein verstärktes

Verständnis für Erklärungen und vor allem für Korrekturen. Letztlich führt dies zu einer exakteren Bewegungsvorstellung.

In der zweiten Lernstufe läuft die Feinprogrammierung mehr über den inneren Regelkreis. Die Ergebnisinformation erfolgt vorrangig durch die Selbstbeobachtung. Der kinästhetische Analysator gewinnt Oberhand. In Verbindung mit dem zweiten Signalsystem (Sprache) wird eine Präzisierung des Lernens erreicht. Die Vorstellungen von der Bewegung werden genauer, und der Lernende kann sich auf Teilbewegungen konzentrieren.

Störungen aus der Umwelt werden zwar im Ansatz erkannt; aber antizipierende Korrekturen sind (noch) nicht möglich, da Anpassung und Umstellung an veränderte Bedingungen eine weitgehende Automatisierung voraussetzen. Veränderte Bedingungen wirken sich deshalb ebenso negativ aus wie Reflexbewegungen oder ähnliche gespeicherte Elemente und Ermüdung.

3. *Lernphase:* Stabilisierung der Feinkoordination und Entwicklung der variablen Verfügbarkeit.

Ziel des Bewegungslernens ist die Vervollkommnung der sportlichen Technik als ‹Stadium des Könnens›. Das wird erreicht, wenn Bewegungsfertigkeiten so stabilisiert sind, daß sie auch unter schwierigen und veränderten Bedingungen wie im Wettkampf gelingen. Dazu müssen Störeinflüsse erkannt werden und eine angemessene Anpassungs- und Umstellungsfähigkeit vorhanden sein. In Standardsituationen unterscheiden sich Feinkoordination und Feinstkoordination kaum voneinander. Erst im Wettkampf wird der Lerngewinn sichtbar. Die motorischen Fertigkeiten sind variabel und situationsangemessen verfügbar.

Die Bewegungskoordination in der dritten Lernphase ist automatisiert als dynamischer Stereotyp. Das hat auch in einer stark verbesserten Informationsaufnahme und -verarbeitung seinen Grund. Die Automatisierung ermöglicht nämlich eine Zentrierung der Aufmerksamkeit entweder auf einige schwierige Knotenpunkte oder auf Teile der Bewegung bzw. auf die Umwelt. Für die Bewegungsverbesserung und vor allem für die Korrektur ist dies von großer Bedeutung. Die Aufmerksamkeit wird auch frei für die Taktik, für die Vorwegnahme von Störeinflüssen und für die volle Ausschöpfung des konditionellen Niveaus.

In der dritten Stufe ist die Ablösung des äußeren Regelkreises durch den inneren weitgehend abgeschlossen. Bewegungsabläufe werden nicht mehr bewußt gesteuert, können aber jederzeit ins Bewußtsein zurückgerufen werden.

Methodik des Techniktrainings

Allgemeine Grundsätze

Die Methoden zur Aneignung und Vervollkommnung motorischer Fertigkeiten müssen in Abhängigkeit von der Spezifik der Sportart gesehen werden. Diese können in drei Gruppen aufgeteilt werden:

1. Sportarten, bei denen eine einzige Technik leistungsbestimmend ist, deren Struktur aber nicht verändert wird. Es kommt weder zu positiver (Transfe-

renz) noch zu negativer Übertragung (Interferenz). Hierzu gehören die meisten Kraft-, Schnellkraft und Ausdauersportarten.

2. Sportarten mit einer Vielzahl von Techniken, die jeweils eine konstante Zusammensetzung und Struktur aufweisen. Es gibt Ähnlichkeiten der Techniken in der inneren und äußeren Struktur (als Kippen, Felgen etc.). Der Rahmen ist unverändert; es kommt aber zu einer Differenzierung der ähnlichen Bewegungskomponenten. Dadurch können positive und negative Übertragungen eintreten. Das trifft für die kompositorischen Sportarten zu.

3. Sportarten mit einer beständigen Veränderung der Wettkampfsituationen wie Kampfsportarten und Sportspiele, bei denen die variable Verfügbarkeit entscheidend ist.

Techniktraining ist ein systematischer Weg zum Erwerb, zur Verfeinerung, Stabilisierung und Vervollkommnung von Bewegungsfertigkeiten. Dieser Weg ist ein stufenweiser Aufbau, der in entsprechenden Methoden und Formen seinen Niederschlag gefunden hat. Angestrebt wird die allmähliche Annäherung an ein Endziel. Der Weg geht über Etappenziele als aktuelle Sollwerte.

Prinzipiell sind alle allgemeinen methodisch-didaktischen Grundsätze auch für das Techniktraining bindend, ebenso für das Taktiktraining. Der Aufbau von Bewegungsfertigkeiten ist ein vielschichtiger Prozeß, der durch die beständige Wechselwirkung Trainer – Athlet gesteuert wird. Dieser Wechselprozeß kommt in *Abbildung 44* zum Ausdruck.

Den Aufbau des Techniktrainings hat TER-OWANESIAN (1972) in drei Stufen gegliedert:

1. Vermittlung einer groben Vorstellung und einer ersten Einsicht in die Übung bis zum Anlernen einer Grobstruktur unter erleichterten Bedingungen. – Dauer: mehrere Trainingseinheiten.

2. Erlernen aller Hauptverfahren, die im sportlichen Kampf Anwendung finden als Techniktraining unter ‹normalen› Bedingungen bei unterschiedlicher Intensität. – Dauer: einige Wochen bis mehrere Monate.

3. Vervollkommnung der technischen Handlungen zur Anwendung unter maximaler Belastung wie im Wettkampf. – Dauer: unbegrenzt.

Die zuvor dargestellten Grundlagen des motorischen Lernens haben klargemacht, daß der einzige Weg zur Informationsaufnahme über die Sinnesorgane führt, und zwar vor, während und nach der motorischen Tätigkeit. Das betrifft auch die gezielten Einwirkungen durch den Trainer. Daraus resultiert eine erste methodische Grundforderung:

● Die Fähigkeit, sensorische und verbale Informationen aufnehmen und verarbeiten zu können, muß verbessert werden. Darin deutet sich die hohe Wirksamkeit der Afferenzsynthese für sportliches Handeln an.

Abb. 44: Informationsfluß im motorischen Lernprozeß (nach SCHNABEL) ▶

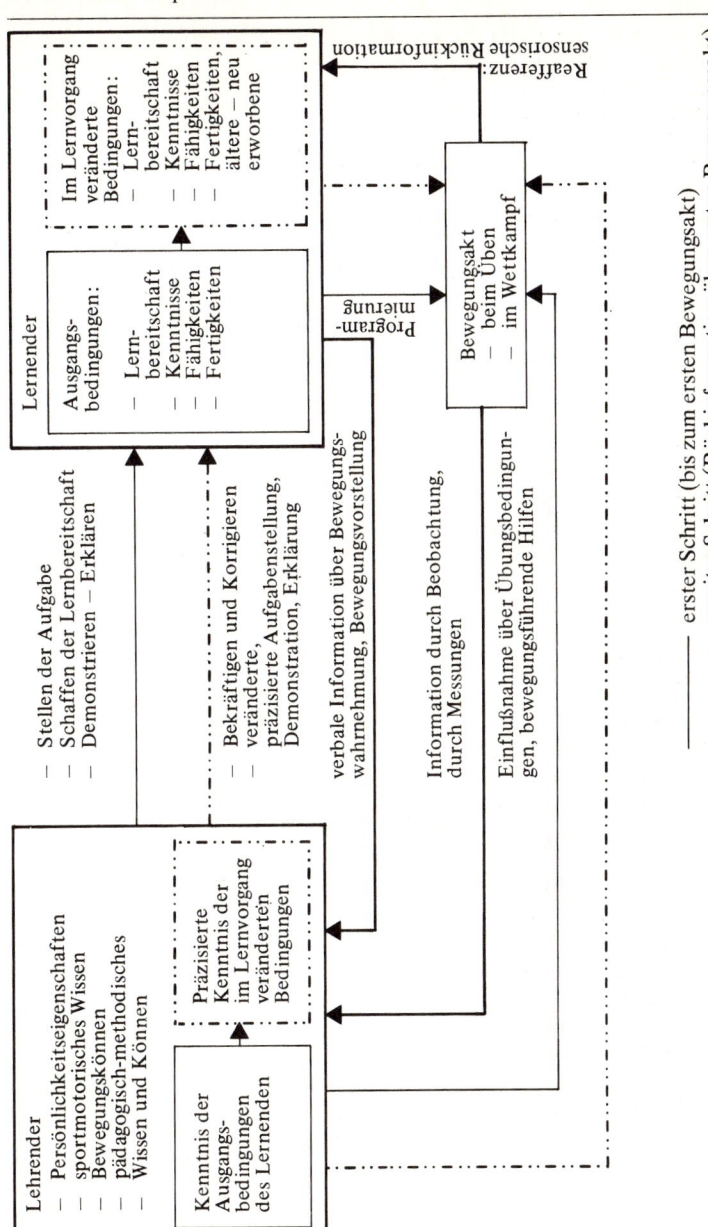

Die Verbesserung der Informationsaufnahme und -verarbeitung erfolgt durch Schulung des Bewegungsempfindens und der Bewegungswahrnehmung, durch Lenkung der Aufmerksamkeit sowie durch Förderung der Verbindung zwischen sensorischen und verbalen Informationen. So können eigene und fremde Wahrnehmungen gleichzeitig verarbeitet werden. Diese Verfeinerung hat auch Bedeutung für die Schulung der Fähigkeit, Handlungsprogramme vorwegzunehmen, um so den Handlungsplan – vor allem in den Sportspielen und Kampfsportarten – vervollständigen zu können. Der Handlungsakzeptor gründet auf der richtigen Vorstellung selbst von Einzelheiten der Gesamt- oder Teilhandlungen. Zudem zeigt sich, welche herausragende Bedeutung die vorhandene Bewegungserfahrung (Bewegungsgedächtnis) hat. Jede neue Technik gründet auf der Bewegungserfahrung.

Für den Erfolg des motorischen Lernens ist die bewußte Lenkung der Aufmerksamkeit ausschlaggebend. Bei komplizierten Bewegungen wird diese auf den Bewegungsverlauf gerichtet. Wichtig ist dabei die rechtzeitige Anwendung wettkampfnaher Situationen.

Die Programmvorausnahme wird durch wiederholtes und bewußtes Beobachten (observatives Training), vor allem durch häufiges Vorstellen der Situation und des Bewegungsvollzugs (mentales oder ideomotorisches Training) begünstigt. Grundsätzlich ist die Schulung der Bewegungsvorausnahme speziell ausgerichtet.

Die Methoden des Techniktrainings sind – wie alle Lern- und Trainingsmethoden – abhängig vom Lernziel, vom Adressaten, den Inhalten und Maßnahmen. Deshalb ist es sinnvoll, die Zielsetzungen und methodischen Maßnahmen auf die drei genannten Lernstufen zu beziehen. Das geschieht über eine Zuordnung, die MARTIN zusammengestellt hat (siehe *Tabelle 14*).

Besonders im Anfängertraining sowie im Schulsport sind Ableitungen vom idealen Technikmodell notwendig. Diese Ableitungen vereinfachen die Technik auf das Wesentliche. Dafür nennt SCHRÖTER drei Möglichkeiten:

(1) Verzicht auf Bewegungsteile, zum Beispiel auf das Angleiten beim Kugelstoßen;

(2) Verkürzung des Beschleunigungswegs;

(3) Verkürzung oder Vereinfachung der Vorbereitungsphasen.

Für die Sportspiele, die Kampfsportarten und die kompositorischen Sportarten bieten sich ebenso mehrere Vereinfachungsmöglichkeiten an.

Lernphase/ Lernstufe	Methodische Maßnahmen	Zielsetzung in der betreffenden Lernphase/ Lernstufe
Einstimmung auf die Zielübung	erarbeitendes Üben	Vorformen der Zielübung, Sammeln grundlegender Bewegungserfahrungen
Grobkoordination der Zielübung		Ganzheitliche Grobform der Zielübung
Feinkoordinierung der Zielübung	1. Darbietungsformen visuelle Informationen Vormachen Vorzeigen Vorführen verbale Informationen Bewegungsbeschreibung Bewegungserklärung Bewegungsvorschrift 2. Beobachtungsaufgaben 3. Reflexion	Feinformung der Zielübung bewußtes Trainieren
Stabilisierung und Festigung der Zielübung	1. Herauslösen von Details 2. Verbinden von Einzelteilen mit konditionellen Spezialübungen 3. Experimentieren 4. Anwendung von Stress- und Extremsituationen 5. Einschalten des Denkens und anderer zentraler Vorgänge	Vervollkommnung der sportlichen Technik, Stabilisierung der zentralen Vorgänge, Schulung des Bewußtseins und der gedanklichen Handlungsentwürfe

Tab. 14: Lernstufen, methodische Maßnahmen und Zielsetzungen im Techniktraining (nach MARTIN)

Methoden

Die Methoden des Techniktrainings sind hinsichtlich ihrer Wirksamkeit bisher unterschiedlich beurteilt worden. Dieser Effektivitätsstreit ist nicht neu; er hat seinen Ursprung in der Diskussion über die Lern- und Arbeitsschule.
Bei den Methoden des Techniktrainings unterscheidet man in
- Ganzheitsmethode und
- Teillernmethode.

Vor- und Nachteile dieser beiden Grundmethoden sind oft ausführlich diskutiert worden. Die Ganzheitsmethode läßt die Bewegungen als Ganze bestehen. Der Schüler lernt die Bewegung, indem er versucht, sie nachzuvollziehen, und sie fortwährend wiederholt. Dabei sind Vorübungen auch im Sinne der erweiterten Bewegungserfahrung ebenso zu verwenden wie ein Üben unter erleichterten Bedingungen. Als einprägsamstes Beispiel für die Ganzheitsmethode wird der Hürdenlauf genannt. Effektiv ist diese Methode zumindest hinsichtlich des Teilziels ‹rhythmisches Laufen›. Andererseits ist gerade der Hürdenlauf geeignet, die Notwendigkeit der Methodenkombination zu verdeutlichen. Wenn nämlich die Grobform entwickelt ist, muß die Aufmerksamkeit auf Teilbewegungen konzentriert werden. Dazu eignet sich die Teillernmethode.

Die zweite Form gliedert die Gesamtbewegung in organische Teile. Teilbewegungen werden isoliert geschult und später wieder zusammengesetzt. Auf diesem Prinzip gründet auch die ‹methodische Übungsreihe›. Im allgemeinen wird die Teillernmethode bei schwierigen Bewegungen bevorzugt und bei solchen, die nicht oder nur sehr schwer vereinfacht werden können und somit der Ganzheitsmethode kaum zugänglich sind. Entsprechend ist die Ganzheitsmethode für einfache und unkomplizierte Bewegungen geeigneter.

Die Teillernmethode geht in die *analytisch-synthetische Methode* über, wenn die einzelnen Teilübungen zu einem harmonischen Ganzen zusammengefaßt werden. Es bietet sich als Beispiel der Kugelstoß an. Zuerst wird der Standstoß erlernt, dann das Angleiten; anschließend werden beide Formen zusammengefügt und als Ganzes trainiert.

In der Trainingspraxis kommt eine isolierte Anwendung der einen oder der anderen Methode kaum vor. Oft wird zuerst die ganzheitliche Bewegung bis zur Grobform erlernt (z. B. der Weitsprung). Anschließend werden besonders wichtige Teilaspekte herausgestellt und nach der Teillernmethode geschult (zum Beispiel der Schwungbeineinsatz). Die Teillernmethode ist grundsätzlich bei Bewegungskorrekturen angebracht sowie bei der Entwicklung der Bewegungskoordination bis zur Feinform. Dies ist möglich, weil das Bewegungsempfinden auf dieser Stufe verbessert und die Aufmerksamkeit auf Teilaspekte zentriert werden können.

Die von CRATTY (1975) aufgeführte *progressive Teillernmethode* ist eine Sonderform der analytisch-synthetischen: Zwei Teile einer Gesamtbewegung werden isoliert geübt und dann verbunden. Später wird ein dritter Teil in Angriff genommen, der mit den beiden vorhergehenden gekoppelt wird usw.

Ein abschließendes Urteil über die Effektivität der verschiedenen Methoden ist nicht möglich. CRATTY faßt den derzeitigen Stand der Diskussion in den folgenden Hinweisen zusammen. Einschränkend muß jedoch gesagt werden, daß er seine Argumente aus Versuchen mit kleinmotorischen Bewegungen gewonnen hat. Experimente mit großmotorischen Bewegungen, wie sie im Sport meistens vorkommen, stehen noch aus:

● Ganzheitliches Üben führt zu schnellerem Lernen, wenn der Schüler das vom Lehrer angebotene ‹Ganze› erfassen und aufnehmen kann.
● Ist der Lernende dazu noch nicht fähig oder ist die Bewegungsaufgabe zu kompliziert, ist das progressive Teilüben wirksamer.
● Die Ganzheitsmethode führt zu einem schnelleren Erlernen der Grobform. Die Teillernmethode hilt dagegen beim Ausmerzen von Fehlern im Bewegungsablauf und somit bei der Heranbildung der Feinform.
● Die Ganzheitsmethode ist vor allem bei hoher Intelligenz und im fortgeschrittenen Lernalter wirksam. Sie setzt eine ausreichende Bewegungserfahrung voraus. Bei massiertem Üben und schwierigen Bewegungen muß die Lernmethode variiert werden. Jüngere Schüler sind selbst bei weniger komplizierten Bewegungen mit zu großen Lerneinheiten überfordert.
● Im allgemeinen kostet die Teillernmethode zu viel Zeit, wenn auch die Anwendung der Ganzheitsmethode ihren Zweck erfüllen würde. Der Zeitverlust ergibt sich bei der Verbindung der Einzelteile zu einem Ganzen und ist abzulesen an den ‹Lernplateaus›. Es kommt zu einer vorübergehenden Stagnation im Lernerfolg.

Hinweise zur Effektivität des ‹massierten› und des ‹verteilten› Übens sind noch weniger abgesichert.

Trainingsarten

Die Trainingsinhalte im Techniktraining sind ausschließlich spezieller Art. Sie sind deshalb Gegenstand der speziellen Trainings- und Bewegungslehren. Dagegen können die Trainingsarten, die im Techniktraining eine Rolle spielen, allgemein abgehandelt werden:
● Training durch aktives Ausführen (körperliches Training),
● observatives Training (durch Beobachtung),
● mentales Training (durch Bewegungsvorstellung).
In der Sportpraxis dominiert das Training durch *aktives Ausführen.* Mentales und observatives Training haben lediglich eine ergänzende Funktion und werden dann eingesetzt, wenn ein körperliches Training nicht möglich ist (bei Verletzungen, in Saisonsportarten wie Eisschnelllauf oder Skilauf, zur Vor- oder Nachbereitung des Techniktrainings). Versuche haben ergeben, daß körperliches Training effektiver ist als mentales und dieses wiederum wirksamer als observatives. Besonders erfolgreich ist jedoch eine Kombination von körperlichem und mentalem Training (CRATTY). Mentales und observatives Training allein kön-

nen das körperliche nicht ersetzen.

Observatives Training ist Training durch Beobachtung. Es setzt ein entsprechendes Bewegungsbild voraus. Dies wird durch Demonstration zum beobachteten Gegenstand, im Film oder durch perfektes Vormachen gewonnen. Um überhaupt durch ein optisches Bild eine Wirkung zu erzielen, muß es durch die Instruktion des Trainers ergänzt werden (BERNHARD).

Mentales Training ist ein Erlernen, Verbessern oder Behalten «eines Bewegungsablaufes durch intensives (optisches und kinästhetisches) Vorstellen ohne gleichzeitiges, tatsächlich sichtbares Vollziehen des Bewegungsablaufes» (VOLKAMER 1972). Seine Wirkung wird mit dem Carpentereffekt erklärt, mit Mikroinnervationen der Muskulatur, die die tatsächliche Bewegung durchführen würde. Man spricht auch von ideomotorischem Training.

Neben diesen drei Varianten haben sich andere Trainingsarten entwickelt, wie das programmierte Training als vorher festgesetzte Aneinanderreihung von Fertigkeiten mit dem Ziel der Bewegungserweiterung und -verbesserung (BERNHARD). Hilfsmittel sind der Videorecorder, Lehrfilme oder Lehrbildreihen. Jeder einzelne Programmschritt enthält zusätzliche Anweisungen, deren Erfüllung von der Lösung der vorangegangenen Bewegungsaufgabe abhängt. Das erfordert Sofortinformationen über den Lernerfolg.

Bewegungskorrektur und Schnellinformation

Die Bewegungskorrektur ist ein äußerst wichtiges pädagogisches Mittel im Lernprozeß. Jede Bewegungskorrektur stützt sich auf zwei Seiten derselben Erscheinung:
- auf das äußerlich sichtbare Bewegungsverhalten
- und auf die ‹inneren› Ursachen der fehlerhaften Ausführung.

Als Ursachen falscher Bewegungsausführung nennt HARRE u. a. Fehldeutungen des Muskelempfindens, ungenaue oder fehlerhafte Bewegungsvorstellung (woran auch der Trainer schuld sein kann), negative Übertragungen ähnlicher Fertigkeiten, fehlende Bewegungserfahrung, Mängel in der konditionellen Basis oder einfach Angst. Als Ursachen für die Entstehung von stabilen Fehlern werden genannt:
- Falsche Technikwahl, fehlende Stabilität unter Wettkampfbedingungen und fehlende oder nicht ausreichende Information.

Der Erfolg der Korrektur ist abhängig vom Zeitpunkt und von den eingesetzten Korrekturhilfen. Dazu dient die Gegenüberstellung der richtigen und der falschen Bewegungsausführung, auch die biomechanische Erklärung des richtigen Verhaltens. Notwendig dazu sind technische Hilfsmittel im Sinne der *Schnellinformation*, wie sie von Farfel (1977) ausführlich beschrieben wurden. Zu den grundlegenden eigenen Informationen der Sportler kommen so die Informationen von außen hinzu: Hinweise auf gemachte Fehler, auf die Differenz von Istwert und Sollwert, auf die Effektivität der Bewegung. Der Trainer erhält seine Informationen zwar nur visuell – er ist dem Sportler gegenüber im Nachteil; doch kann er sie mit einer Fülle gespeicherter Informationen vergleichen. Der Wert der Korrektur ist abhängig vom ‹Inhalt, vom Nutzen, von der Effektivität› für die Schaffung eines neuen, richtigen Handlungsprogramms. Sofern die subjektive Eindrucksanalyse durch technische Hilfsmittel ergänzt werden kann, sind die entsprechenden Korrekturen erfolgreicher.

Korrekturen sind als Schnellinformation besonders wirksam. Diese Schnellinformation kann unmittelbar an die Bewegungsdurchführung gegeben werden oder im Verlauf der ersten Minute danach: «Je früher die Information erfolgt, desto effektiver ist sie» (Farfel). Sie ist dann besonders wirksam, wenn sie sich schon beim nächsten Versuch auswirkt. Bisweilen kann sie auch während der Bewegung selbst gegeben werden, etwa durch Zuruf.

Bei der Fehlerkorrektur müssen zwei Typen unterschieden werden:
1. Kurzkorrekturen durch Sofort- oder Schnellinformation;
2. Bewegungskorrekturen bereits gefestigter Fehler.

Automatisierte Bewegungen sind nur schwer zu verändern, Korrekturen oft nur teilweise erfolgreich. Deshalb hängt eine erfolgreiche Korrektur eben vom richtigen Zeitpunkt ab.

In der Trainingspraxis wird für Bewegungskorrekturen oft der Begriff ‹technische Umstellung› benutzt, weil Fehler meist Ursachen für eine Leistungsstagnation sind. Das Umlernen ist zu Beginn nochmals leistungsmindernd und geht über mehrere Stationen:

1. Die alte Technik überwiegt und wird dann noch eingesetzt, wenn der Sportler sich nicht bewußt auf die neue konzentriert.
2. Die alte Technik ist zerstört und nicht mehr reproduzierbar. Aber auch die neue gelingt noch nicht. Die Vermischung der alten und neuen Technik führt zu einem Leistungstiefpunkt.
3. Zwischen alter und neuer Technik kann unterschieden werden; es kommt nicht mehr zur Vermischung. Der Leistungsanstieg beginnt. Die neue Technik gelingt aber nur bei ausreichender Konzentration und unter günstigen Bedingungen.
4. Erst jetzt ist die neue Technik auch unter ungünstigen Bedingungen verfügbar. Sie ist weitgehend automatisiert, damit stabilisiert und variabel einsetzbar.

Methodische Maßnahmen betreffen die Bewegungsführung, das Üben von Teilstrukturen, das Üben mit verminderten Geschwindigkeiten und geringerem Krafteinsatz sowie das Ausnutzen günstiger Bedingungen (Geländehilfen, leichtere Geräte, zusätzliche Trainingsmittel).

Kontrollen der sportlichen Technik

Die Kontrolle einer sportlichen Technik ist immer sportartspezifisch. Allgemeine sportmotorische Tests gibt es nicht, sondern nur spezielle. Solche liegen zum Beispiel zur Messung der einzelnen Fertigkeiten in den Sportspielen vor.

Für einige Disziplinen kann ein Technikfaktor bestimmt werden, so für den Hürdenlauf. Im allgemeinen sind aber zur Beurteilung der Technik die Verfahren der biomechanischen Bewegungsanalyse zu verwenden. In der Praxis ist dies wegen des hohen apparativen Aufwands vielfach nicht realisierbar. – Die Möglichkeiten der standardisierten Wettkampfbeobachtung sind bereits vorgestellt worden.

Taktik und Taktiktraining

Definition und Funktion

Der Taktikschulung kommt im Sport eine unterschiedliche Aufgabe und ein unterschiedlicher Stellenwert zu. Man vergleiche nur ihre Bedeutung im Sprint mit der im Sportspiel. Unersetzbar ist die taktische Leistungskomponente vor allem in den Kampfsportarten und den Sportspielen sowie bei langdauernden sportlichen Disziplinen. In den kompositorischen Sportarten ist ihr Stellenwert geringer als in den Sportspielen und den Kampfsportarten, aber höher als in Kraft- und Schnelligkeitsdisziplinen.

Erste systematische Betrachtungen der sportlichen Taktik gehen auf STIEHLER (1959) und MAHLO (1965) zurück. In letzter Zeit haben vorrangig im Bereich der Sportspiele umfangreiche Diskussionen über diese Strukturkomponente stattgefunden. Gesicherte Hinweise über Taktiktraining und über Beurteilungsverfahren liegen jedoch nur teilweise vor. Die sportliche Taktik war bisher das Stiefkind der Trainingslehre.

Der Begriff Taktik stammt nicht aus der Welt des Sports, sondern aus der des Kriegs. Er hängt eng mit dem der Strategie zusammen. Trainer oder Spieler sind Strategen und erstellen einen Plan zur Führung des sportlichen Kampfes. Taktik geht aber über die Strategie hinaus. Strategien kann man entwerfen und so taktisches Verhalten planen. Realisieren läßt sich dieser Plan aber nur unter Berücksichtigung situativer, auch unerwarteter und damit nicht eingeplanter Situationen. Strategien werden vermittelt und damit zu kognitiven Lernzielen. Im Bereich der Taktik können kognitive und motorische Lernziele festgesetzt werden.

Abwehrtaktik

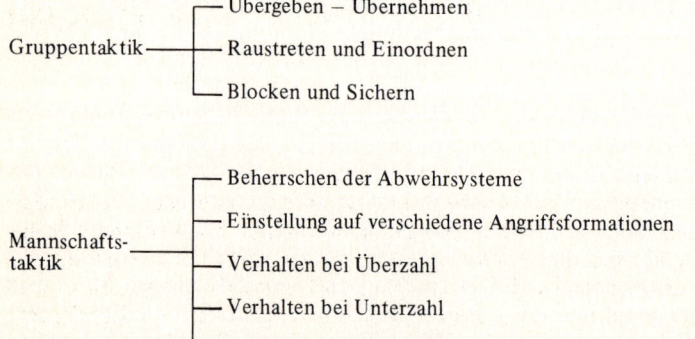

Individuelle Abwehrtaktik
- Abwehr eines Spielers ohne Ball
  - Blockieren der Laufwege
  - Übernehmen eines Angriffsspielers
- Abwehr eines Spielers mit Ball
  - Blocken des Torwurfes
  - Abwehren von Fern- und Nahwürfen
  - Herausspielen des Balles
  - Abwehr von Zuspielen und Finten
- Stellungsspiel des Spielers
  - Sicherheitsabstand bewahren
  - Decken der Wurfarmseite
  - Abdrängen des Gegenspielers nach außen
- Abwehrbereitschaft

Gruppentaktik
- Übergeben – Übernehmen
- Raustreten und Einordnen
- Blocken und Sichern

Mannschaftstaktik
- Beherrschen der Abwehrsysteme
- Einstellung auf verschiedene Angriffsformationen
- Verhalten bei Überzahl
- Verhalten bei Unterzahl
- Verhalten bei Freiwürfen

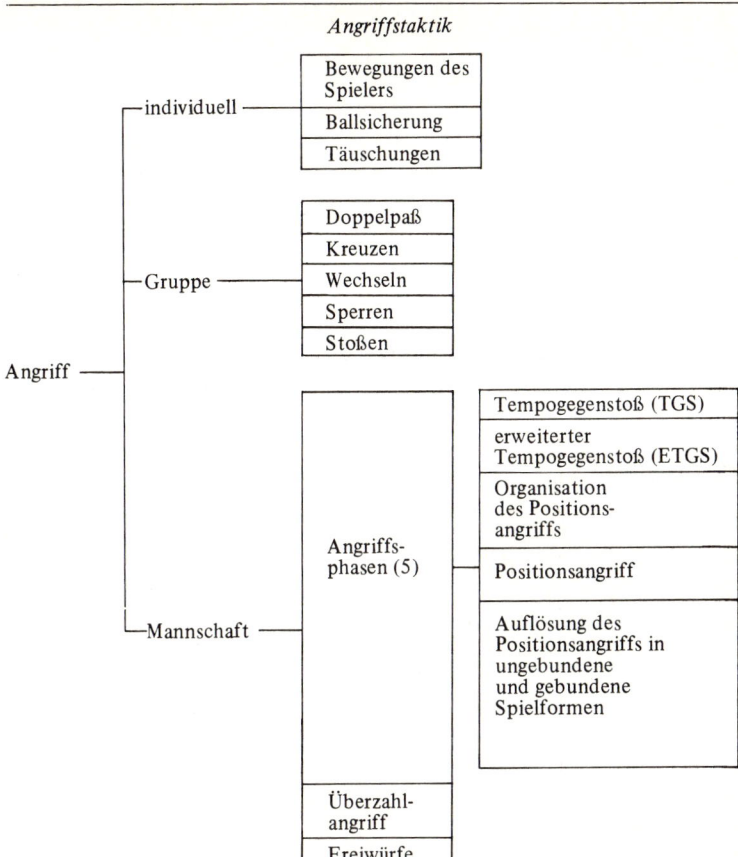

Abb. 45: Die komplexe Taktik im Sportspiel – Beispiel: Hallenhandball (TROSSE)

Die Strategien werden in die Tat umgesetzt.

Taktik wird in der Regel bestimmt als «Lehre von der Führung des sportlichen Kampfes» (BAUER, ähnlich HARRE u. a.). Taktisches Handeln ist lehrbar, ist zugleich aber auch eine Kunst, die eigenen technischen und konditionellen Fähigkeiten wirkungsvoll einzusetzen.

Taktik ist mittel- oder unmittelbar auf einen Gegner ausgerichtet. Auch kann eine Zeit oder eine Wegstrecke als ‹imaginärer› Gegner

betrachtet werden, auf den man zum Beispiel eine Tempotabelle ab-
stellt. Allerdings bestimmt in der Mehrzahl aller Fälle ein ‹realer›
Gegner das taktische Handeln.

Taktik zielt auf die eigene Leistung, häufig aber auch auf die des
Gegners: Er soll an der Entfaltung seines Könnens weitgehend gehin-
dert werden. Das muß allerdings im Rahmen der Wettkampfregeln
erfolgen. Wettkampfregeln, äußere Bedingungen, eigenes Können und
das des Gegners begrenzen die taktischen Möglichkeiten. Wer überlegen ist, kann das eigene Wettkampfverhalten in zwei Grundsituationen
steuern (KIRSCH 1972):

1. als Angreifer, indem das eigene Taktikverhalten zu Vorteilen gegenüber dem Gegner führt;
2. als Verteidiger, indem verhindert wird, daß der Gegner zählbare
   Vorteile erzielt.

Taktik ist also nicht immer und ausschließlich auf den Erfolg über den
Gegner ausgerichtet: Wie soll das Taktikverhalten bezeichnet werden,
das auf ein Unentschieden oder auf eine ‹ehrenvolle› Niederlage
abzielt?

Sportler sind ausreichend taktisch qualifiziert, wenn sie zielgerichtet
und zweckmäßig handeln: Gemäß dem Taktikplan und entsprechend
den jeweiligen Situationen. Demnach bestimmen zwei getrennte
Aspekte das taktische Handeln:

● was von vornherein einplanbar ist und
● was sich erst in der konkreten Situation des Wettkampfs ergibt.

Taktik ist dann wirkungsvoll, wenn die konditionellen, technischen und
psychomoralischen Fähigkeiten voll und ganz ausgenutzt werden. Taktik ist aber von diesen Strukturbestandteilen der sportlichen Leistung
abhängig. Insofern verändert sich die taktische Qualifikation mit ver-
bessertem Trainingszustand; denn die taktischen Möglichkeiten werden größer.

In der Spielliteratur werden mehrere Erscheinungsweisen der Taktik
genannt, wie Abwehr- und Angriffstaktik, individuelle und kollektive
Taktik, Gruppen- und Mannschaftstaktik, aber auch Vortaktik, Spiel-
taktik, Defensiv- und Offensiv- oder Kontertaktik. Daneben beziehen
sich die Begriffe auf Teilkomponenten. So begegnet man Begriffen wie
taktische Kenntnisse, taktische Fertigkeiten und Fähigkeiten sowie
taktische Handlungsfähigkeit als deren Resultat und übergeordnetes
Trainingsziel.

Eine Gliederung des Komplexes Sporttaktik kann nach verschiedenen
Gesichtspunkten erfolgen. Für die Sportspiele hat KONZAG (1975)
mehrere Vorschläge unterbreitet. Für die Kampfsportarten kann nach
DZEROJAN (1972) eine systematische, über das Boxen hinausgehende
Gliederung erstellt werden. Exemplarisch wird das Bedingungsgefüge

der Sporttaktik für das Handballspiel hier vorgestellt, wie es TROSSE (1977) erarbeitet hat. Darin zeigen sich die übergeordneten Gliederungspunkte: Abwehr-, Angriff-, individuelle, Gruppen- und Mannschaftstaktik und deren Erscheinungsweisen (siehe *Abbildung 45*, Seite 237).

Bedingungsgefüge der sportlichen Taktik

Das Niveau der sportlichen Taktik hängt von mehreren Qualifikationen ab. Das Resultat als taktische Handlung wiederum kann unter vier übergeordneten Gesichtspunkten zusammengefaßt werden. Taktische Handlungen werden bestimmt durch:
1. das Wettkampfziel,
2. das Qualifikationsniveau des einzelnen Sportlers und/oder der gesamten Mannschaft,
3. das Qualifikationsniveau des einzelnen Gegners und/oder der gesamten gegnerischen Mannschaft,
4. äußere Bedingungen.

Die Abhängigkeit vom Wettkampfziel zeigt sich zum Beispiel in den Punktspielen, in denen auf Sieg, auf Unentschieden oder auf eine knappe Niederlage hin gespielt wird. Zum Qualifikationsniveau gehören die taktischen Kenntnisse und Fähigkeiten, das konditionelle Eigenschafts- und das technische Fertigkeitsniveau, außerdem das Niveau der Willenseigenschaften. Die taktische Handlung bezieht sich auf alle diese Teilqualifikationen, auf die eigenen und auf die des Gegners. Zu den äußeren Bedingungen zählen einmal die Wettkampfregeln, die die taktischen Handlungsmöglichkeiten eingrenzen, dann Platz- und Witterungsbedingungen, Zuschauerverhalten und vor allem der Schiedsrichter.
Zu den genannten vier Hauptkategeorien kommen weitere hinzu. So ist vor allem das taktische Konzept des Gegners wichtig, aber auch der Spielstand und die Wichtigkeit des Spiels. HAGEDORN hat zwei Seiten des Bedingungsgefüges unterschieden, die objektive und die subjektive.
Für eine systematische Erfassung der Sporttaktik ist es angebracht, Sportarten zu Sportartengruppen zusammenzufassen. NITSCHE (1976) gliedert in:
● Kampfspiele (Zweifelder- und Einfelderspiele) und
● Zweikämpfe.
HARRE sieht drei Hauptmerkmale des sportlichen Kampfes mit je zwei Erscheinungsformen:

1. Einzelkämpfe
    a) mit geringer gegnerischer Behinderung (Mittelstreckenlauf)
    b) mit gegnerischer Beeinflussung (Eisschnellauf)
2. Zweikämpfe
    a) mit gegnerischer Behinderung (Boxen)
    b) mit gegnerischer Beeinflussung (Tennis)
3. Mannschaftskämpfe
    a) mit gegnerischer Behinderung (Fußball)
    b) mit gegnerischer Beeinflussung (Volleyball)

Einen anderen Ansatz hat Iwoilow (1973) gewählt, indem er die psychomotorische Steuerung der taktischen Handlung bestimmt.

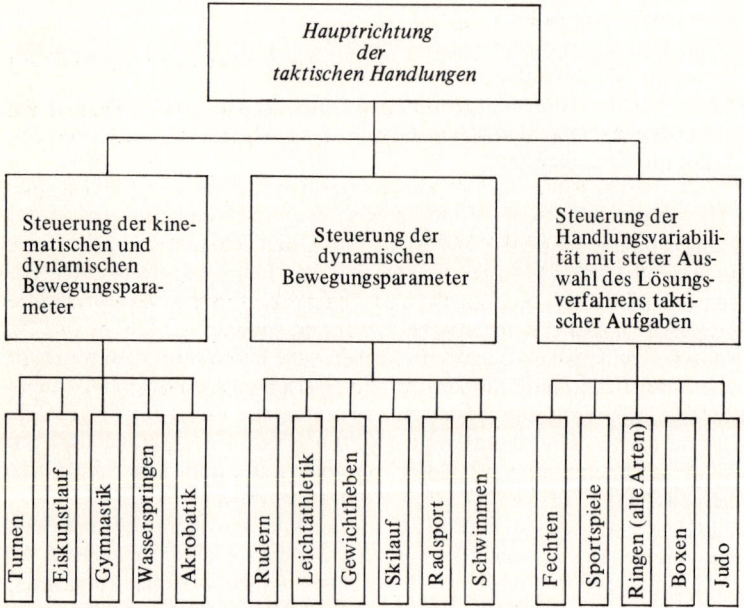

Abb. 46: Systematik taktischer Handlungen in Abhängigkeit von der Spezifik der Sportarten (nach Iwoilow)

In der ersten Gruppe zielt das taktische Handeln hauptsächlich auf die Korrektur der Bewegungsführung. In der zweiten ‹besteht die taktische Tätigkeit in der Beachtung aufgetragener Geschwindigkeiten, Beschleunigungen und deren Veränderung in bestimmten Abschnitten im

Zusammenhang mit der Tätigkeit der Gegner› oder ‹mit der programmierbaren Verbesserung der eigenen Leistung›, während in der dritten Gruppe das taktische Können entscheidend ist wie in den Kampfsportarten und in den Sportspielen. Die Zusammensetzung des taktischen Könnens ist in dieser Gruppe so variabel, daß eine planvolle Steuerung «unter sich ständig ändernden Konfliktbedingungen» sehr schwierig ist.

Stufen der taktischen Handlung

Die taktische Handlung läuft in mehreren Phasen ab. In der Fachliteratur werden im allgemeinen drei oder vier Schritte genannt, welche eine unterschiedliche Bedeutung haben:

1. Eine Wettkampfsituation oder das taktische Konzept ist der Ausgangspunkt einer taktischen Handlung.
2. Das Erkennen der Wettkampfsituation, ihre Analyse und Verbindung mit der Umwelt sowie innerer Faktoren (auf die eigenen Möglichkeiten und Absichten bezogen) führt
3. unter Berücksichtigung endo- und exogener Faktoren zur Erstellung eines Handlungsplanes. Dieser wird
4. als ‹komplexe sportmotorische Handlung› verwirklicht und ist als Verhaltensweise erkenn- und auch meßbar.

Bei der Erstellung des Handlungsplans werden in der Regel mehrere Alternativen gedanklich durchgespielt und die günstigste ausgewählt. Erfolg oder Mißerfolg werden registriert und für spätere Handlungen gespeichert. Dieser komplexe Vorgang wird in *Abbildung 47* dargestellt.

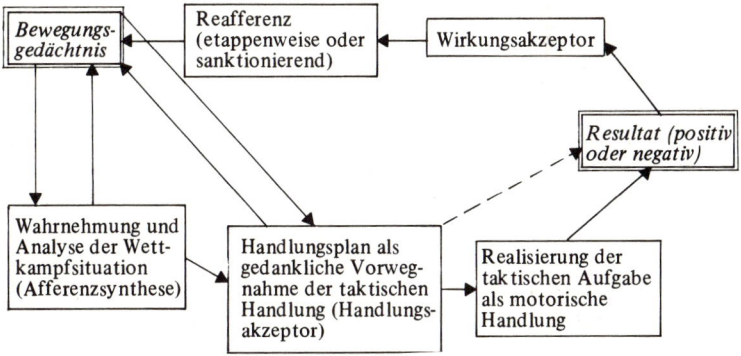

Abb. 47: Stufen der taktischen Handlung (modifiziert nach MAHLO)

Methodik des Taktiktrainings

Ähnlich fundierte methodische Hinweise wie zum Konditions- und Techniktraining können zum Taktiktraining nicht gegeben werden. Das hat nicht zuletzt darin seinen Grund, daß die spezifischen taktischen Verhaltensweisen stark sportartgebunden sind. Deshalb muß eine Beschränkung auf einige zentrale Punkte erfolgen.

Taktiktraining umfaßt drei Trainingsziele:
1. taktische Kenntnisse,
2. taktische Fertigkeiten,
3. taktische Fähigkeiten.

Taktische *Kenntnisse* beziehen sich auf Spielregeln und Wettkampfbestimmungen. Deshalb ist die Vermittlung dieser Kenntnisse hauptsächlich Gegenstand der Ausbildung im Grundlagentraining. Hinzu kommen Kenntnisse über die Führung des Kampfes, zum Beispiel über Spielsysteme (Läuferspiel im Volleyball, 4-4-2-System im Fußball), sowie Kenntnisse über taktische Grundregeln, wie sie WEISWEILER für das Fußballspiel zusammengestellt hat.

Taktische *Fertigkeiten* sind durch Training eingeübte Bewegungsabläufe wie Spielzüge. Sie laufen ohne Einschaltung des Bewußtseins, also ‹automatisch› ab. Sie können aber auch mit Hilfe des Bewußtseins korrigiert und entsprechend variiert werden. Ihr Training beginnt bereits im Anfängerbereich und setzt sich fort bis zu dem der Spitzensportler.

Taktische *Fähigkeiten* äußern sich im Können des Sportlers, konditionelle Eigenschaften, technische Fertigkeiten sowie taktische Kenntnisse und Fertigkeiten situationsgemäß und effektiv einzusetzen zur Lösung individueller und/oder kollektiver taktischer Aufgaben.

Die Ausbildung der sportlichen Taktik stützt sich auf zwei allgemeine Grundsätze, wie sie zum Beispiel HARRE vorstellt:

1. Einheit zwischen theoretischer und praktischer Ausbildung sowie zwischen Kenntnissen, Fertigkeiten und Fähigkeiten.
2. Einhaltung allgemeinmethodischer Regeln:
   – vom Leichten zum Schweren
   – vom Bekannten zum Unbekannten
   – vom Wesentlichen zum Unwesentlichen
   – Erarbeitung der Technik unter taktischem Aspekt
   – taktische Handlungen zuerst ohne Gegner, dann mit ‹passivem› Gegner, mit ‹aktiv gelenktem› Gegner und zuletzt unter simulierten Wettkampfbedingungen
   – Erarbeitung taktischer Grundformen, anschließend ihrer Varianten und deren Kombinationen
   – situationsgemäßer Einsatz einer taktischen Handlung
   – Bewertung des taktischen Verhaltens durch den Sportler selbst

Zur Entwicklung taktischer Handlungen in den Sportspielen hat KONZAG drei methodische Stufen herausgearbeitet. In der folgenden *Abbildung* werden die Zusammenhänge innerhalb des methodischen Aufbaus veranschaulicht:

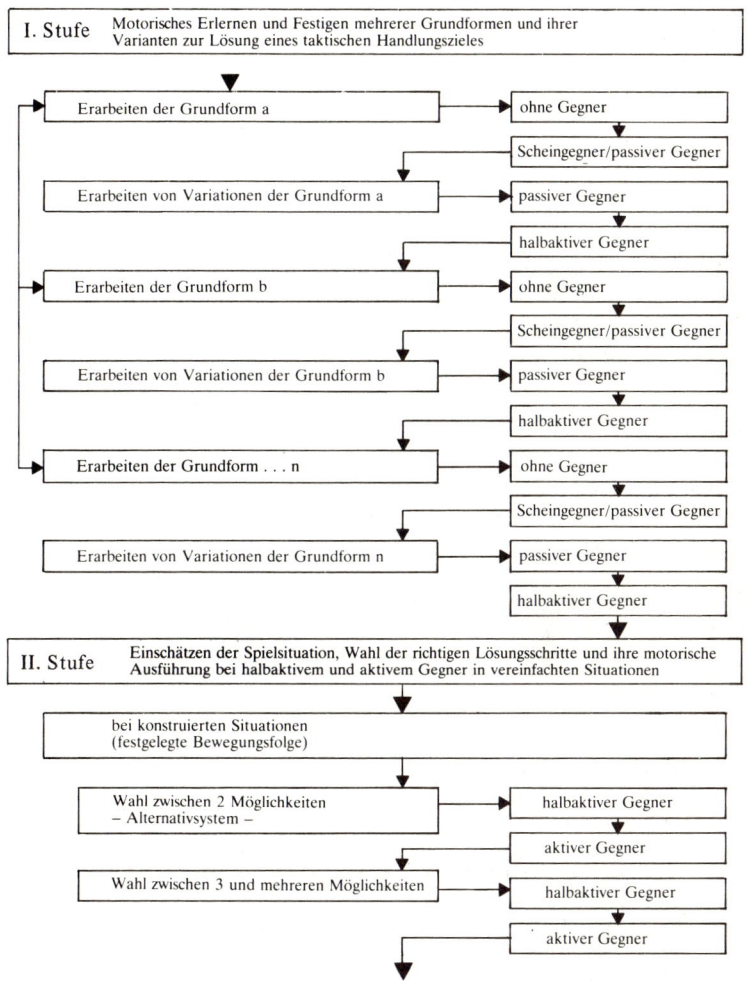

(Fortsetzung siehe Seite 244)

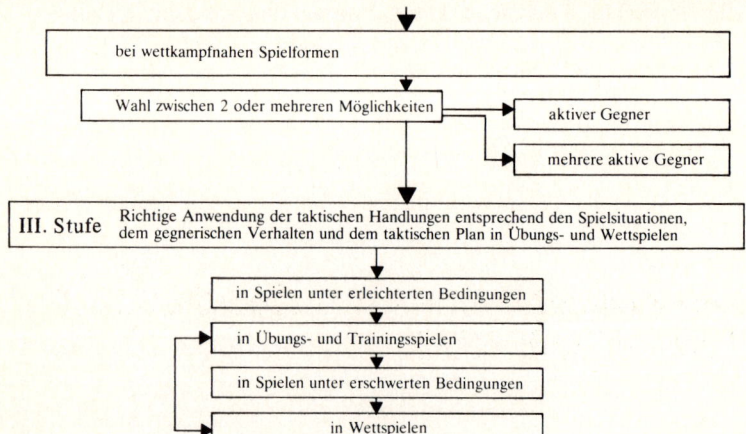

Abb. 48: Stufen im Taktiktraining (nach Konzag)

Der Zusammenhang von Kondition, Technik und Taktik

Die bisherigen Aussagen zum Training von Kondition, Technik und Taktik haben mehrfach auf den Zusammenhang der drei Grundpfeiler sportlicher Leistungen hingewiesen. Kondition, Technik und Taktik stehen nicht isoliert nebeneinander, sie beeinflussen sich gegenseitig, wenn auch in unterschiedlichem Ausmaß. Dieses Wechselverhältnis wird im folgenden Leistungsdreieck illustriert, wobei die Anzahl der Pfeile den Grad der Einflußnahme dokumentiert.

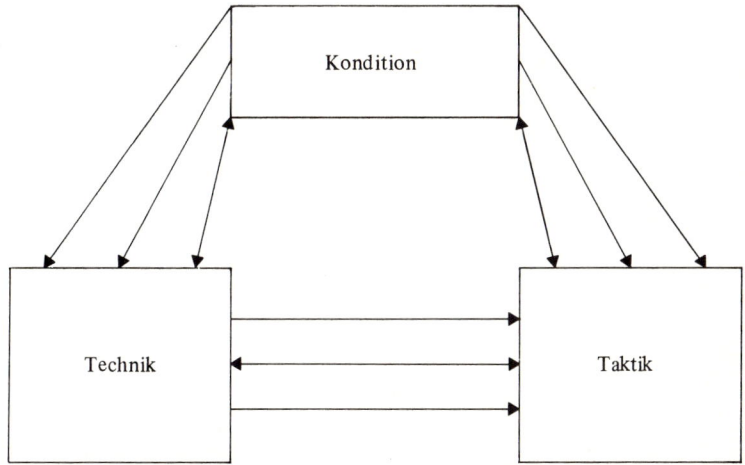

Abb. 49: Das Wechselverhältnis der Leistungskomponenten (LETZELTER)

Die Basis der Leistung ist die Kondition; ohne sie ist weder Technik noch Taktik möglich. Gleichzeitig ist die Technik mit der Kondition rückgekoppelt; denn Techniktraining beinhaltet auch Konditionsverbesserung. Die Technik ihrerseits ist zusammen mit der Kondition unersetzbare Voraussetzung der Taktik. Auch diese hat einen (geringen) rückwirkenden Einfluß, weil je nach der gewählten Taktik im Konditions- und Techniktraining Schwerpunkte gesetzt werden können. Die Einflußhöhe ist aber vergleichsweise gering, wie in der Anzahl der Pfeile zum Ausdruck kommt. Diese zeigen zugleich den ‹doppelten› Einfluß der Kondition auf die Taktik: Einmal erfolgt er direkt, zum anderenmal indirekt über die Technik, gleichsam auf Umwegen.

Die verschiedenen Wechselverhältnisse können an einigen auffälligen Beispielen erläutert werden. Dabei ist der Einfluß der Kondition auf Technik und Taktik am einleuchtendsten. Zum einen sind gewisse konditionelle Ausprägungen notwendig, um Techniken überhaupt erlernen zu können; zum anderen ist bekannt, daß mit einer Minderung des konditionellen Niveaus auch eine Minderung des Fertigkeitsniveaus einhergeht. So wurde beobachtet, daß die Häufigkeit der Fehler beim Tennis mit fortschreitender Spielzeit ermüdungsbedingt immer größer wird, weil die Bewegungskoordination eingeschränkt wird. Ebenso konnte gezeigt werden, daß Bewegungsgenauigkeit und Bewegungskonstanz beim Lauf mit hoher Intensität mit forschreitender Belastungsdauer und damit Verringerung des konditionellen Niveaus beständig schlechter werden.

Umgekehrt wirkt die Technik konditionserhaltend: Je ausgeprägter das Niveau der Bewegungsfertigkeit(en), desto geringer ist die Ermüdung. Ebenso führt eine ausgeprägte Bewegungsfertigkeit zur Möglichkeit, Bewegungen schneller und schnellkräftiger auszuführen.

Der Einfluß der Kondition auf die Taktik ist ebenso wie der der Technik unbestritten. Im Fußballspiel kann eine Kontertaktik nur dann erfolgreich sein, wenn Spieler mit einer hohen Sprintkraft zur Verfügung stehen. Eine ausgeprägte ‹Ziehharmonikataktik› ist bei ausdauerschwachen Spielern nicht durchführbar, auch keine konsequente Manndeckung. Die Technik wiederum ist insofern einflußreich, als bestimmte Spielzüge vom technomotorischen Niveau abhängig sind. In den unteren Spielklassen sind taktische Varianten bei Eckbällen oder bei Doppelpässen kaum durchführbar oder zumindest zufallsabhängig, weil die Fertigkeiten in der Ballannahme und der -abgabe unzureichend sind.

Die Taktik beeinflußt ihrerseits auch die Kondition und Technik bzw. das Techniktraining. Bestes Beispiel für den Einfluß der Taktik auf das konditionelle Niveau ist der Ausdauerlauf im Schulalter: Taktisches Fehlverhalten durch zu schnelles Anfangstempo führt in überdurchschnittlichem Maße zum Abbau des Ausdauerniveaus und damit zu speziellem Konditionsverlust. In den Sportspielen wiederum führen bestimmte taktische Verhaltensweisen, die sich nach dem Verhalten des Gegners ausrichten, in der Vorbereitung zu speziellen Maßnahmen des Technik- und des Konditionstrainings.

Anhang

Ausgewählte Inhalte des Krafttrainings

Tiefkniebeuge
Trainingsinhalt und Test der dynamischen Maximalkraft der Beinstrecker

Bankdrücken
Trainingsinhalt und Test der dynamischen Maximalkraft der Arm-strecker

Bankziehen
Trainingsinhalt und Test der dynamischen Maximalkraft der Arm-beuger

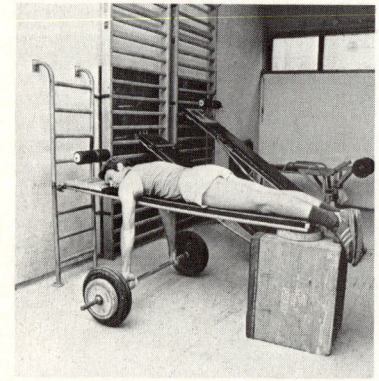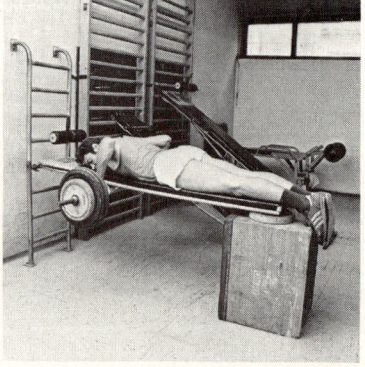

Umsetzen
Trainingsinhalt und komplexer
Test der dynamischen Maximalkraft (Hubkraft, Zugkraft, Beinstrecker)

Steigesprung mit Belastung
Trainingsinhalt und Test der Sprungkraftausdauer (Anzahl der Sprünge bei festgesetzter Zeiteinheit)

Beidbeiniger Tief-Hoch-Sprung
Trainingsziel: Verbesserung der
«explosiv-reaktiv-ballistischen
Muskelspannung»

Wechselsprünge mit Belastung
Trainingsziel: Verbesserung der
Schnellkraft der Beinstrecker und
Test der Sprungkraftausdauer
(Anzahl der Sprünge pro Zeitein-
heit)

Weitsprung nach Tiefsprung
Trainingsziel: Verbesserung der
‹explosiv-reaktiv-ballistischen
Muskelspannung›
Test des Amortisationsverhaltens
in Verbindung mit dem einbeini-
gen Standweitsprung
(siehe Bildreihe rechts)

Standweitsprung
Trainingsinhalt und Test der beid-
beinigen horizontalen Sprungkraft

Strecksprung (Test nach ABA-
LAKOW)
Trainingsinhalt und Test der beid-
beinigen vertikalen Sprungkraft

Vielsprünge
Trainingsinhalt zur Verbesserung
der horizontalen Sprungkraft und
der Sprunggewandtheit
Als Sechssprung oder Dreierhop
Test der horizontalen Sprungkraft

Beidarmiger Medizinballwurf
Trainingsinhalt und Test der Wurfkraft

Medizinballstoß
Trainingsinhalt und Test der Stoßkraft

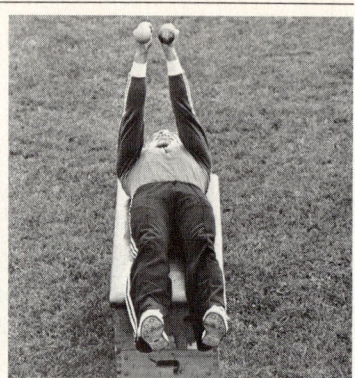

Kurzhanteln
zum Training der Brustmuskulatur

Kurzhanteln
zum Training der Rückenmuskulatur

Power-Center
Krafttrainingsgerät mit 22 Stationen

Literaturhinweise

Adam, K./Werchosanskij, J. W.: Modernes Krafttraining im Sport. – Berlin 1972.

Adolph, H./Martin, D.: Allgemeine Grundsätze zur Trainingslehre. – In: Hessisches Institut für Lehrerfortbildung (Hrsg.): Trainingslehre. – Kassel 1976.

Anochin, P. K.: Physiologie und Kybernetik. – In: Psychologische Studientexte. – Berlin 1962, H. 2.

–: Das funktionelle System als Grundlage der physiologischen Architektur des Verhaltensaktes. – Jena 1967.

Ballreich, R.: Die Schnelligkeit. – In: Neumann, O. (Hrsg.): Die sportliche Leistung im Jugendalter. – Frankfurt/M. 1967.

–: Weg- und Zeitmerkmale von Sprintbewegungen. – Berlin 1969.

–: Weitsprunganalyse. – Berlin 1970.

–: Grundlagen sportmotorischer Tests. – Frankfurt/M. 1970.

–: Probleme und Methoden der Bewegungsforschung. – In: Sportwissenschaft 2 (1972), 1.

–: Biomechanische Bewegungsanalyse als diagnostisches Instrument der technomotorischen und konditionellen Leistungskomponente. – In: DSB (Hrsg.): Informationshefte zum Training. – Frankfurt/M. 1972, H. 12.

–: Biomechanische Normen, Gesetze und Prinzipien. – In: Letzelter/Müller: Sport und Sportwissenschaft. Festschrift zum 65. Geburtstag von Prof. Dr. B. Wischmann. – Berlin 1976.

–: Probleme und Lösungsansätze einer sportmotorischen Leistungsdiagnostik aus biomechanischer Sicht. – In: Leistungssport 8 (1978), 1.

Ballreich, R./Kuhlow, A.: Begriffsbestimmung, Objekt- und Problembereich der Biomechanik des Sports. – In: Sportwissenschaft 4 (1974) 4.

–/–: Trainingswissenschaft. Darstellung und Begründung einer Forschungs- und Lehrkonzeption. – In: Leistungssport 5 (1975), 2.

Balsewitsch, V./Siris, P.: Auswahl sprintveranlagter Kinder. – In: Die Lehre der Leichtathletik 21 (1970), 1.

Bauer, C.: Fußball perfekt – vom Anfänger zum Profi. – München 1973.

Baumann, W.: Methoden der biomechanischen Bewegungsanalyse. – In: DSB (Hrsg.): Informationshefte zum Training. – Frankfurt/M. 1971, H. 1.

Bäumler, G./Rieder, H./Seitz, W.: Sportpsychologie. – Schorndorf 1972.

Berger, J.: Zu einigen Fragen des Muskelkrafttrainings im Kindes- und Jugendalter. – In: Theorie und Praxis der Körperkultur 15 (1965), 12.

Bernhard, G.: Das Training des jugendlichen Leichtathleten. Teil I: Sprungtraining. – Schorndorf 1968.

–: Der Aspekt des sportlichen Trainings. – In: Koch/Bernhard/Ungerer u. a.: Motorisches Lernen, Üben, Trainieren. – Schorndorf 1972.

Brezinka, W.: Von der Pädagogik zur Erziehungswissenschaft. 3. Aufl. – Weinheim 1975.

Bührle, M./Schmidtbleichner, D.: Der Einfluß von Maximalkrafttraining auf die Bewegungsschnelligkeit. – In: Leistungssport 7 (1977), 1.

Butenko, B. I.: Schnelligkeits- und Kraftausdauer – Die Basis der speziellen Ausdauer. – In: Leistungssport 4 (1974), 3.

Carl, G.: Gewichtheben. – Berlin 1967.

Counsilman, J.: Schwimmen. – Frankfurt/M. 1971.

Cratty, B. J.: Motorisches Lernen und Bewegungsverhalten. – Frankfurt/M. 1975.

Deschka, K.: Trainingslehre und Organisationslehre des Sports. – Wien 1961.

Dietrich, K.: Sportcurriculum – Instrument der Sportpolitik und Curriculum – theoretisches Konstrukt. – In: Jost, E. (Hrsg.): Sportcurriculum, Entwürfe – Aspekte – Argumente. – Schorndorf 1973.

Djatschkow, W. M.: Die Steuerung und Optimierung des Trainingsprozesses. – Berlin 1974.

Döbler, H.: Abriß einer Theorie der Sportspiele. – Leipzig 1969.

Dzerojan, G. O.: Taktische Vorbereitung eines Boxers. – In: DSB (Hrsg.): Informationshefte zum Training 1972, H. 13.

Farfel, W. S.: Bewegungssteuerung im Sport. – Berlin 1977.

Feser, R.: Die Entwicklung der motorischen Kraft qualifizierter Gewichtheber. – In: Leistungssport 7 (1977), 4.

Fetz, F.: Grundbegriffe der Bewegungslehre der Leibesübungen. – Frankfurt/M. 1969.

–: Allgemeine Methodik der Leibesübungen. – Frankfurt/M. 1973.

–: Allgemeine Methodik der Leibeserziehung. – Frankfurt/M. 1975.

Fetz, F./Kornexl, H.: Anleitungen zu sportmotorischen Tests. – Frankfurt/M. 1973.

Fiedler, M. (Hrsg.): Volleyball. – Berlin 1976.

Filin, V. P.: Zur Vervollkommnung des Ausbildungssystems für junge Sportler. – In: Wiss. Zs. der DHfK Leipzig 6 (1964), Sonderheft.

Frey, G.: Zur Terminologie und Struktur physischer Leistungsfaktoren und motorischer Eigenschaften. – In: Leistungssport 7 (1977), 5.

Göhner, U.: Zur Strukturanalyse motorischer Fertigkeiten. – In: Sportwissenschaft 4 (1974), 2.

Grajewskaja, N. D./Joffe, L. A.: Einige theoretische und praktische Aspekte des Problems der Wiederherstellung im Sport. – In: Leistungssport 3 (1973), 6.

Grössing, S.: Einführung in die Sportdidaktik. – Frankfurt/M. 1975.

Groh, H.: Trainierbarkeit des Muskels. – In: Leistungssport 2 (1972), 1.

Grosser, M: Merkmale der sportlichen Leistung. – In: Praxis der Leibesübungen 17 (1976), 7.

–: Der Einfluß der «Bewegungslehre des Sports» auf die Trainingslehre. – In: Die Lehre der Leichtathletik 28 (1977), 19.

–: Gelenkbeweglichkeit und Aufwärmeffekt. – In: Leistungssport 7 (1977), 1.

Gundlach, H.: Laufgeschwindigkeit und Schrittgestaltung beim 100-m-Lauf. –
In: Theorie und Praxis der Körperkultur 12 (1963), 4.
–: Zur Trainierbarkeit der Kraft- und Schnelligkeitsfähigkeiten im Prozeß der
körperlichen Vervollkommnung. – In: Theorie und Praxis der Körperkultur
17 (1968), Beiheft II.

Hagedorn, G.: Zur Theorie der Leistungsdiagnose im Sportspiel. – In: DSB
(Hrsg.): Informationsheft zum Training 1972, H. 12.
Harre, S. (Hrsg.): Trainingslehre. – Berlin 1973.
Hebestreit, C.: Zu Grundsätzen der Trainingsplanung. – In: Theorie und Praxis
der Körperkultur 19 (1970), 7.
Hettinger, Th.: Isometrisches Muskeltraining. – Stuttgart 1963.
Hildenbrand, E.: Trainingslehre. – In: Grupe (Hrsg.): Einführung in die Theo-
rie der Leibeserziehung. – Schorndorf 1973.
Hirtz, P.: Zur Bewegungseigenschaft Gewandtheit. – In: Theorie und Praxis der
Körperkultur 23 (1964), 8.
Hirtz, P./Rübesamen, H./Wagner, H.: Gewandtheit als ein Problem der senso-
motorischen Entwicklung. – In: Theorie und Praxis der Körperkultur 21
(1972), 8.
Hochmuth, G.: Biomechanik sportlicher Bewegungen. – Berlin 1967.
Hollmann, W./Hettinger, Th.: Sportmedizin – Arbeits- und Trainingsgrundla-
gen. – Stuttgart 1976.
Hommel, H.: Trainingsform – Trainingsmittel. – In: Die Lehre der Leichtathle-
tik 25 (1974), 38.

Israel, F.: Bewegungskoordination frühzeitig ausbilden. – In: Die Lehre der
Leichtathletik 28 (1977), 28.
Iwoilow, A. W.: Theoretische Aspekte der sportlichen Taktik. – In: Leistungs-
sport 3 (1973), 2.

Jakowlew, N. N.: Biochemie des Sports. Anleitung für das Fernstudium. –
Leipzig 1967.
Jonath, U.: Praxis der Leichtathletik. Eine Enzyklopädie. – Berlin 1973.
Jonath, U./Kirsch, A./Schmidt, P.: Das Training des jugendlichen Leichtathle-
ten. Teil III: Lauftraining. – Schorndorf 1970.
Jokl, E.: Gewichtheberrekorde – Eine Studie über den Bereich und die Gren-
zen menschlicher Kraft. – In: Leistungssport 2 (1972), 2.

Kalinin, W. K./Osolin, N. N.: Zur Struktur der Wettkampfperiode. – In: Leistungssport 5 (1975), 3.
Kayser, D./Carl, K.: Zur Terminologie des Trainings. – In: Leistungssport 6
(1976), 3.
Keul, J.: Herzfrequenz und Milchsäurespiegel. – In: Die Lehre der Leichtathletik 18 (1969), 24.

Kindermann, W./Keul, J./Reindell, H.: Trainingswirkungen auf Herz, Kreislauf und Stoffwechsel. – In: Letzelter/Müller (Hrsg.): Sport und Sportwissenschaft. Festschrift zum 65. Geburtstag von Prof. Dr. B. Wischmann. – Berlin 1976.

Kindermann, W./Keul, J.: Anaerobe Energiebereitstellung im Hochleistungssport. – Schorndorf 1977.

Kirsch, A.: Training. – In: Röthig, P. (Hrsg.): Sportwissenschaftliches Lexikon. – Schorndorf 1972.

Konzag, I./Konzag G.: Übungsformen für die Sportspiele. – Berlin 1975.

Kornexl, E.: Reaktionsschnelligkeit und Torwartleistung im Hallenhandball. – In: Praxis der Leibesübungen 11 (1970), 12.

Krämer, K.: Zur Problematik einer «Talentsichtung». – In: DSB (Hrsg.): Beiheft zum Leistungssport – Informationen zum Training 1978, H. 12.

Krüger, A.: Isokinetisches Krafttraining. – In: Leistungssport 1 (1971), 1.

Kuhlow, A.: Bewegungsdiagnostische Bestimmung konditioneller und technomotorischer Leistungskomponenten bei Vertretern von Schnellkraftdisziplinen. – In: Leistungssport 7 (1977), 5.

Kunath, P./Thieß, G.: Die körperliche Erziehung und Bildung. – In: Theorie und Praxis der Körperkultur 11 (1962), 1.

Kusnezow, W. W.: Kraftvorbereitung. – Berlin 1972.

Lempart, T.: Beobachtung und Analyse von Sportwettkämpfen als Faktoren zur Bewertung der sportlichen Leistung. – In: DSB (Hrsg.): Informationsheft zum Training 1972, H. 9 und 12.

–: Die XX. Olympischen Spiele München 1972 – Probleme des Hochleistungssports. – Berlin 1973.

Letzelter, H.: Der Sprintlauf im Grundschulalter. – Berlin 1978.

Letzelter, H./Letzelter M.: Maximalkraft und Schnellkraft – Zur Ausprägung und zum Zusammenhang ausgewählter Krafteigenschaften bei Männern und Frauen. – In: Sportarzt – Sportmedizin (1977), H. 6.

Letzelter, H./Engel, K.: Gütekriterien sportartspezifischer Volleyballtests. – In: Leistungssport 8 (1978), 3.

Letzelter, H./Frick, Ch./Müller, A.: Zur Problematik aussagekräftiger Konditions- und Fertigkeitstests im Volleyball. – In: Volleyball 12 (1977), 10 und 11.

Letzelter, M.: Zur Terminologie der motorischen Grundeigenschaft Kraft. – In: Praxis der Leibesübungen 11 (1970).

–: Systematische Aufgliederung des Krafttrainings. – In: Die Lehre der Leichtathletik 21 (1972), 43.

–: Kondition und motorische Grundeigenschaften. – In: Praxis der Leibesübungen 14 (1973), 1 bis 3.

–: Schrittzahl, Schrittlänge und Schrittfrequenz beim Sprint der Frauen. – In: Knebel (Hrsg.): Olympische Analyse. – Berlin 1974.

–: Sprinteigenschaften, Wettkampfverhalten und Ausdauertraining von 200-m-Läuferinnen der Weltklasse. – Ahrensburg 1975.

–: Hürdensprint. – Berlin 1977.

–: Der Weg empirischer Forschung in der Trainings- und Bewegungswissenschaft und die Bedeutung der Forschungsmethoden. – In: Fachbereich Leibeserziehung (Hrsg.): Leistung als Prinzip. Festschrift zum 65. Geburtstag von Prof. Dr. B. Wischmann. – Mainz 1976.

–: Das sportliche Training und die Objekt- und Problembereiche der Trainingswissenschaft. – In: Rösch (Hrsg.): Einführung in die Sportwissenschaft. – Darmstadt 1978.

–: Zur Theorie des 400-m-Laufs: Wettkampfverhalten – spezielle Eigenschaften – biologische Merkmale. – Hochheim 1979.

–: Kriterienbezogene Validität ausgewählter Konditionstests in der Leichtathletik. Manuskript. – Mainz 1978.

Letzelter, M./Faubel, G.: Der Einfluß ausgewählter Krafteigenschaften auf die Sprintleistung. – In: Leistungssport 3 (1973), 6.

Letzelter, M./Glaser, G.: Spezielle und allgemeine Testleistungen von Kajakfahrern der nationalen Spitzenklasse des DKV. – In: Leistungssport 7 (1977), 1.

Letzelter, M./Gross, H. J.: Teilzeiten und Sprintausdauer beim Langsprint der Männer. – In: Leibesübungen – Leibeserziehung 31 (1977), 7.

Lienert, G.: Testaufbau und Testanalyse. – Weinheim 1967.

Lydiard, A.: Meine Methoden beim Mittel- und Langstreckentraining. – Berlin 1969.

Mahlo, S.: Theoretische Probleme der taktischen Ausbildung in den Sportspielen. – In: Theorie und Praxis der Körperkultur 14 (1965), 9.

Martin, D.: Trainingsstruktur – Trainingsplanung. – In: Leistungssport 1 (1971), 2.

–: Theoretische Überlegungen zur «standardisierten Wettkampfbeobachtung». – In: Leistungssport 2 (1972), 5.

–: Grundlagen der Trainingslehre. – Schorndorf 1977.

Martin, D. u. a.: Trainingslehre. – In: Hilf (Hrsg.): Leistungskurs Sport in der gymnasialen Oberstufe. – Kassel 1977.

Mateew, D.: Die Entwicklung der Eigenschaften Kraft, Schnelligkeit und Ausdauer. – In: Theorie und Praxis der Körperkultur 9 (1960), 5.

Matwejew, L. P.: Periodisierung des sportlichen Trainings. – Berlin 1972.

Matwejew, L. P./Kolokolowa, W. M.: Allgemeine Grundlagen der Körpererziehung. – In: Sporterfahrungen des Auslandes. – Berlin 1962, H. 6.

Meinel, K.: Bewegungslehre. – Berlin 1966.

Mellerowicz, H./Meller, W.: Training. Biologische und medizinische Grundlagen und Prinzipien des Trainings. – Berlin 1972.

Meusel, H.: Die Kraft in der Sportmotorik. – In: Praxis der Leibesübungen 10 (1968), 10 und 11.

–: Die Schnelligkeit in der Sportmotorik. – In: Praxis der Leibesübungen 10 (1969).

–: Gewandtheit und Geschicklichkeit in der Sportmotorik. – In: Praxis der Leibesübungen 10 (1969), 8.

–: Die Ausdauer in der Sportmotorik. – In: Praxis der Leibesübungen 11 (1970), 2 bis 4.

Murrey, A.: Modern weight training. – London 1963.

Nabatnikowa, M. J.: Die spezielle Ausdauer des Sportlers. – Berlin 1974.

Nett, T.: Das Intervallprinzip. – In: Die Lehre der Leichtathletik 22 (1963), 44.

–: Zur Trainingslehre der Leichtathletik. – In: Dokumentation zum Leistungssport. – Köln 1967, Sondernummer.

–: Leichtathletisches Muskeltraining. – Berlin 1967.

–: Zum Begriff Schnellkrafttraining. – In: Die Lehre der Leichtathletik 19 (1968), 25.

–: Der Sprint. – Berlin 1969.

–: Was ist spezifische Schnellkraft? – In: Die Lehre der Leichtathletik 21 (1970), 35.

–: Modernes Training weltbester Mittel- und Langstreckenläufer. – Berlin 1970.

Nigg, B./Kunz, H. R. (Hrsg.): Zehnkampf I bis V. Diplomarbeiten in Biomechanik. – Zürich 1975 bis 1977.

Nitsche, E.: Taktik im Sport. – Berlin 1976.

Nöcker, J.: Die biologischen Grundlagen der Leistungssteigerung durch Training. – Schorndorf 1966.

–: Biologie der Leibesübungen. – Stuttgart 1971.

Oberbeck, H.: Grundformen des Sprungkrafttrainings. – In: Praxis der Leibesübungen 11 (1970), 7.

Oberste, W./Bradtke, M.: Die Bedeutung der Reaktionszeit im Sprint. – In: Leistungssport 4 (1974), 6.

Örter, R.: Moderne Entwicklungspsychologie. – Donauwörth 1976.

Osolin, E.: Sprint- und Schnelligkeitsausdauer. – In: Die Lehre der Leichtathletik 23 (1972), 12.

Osolin, N. N.: Das Training des Leichtathleten. – Berlin 1952.

Ratow, I. P.: Die Veränderung des Trainingssystems durch technische Mittel und Trainingsapparate. – In: Leistungssport 7 (1977), 2.

Reindell, H./Rosskamm, H./ Gerschler, W.: Das Intervalltraining. – München 1963.

Retter, H.: Zum gegenwärtigen Stand der Lehre von den Entwicklungsphasen in der Leibeserziehung. – In: Die Leibeserziehung 18 (1969), 1.

Rieder, H./Bäumler, G.: Dimensionen der großmotorischen Bewegungsgeschicklichkeit. – In: Bäumler/Rieder/Seitz: Sportpsychologie. – Schorndorf 1975.

Rieder, H./Wolfermann, K.: Speerwurftraining. – In: Die Lehre der Leichtathletik 25 (1974), 14.

Roth, H./Gold, G.: Allgemeines und spezielles Muskelkrafttraining. – Berlin 1969.

Röthig, P. (Hrsg.): Sportwissenschaftliches Lexikon. – Schorndorf 1972.

Roux, W.: Gesammelte Abhandlungen über Entwicklungsmechanik der Organismen. Bd. I: Funktionelle Anpassung. – Leipzig 1895.

Schanenko, J., in Nett, T.: Zum Körperbau des Sprinters. Zeitlich-räumliche Merkmale des 100-m-Laufs. – In: Die Lehre der Leichtathletik 22 (1971), 20.

Schmolinsky, G. (Hrsg.): Leichtathletik. – Berlin 1973.

Schnabel, G.: Die koordinativen Fähigkeiten und das Problem der Gewandtheit. – In: Theorie und Praxis der Körperkultur 22 (1973), 3.

–: Die Bewegungskoordination. Grundablauf und Erscheinungsformen in der Bewegungstätigkeit des Sportlers. – In: Meinel, K. (Hrsg.): Bewegungslehre. – Berlin 1975.

–: Koordinative Fähigkeiten im Sport – ihre Erfassung und zielgerichtete Ausbildung. – In: Theorie und Praxis der Körperkultur 23 (1974), 7.

–: Motorisches Lernen im Sport. – Meinel (Hrsg.): Bewegungslehre. – Berlin 1975.

Scholich, M.: Kreistraining. – Berlin 1974.

Schröder, W.: Merkmale eines sportartspezifischen Krafttrainings. – In: Wiss. Zs. der DHfK Leipzig 11 (1969), 3.

Schröter, G.: Methodische Grundfragen der Fertigkeitsentwicklung. – In: Die Lehre der Leichtathletik 26 (1975), 27.

–: Methodische Grundfragen der Fertigkeitsentwicklung. – In: Die Lehre der Leichtathletik 26 (1975), 28 und 29.

Simkin, N. W.: Physiologische Charakteristik von Kraft, Schnelligkeit und Ausdauer. Sport im Sozialismus. – Berlin 1960.

Steinbach, M.: Der menschliche Schnelläufer. – In: Sportarzt und Sportmedizin 1966, H. 1 und 3.

–: Gedanken über den Sprint und sein Training. – In: Die Lehre der Leichtathletik 19 (1968), 5.

Steinbach, M./Tholl, R.: Über die Reaktionszeit. – In: Die Lehre der Leichtathletik 20 (1969), 33.

Stiehler, G.: Zur Taktik in den Sportspielen. – In: Wiss. Zs. der DHfK Leipzig 1 (1968/1959), 1.

Stiehler, G. u. a.: Zur Entwicklung der Trainingswissenschaft. – In: Wiss. Zs. der DHfK Leipzig 12 (1970), 3.

– u. a.: Methodik des Sportunterrichts. – Berlin 1974.

Stübler, H. u. a.: Tests in der Sportpraxis. – In: Theorie und Praxis der Körperkultur 15 (1966), 5.

Suslow, F.: Gruppeneinteilung und Wirkung der Trainingsmittel im Mittel- und Langstreckenlauf. – In: Die Lehre der Leichtathletik 22 (1971), 23.

Tabatschnik, B. I.: Zur Verbesserung der Reaktionsschnelligkeit von jugendlichen Sportlern. – In: Leistungssport 6 (1976), 3.

Ter-Owanesian, I.: Die technische und taktische Vorbereitung im Training. – In: Die Lehre der Leichtathletik 21 (1972), 8.

Thieß, G.: Die Bestimmung der Trainingsetappen als Grundlage der Trainingsplanung. – In: Wiss. Zs. der DHfK Leipzig 1964, Sonderheft.

Trosse, H.-D.: Handball – Training, Technik, Taktik. – Reinbek bei Hamburg 1977 (rosport 7004).

Tschiene, P.: Das Training des jugendlichen Leichtathleten. Teil II: Stoß- und Wurftraining. – Schorndorf 1968.

–: Moderne Tendenzen im Krafttraining des Hochleistungssports. – In: Beiheft zum Leistungssport 1975, H. 1.

van Aaken, E.: Das Waldnieler Ausdauertraining. – In: Leistungssport 1 (1971), 2.

van den Eyden, R.: Pausenlänge im Gewichttraining. – In: Die Lehre der Leichtathletik 11 (1962), 41.

Volkamer, M.: Bewegungsvorstellung und mentales Training. – In: Koch/Bernhard/Ungerer u. a.: Motorisches Lernen – Üben – Trainieren. – Schorndorf 1972.

Wasilew, P. S./Wolkow, W. M.: Einige biomechanische und physiologische Probleme der modernen Trainingsmethodik. – In: Theorie und Praxis der Körperkultur 11 (1962), 10.

Wasmund, U.: Wissenschaftstheoretische Ansätze der Trainingslehre. – In: Andrecs/Redl (Hrsg.): Forschen – Lehren – Handeln. Sportwissenschaftliche Beiträge zum Gedenken an Prof. Dr. H. Groll. – Wien 1976.

Weisweiler, H.: Der Fußball. – Schorndorf 1974.

Werchosanskij, J. W./Tatjan, W. W.: Komponenten und funktionelle Struktur der Explosivkraft. – In: Leistungssport 5 (1975), 1.

Werchosanskij, J./ Tschjornoussow, G.: Sprünge im Training der Sprinter. – In: Die Lehre der Leichtathletik 25 (1974), 47 und 48.

Willimczik, K.: Die sportmotorische Zieltechnik – Möglichkeiten und Grenzen der Erstellung. In: Rieder (Hrsg.): Bewegungslehre des Sports. Sammlung grundlegender Beiträge II. – Schorndorf 1977.

Winter, R.: Die motorische Entwicklung des Menschen von der Geburt bis ins hohe Alter (Überblick). – In: Meinel (Hrsg.): Bewegungslehre. – Berlin 1975.

Wolkow, W. M.: Theoretische Überlegungen zum Aufbau eines Mikrozyklus. – In: Leistungssport 4 (1974), 3.

–: Ermüdung und Wiederherstellung im Sport. – In: Leistungssport 4 (1974), 3.

Zaciorskij, V. M.: Die körperlichen Eigenschaften des Sportlers. – Berlin 1972.

–: Das Problem des Talents und der Talentsuche im Sport. – In: Leistungssport 4 (1974), 4.

Zanon, S.: Plyometrie für die Sprünge. – In: Die Lehre der Leichtathletik 25 (1974), 16.

Zeller, E.: Eiskunstlauf. – In: Bundesausschuß Frauensport (Hrsg.): Sportmedizinische Grundlagen zum Leistungssport der Mädchen und Frauen. – Berlin 1975.

Über den Verfasser

Professor Dr. Manfred Letzelter, Jahrgang 1940, ist Leiter der Abteilung Trainings- und Bewegungswissenschaft am Fachbereich Sport der Universität Mainz. Nach dem Studium der Fächer Sportwissenschaft, Pädagogik, Philosophie und Geschichte promovierte er 1974 zum Dr. phil. in den Fächern Sportwissenschaft, Geschichte und Philosophie; 1980 Habilitation in Sportwissenschaft.

Seit 1970 liegen mehr als 60 Veröffentlichungen zu Fragen der allgemeinen und speziellen Trainings- und Bewegungslehre vor, darunter drei Buchveröffentlichungen:

Sprinteigenschaften, Wettkampfverhalten und Ausdauertraining von 200-m-Läuferinnen der Weltklasse. – Ahrensburg 1975.
Hürdensprint. Geschwindigkeitslauf und spezielle Eigenschaften. – Berlin 1977.
Zur Theorie des 400-m-Laufs: Wettkampfverhalten – spezielle Eigenschaften – biologische Merkmale. – Hochheim 1979.

Manfred Letzelter ist Mitherausgeber der «Mainzer Studien zur Sportwissenschaft» sowie der Festschrift zum 65. Geburtstag von Prof. Dr. B. Wischmann. Die wissenschaftliche Tätigkeit des Autors hat in vielen Vorträgen bei nationalen und internationalen Kongressen ihren Niederschlag gefunden. Daneben ist er Mitglied der Kommission «Biomechanik» im BAL, der AG Lehrwesen im DLV und diesbezüglich in der Trainerausbildung des DLV tätig. Er war lange Zeit Vereinstrainer im Fußball und in der Leichtathletik, und zwar als Landestrainer sowie Nachwuchstrainer im DLV. Als Leichtathlet war er viermal Deutscher Meister und Mitglied der deutschen Nationalmannschaft. 1970 lief er Hallenweltrekord über 200 Meter.

Personenregister

Sachregister

rororo sport

rororo sport wird herausgegeben von Bernd Gottwald.
Ein Gesamtverzeichnis der
Reihe finden Sie in der
Rowohlt Revue. Jedes
Vierteljahr neu. Kostenlos.
In Ihrer Buchhandlung.

Information und Theorie

Biomechanik der Sportarten
von Klaus Willimczik
(sport 8601)

Doping *Von der Forschung zum Betrug*
von Brigitte Berendonk
(sport 8677)

Handbuch KörperManagement
Training gegen Alltagsstreß
von Bernd Gimbel und
Edwin Kalkbrenner
(sport 9410/ Großformat)

Handbuch Sportlerernährung
von Kurt-Reiner Geiß und
Michael Hamm
(sport 8672)
Der Sportmediziner Dr.
Kurt-Reiner Geiß und der
Ernährungswissenschaftler
Prof. Dr. Michael Hamm
erläutern in diesem Stan-
dardwerk zur Sportler-
ernährung das sportmedizi-
nisch und ernährungspsycho-
logisch gesicherte Wissen.
Erstmals werden Berech-
nungsmodelle zum individuellen, leistungsbezogenen
Kalorienverbrauch und zur
Nährstoffverteilung für viele
Sportarten geboten.

Handbuch Psychotraining im Sport *Methoden im Überblick*
von Roland Seiler und
Andreas Stock
(sport 9436)

Sportmassage *Fit durch Selbst- und Partnermassage*
von Friedrich Schwope
(sport 8625)

Sportmedizin
von Peter Markworth
(sport 7049)

GRUNDLAGEN · METHODEN · ANALYSEN

SPORT PSYCHOLOGIE

HANS EBERSPÄCHER

rororo sport

Sportpsychologie
Vollständig überarbeitete und erweiterte Neuausgabe
von Hans Eberspächer
(sport 9405)
Dieses Buch bietet praktische
Orientierungshilfen im gesamten Bereich der Sport-
psychologie. Über ein
system- und handlungstheo-
retisches Modell des Person-
Umwelt-Bezugs werden
Grundfragen erschlossen
sowie sportpsychologische
Ansätze eingeordnet. Dabei
erleichtern zahlreiche Fotos
den Einstieg in ein Fach, das
sich mit einem faszinierenen
Bereich sozialer Wirklichkeit
in unserer Gesellschaft be-
schäftigt.

rororo sport

rororo sport wird herausge-
geben von Bernd Gottwald.
Ein Gesamtverzeichnis der
Reihe finden Sie in der
Rowohlt Revue. Jedes
Vierteljahr neu. Kostenlos.
In Ihrer Buchhandlung.

Ausdauertrainer Mountainbiking
von Kuno Hottenrott u.
Martin Zülch
(sport 9455 / Mai 1997)
Nach dem Motto «Do it
yourself» legt hier jede/r
Sportler/in fest, was wann
wie trainiert werden soll. So
wird jeder zu seinem eigenen
Trainer und kann sein Training über längere Perioden
mühelos selbst gestalten.

Bergwandern *Naturerlebnis
für jeden*
von Gustav Harder
(sport 8635)

Bewegungsspiele
von Andreas Brinckmann u.
Uwe Treeß
(sport 7043)

**Bodybuilding. Erfolgreich,
natürlich, gesund**
von Berend Breitenstein u.
Michael Hamm
(sport 9426)
Es wird gespritzt und geschluckt, was das Zeug hält.
Der Schwarzmarkt mit Body-
Drogen boomt. Immer mehr
junge Männer versuchen, mit
Hilfe von Drogen den Anforderungen des modernen
Bodykults standzuhalten.
Daß es auch anders geht,
zeigen die beiden Autoren in
diesem Buch.

Einradfahren
von Sebastian Höher
(sport 8654)

Flieger-Know-how *Die
Technik des Motorfliegens*
Ein fliegerMagazin-Buch
(sport 9414)

In-Line-Skating Rollerblading
von Joel Rappelfeld
(sport 9433)

Jazztanz
von Inge Mißmahl
(sport 7025)

Jonglieren
von Adrian Voßkühler
(sport 9434)

Reiter-Handbuch
von Mary Gordon-Watson
(sport 8613)

Rhythmische Sportgymnastik
von Sibylle Gienger
(sport 8610)

Tanzen *Die wichtigsten
Schritte für Anfänger und
Wiedereinsteiger*
(sport 9451 / März 1997)

rororo sport wird herausgegeben von Bernd Gottwald.
Ein Gesamtverzeichnis der
Reihe finden Sie in der
Rowohlt Revue. Jedes
Vierteljahr neu. Kostenlos.
In Ihrer Buchhandlung.

Golf-Handbuch *Vom Anfänger zum Könner*
von Alex Hay
(sport 8616)

Golf. Der neue Weg *Mit Swing-Golf leichter lernen, besser spielen*
von Les Bolland
(sport 8682 / Großformat)

Besser Golf spielen *Mit mentalem Training zum Erfolg*
von Johnny M. Anderson
(sport 8684 / Großformat)

Golf – der perfekt geregelte Wahnsinn *Regeln leicht verständlich*
von Erich Helmensdorfer
(sport 8689 / Großformat)

Golf. Den Schwung erleben *Swinging into Golf*
von Ernest Jones und Innis Brown
(sport 9447 / Großformat)

Tennis-Praxis *Programme, Übungen, Lernhilfen für Selbstunterricht*
von Horst Kreussler
(sport 8617)

Tennis-Funktionsgymnastik *Tischtennis, Badminton, Squash*
von K.-Peter Knebel, Bernd Herbeck, Susanne Schaffner
(sport 8621)

Tischtennis *Moderne Technik für Anfänger und Könner*
von Bernd-Ulrich Groß und Dirk Huber
(sport 9443 / Großformat)

Tischtennis-Praxis *Empfohlen vom DTTB*
von Bernd-Ulrich Groß
(sport 8615)

Badminton
von Hans Werner Niesner, Jürgen H. Ranzmayer
(sport 7042)

Badminton-Praxis
von Martin Knupp
(sport 8629)

Squash
von Cornelius Hasselbach, Niels Härtel
(sport 7040)

Poolbillard *Spiele, Tricks, Shots und Drills*
von Billie Billing
(sport 9406 / Großformat)

rororo sport wird herausgegeben von Bernd Gottwald. Ein Gesamtverzeichnis der Reihe finden Sie in der *Rowohlt Revue*. Jedes Vierteljahr neu. Kostenlos in Ihrer Buchhandlung.

rororo sport

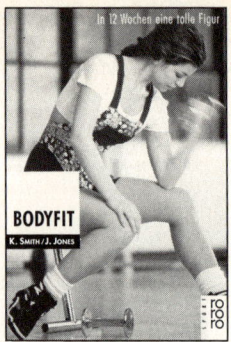

rororo sport

rororo sport wird herausge-
geben von Bernd Gottwald.
Ein Gesamtverzeichnis der
Reihe finden Sie in der
Rowohlt Revue. Jedes
Vierteljahr neu. Kostenlos.
In Ihrer Buchhandlung.